裁判事務手続講座［第8巻］

書式
和解・民事調停の実務

**全訂八版
補訂版**

—申立てから手続終了までの書式と理論

茗茄政信・近藤 基 著

発行 ⊜ 民事法研究会

全訂八版補訂版の刊行にあたって

　このたび、出版社のご厚意により、本書を補訂する旨の連絡をいただき、併せて、この機会に全体で200頁を超える削減をすること、加えて、「注」や「参考事項」に関する記載も、すべて削るように厳命された。

　その意図するところは、おそらく「書式、記載例、簡略な解説」という当初のコンセプトに戻れということであろうと理解し、そこで、可能な限りのスリム化を試みることとした。その中で、「和解に代わる決定」については『書式　民事訴訟の実務』の中で引用されていることもあり、その取扱いに苦慮したが、そもそも本書が（裁判上の和解手続全般を対象としているものではなく）「訴え提起前の和解」と「民事調停」という２つの手続を前提としていることから、削除の対象としたことをご容赦いただきたい。

　著者としては、今回、断腸の思いで、思い切ったスリム化を図ったものと思っているが、「注」や「参考事項」のすべての削除にまでは至っていないこともあり、出版社からは、まだまだ削除が足りないというご批判をいただいているところである。もっとも、本書が品切れとなってかなりの期間が経過していることもあり、今回は、出版社のご厚意により、この程度の削減で刊行させていただく運びとなった。なお、書棚等のスペースが許されるようであれば、従前のものを廃棄せず、併用することも選択肢の１つであることを付言する。

　最後に、今回も私事になってしまうが、最近、妻がアロマテラピーに目覚め、何やら買い込んできては、部屋にこもって、あれこれと思索を巡らせている。資格も取って、自分の世界を拡げていこうとしているようである。一方、私はというと、依頼された原稿が遅々として進まず、相変わらず、自らの能力のなさを嘆き、落ち込む日々である。もっとも、最近になって、不安と焦燥に苛まれる機会が減ってきたと感じるのは気のせいであろうか。妻の勉学の成果が、まずは、私に現れてきたのかもしれない。

（心穏やかな香り漂う部屋で　感謝の言葉を心に刻みつつ　**近藤　基**）

●凡　例●

〈目　次〉

　本書で許される紙数の関係から、必要最小限度のものを掲げることとした。

〈法　令〉

　本書で引用した法令の略記は、次のとおりである。

・民訴法　　　　　民事訴訟法
・民訴規則　　　　民事訴訟規則
・民訴費用法　　　民事訴訟費用等に関する法律
・民訴費用規則　　民事訴訟費用等に関する規則
・民執法　　　　　民事執行法
・民執規則　　　　民事執行規則
・民調法　　　　　民事調停法
・民調規則　　　　民事調停規則
・特定調停法　　　特定債務等の調整の促進のための特定調停に関する法律
・特定調停規則　　特定調停手続規則
・非訟法　　　　　非訟事件手続法
・非訟規則　　　　非訟事件手続規則

〈判例・雑誌・文献〉

　本書で許される紙数の関係から、必要最小限のものを一般の例により略記のうえ、掲げることとした。

〈書式等〉

　【書式○】あるいは【記載例○】とし、実線の枠で囲んで記載しているものは、基本的に、事件の当事者（申立人・相手方等）が作成あるいは記載することを予定しているものである。なお、破線の枠で囲んで記載しているものは、基本的に、裁判所が作成することを予定しているものであって、参考程度に見ていただくことを想定している（標題については、適宜省略した）。

『書式　和解・民事調停の実務〔全訂八版補訂版〕』

目　　次

第１編　訴え提起前の和解手続

第2編　民事調停手続

第1章　民事調停事件

第1編　訴え提起前の和解手続

第1　手続の概要

1　はじめに

　我々が社会生活を営んでいくうえにおいて、周りの人々との間で種々の民事紛争が生じた場合、その紛争を当事者間で任意に解決できないとき、当事者が裁判所を利用し紛争を解決する方法としては、訴訟手続や調停手続などがある。しかし、これらの裁判上の手続をとる前に、当事者間において紛争を解決するための案がある程度合意に達したとき、当事者双方が裁判所に出頭して、その合意した内容について裁判所の判断を求め、裁判所による和解勧告で和解をすることにより紛争の法的解決を図ろうとする手続が、訴え提起前の和解である（民訴法275条）。通常1回程度の和解期日で和解が成立するところから、実務上、即決和解とも呼ばれている。訴訟上の和解（訴訟係属中に、訴訟物である権利または法律関係について行われる和解─民訴法89条）と異なって、訴訟係属を前提としていないという違いがある。

2　当事者間での事前の話合いと和解案

　訴え提起前の和解手続というのは、話合いによる合意を前提とする手続であることから、当事者間で全く任意に話合いができないような状態であるならば、いくら訴え提起前の和解の申立てをしても、和解成立の可能性が少ないことになる。事前に話合いができないような場合には、裁判所を利用して紛争を解決する手続としては、訴訟手続か調停手続、あるいは金銭請求であるならば督促手続をとらざるを得ないであろう。

　しかし、裁判外で当事者間で紛争の解決について話合いをすることができ、ある程度の解決案ができたような場合には、訴え提起前の和解の申立て

をすることにより裁判所による和解勧告のもと和解を成立させ、早期に裁判
上の紛争解決を図ることができることになる。

　ここで、訴え提起前の和解の申立てから終了までの手続の流れを概略図で
示すと、次のようになる。

【図表】　訴え提起前の和解手続の流れ（法は民事訴訟法を、規は民事訴訟規則を表
す）

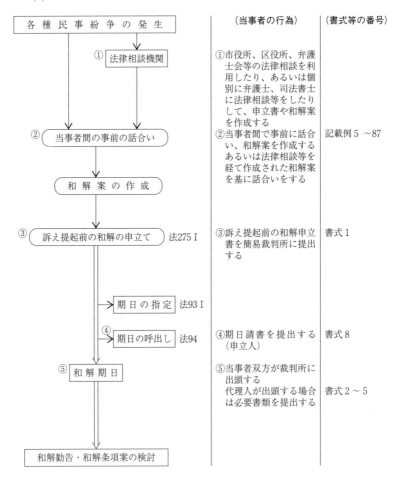

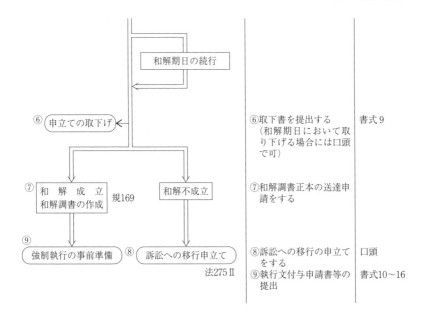

3　申立ての必要性

　仮に、紛争が解決しても、当事者間の口約束だけしかなかったり、示談書といった私文書を作成しただけでは、その約束が守られない場合、あらためて訴訟手続などを経なければならないことになる。これに対し、紛争について当事者間における話合いがある程度できそうな段階で、訴え提起前の和解の申立てをして、和解調書を作成しておけば、仮に、後日、その約束が守られなかった場合でも、強制執行手続を経て権利の実現を図ることが可能になる。これは、訴え提起前の和解（調書）の効力が、訴訟上の和解としての効力を有し、訴訟上の和解の効力は確定判決と同一の効力を有しているから（民訴法267条）、結局、訴え提起前の和解の効力も確定判決と同一の効力を有していることになり、これに基づいて強制執行をすることができることになるからである（民執法22条7号）。なお、金銭の一定の数量の給付を目的とする請求については、公証役場で公正証書を作成することで、強制執行手続により、その債権を回収することができる。もっとも、たとえば、建物を明け渡す約束などといった、その他の権利関係については、いくら公正証書を作

成しておいても、これに基づく強制執行手続は認められていない（民執法22
条 5 号参照）。訴え提起前の和解手続と公正証書の手続とは、ともに訴訟手
続によることなく、当事者間における交渉過程を経て最終的には強制執行に
よる権利実現が可能となる書面が作成される手続であるが、公正証書には、
前記のような内容上の制約があるのに対して、訴え提起前の和解は、和解の
対象となるものであれば足り、公正証書のような内容上の制約がない。手続
の選択に関しては、このような違いを意識する必要があろう。

4　手続法規

　訴え提起前の和解について直接規定しているのは、民訴法275条と民訴規
則169条であるが、民訴法および民訴規則のそれぞれ第 1 編および第 2 編の
規定は、その性質に反しない限り、準用される。なお、訴え提起前の和解手
続には、訴訟上の和解について認められている和解条項案の書面による受諾
の制度（民訴法264条）および裁判所等が定める和解条項の制度（民訴法265
条）は適用されない（民訴法275条 4 項）。

第 2　和解申立ての要件

　訴え提起前の和解手続は、当事者間において生じた紛争を、当事者双方が
裁判所に出頭して裁判所による和解勧告によって紛争を解決しようとする制
度である。このことから訴え提起前の和解を申し立てる要件として、申立て
の時点において当事者間に民事上の紛争が存在することが必要であり、また
その権利関係が当事者間において自由に処分することのできるものであるこ
とも必要である。

1　紛争の存在

　訴え提起前の和解は、申立ての時点で当事者間に民事上の紛争が存在する
ことが必要であり、民事上の紛争がない場合には、申立てが却下されること
になる（田川簡決平成 8 ・ 8 ・ 6 判タ927号252頁）。
　もっとも、実務上は、この点につき、かなりゆるやかに解されており、権

利関係の不確実あるいは権利実行の不安全の場合にも認められているし、現在の紛争に限られず、将来における権利関係の不安全の場合をも含むとされている（裁判所職員総合研修所「民事実務講義案Ⅲ〔五訂版〕」170頁参照）。そこで、実務上の取扱いを前提とする場合には、裁判所が調査すべき主要な点は、争いの存否ではなく、当事者の真意（和解条項について当事者が十分に了解しているか否か、出頭しているのが本人か否か、代理人である場合には代理権のある者か否か、和解条項に公序良俗違反および強行法規違反がないかなど）にあるとされるという考え方もある。

　確かに、和解の申立てがされた場合には、裁判所の事前準備として、和解案の検討が中心的なものになるという面もあるが、その際には、申立書の請求の原因や争いの実情も参考にしながら、争いに至った実情についても検討することになるため、争いの存否についても同時進行的に検討しているというのが実情であろう。

　「紛争の存在」に関する裁判例としては、次のようなものがある（なお、民事の争いがないものとして申立てが却下された裁判例として、田川簡決平成8・8・6判タ927号252頁を参照）。①訴え提起前の和解は、訴訟防止のために、権利関係についての不確実、また権利実行の不安全の場合にもすることができる（大阪高判昭和31・5・22高民集7巻5号1325頁、名古屋地決昭和42・1・16下民集18巻1～2号1頁、釧路地決昭和51・12・23訟務月報22巻13号2929頁、東京地決平成元・9・26判時1354号120頁）。②訴え提起前の和解申立前にその内容について当事者間に合意が成立していても、権利関係を明確にし権利実行の確実を期して将来生ずるおそれのある紛争を予防するためのものである以上、かかる訴え提起前の和解も有効と解すべきである（東京高判昭和38・2・19東高時報14巻2号24頁）。③民事上の争いとは権利関係の存否、内容および範囲につき現在の紛争に限られず、権利関係の不確実、将来における権利実行の不安全を含む（福岡地決昭和44・7・8判時589号65頁、大阪地決平成3・5・14判時1455号119頁、東京地判平成8・9・26判タ955号277頁）。もっとも、和解申立て当時において将来の紛争発生が予想できるような具体的事実関係が存在するものであることは必要であり、仮に、同種の契約においてしばしば紛争が生ずる事例があっても、その事件について現在の具合的事実関

係から将来の紛争が想定される場合でなければ民事上の争いがあるとはいえないとされることにも留意が必要である（大阪高決昭和59・4・23判タ535号212頁）。④訴訟防止のための和解は、和解条項において、一方の要求を全部認容し、その履行を約する場合においても有効に成立する（東京高判昭和35・3・3東高時報11巻3号81頁）。

2　和解の対象

　訴え提起前の和解は、その権利関係が当事者間において自由に処分することができるものであることが必要である。

　したがって、公法上の紛争は和解の対象にはできない。また、土地の境界を確定することを目的とする和解は、隣接土地間の境界線を確定するものであり、当事者間で自由に処分することが許されないものであるから、そのままでは和解の対象とはならない。そこで、境界線を和解で定めるのではなく、土地の所有権を確認する内容の和解を行うことになる。

　国家賠償に関する紛争は、国または地方公共団体が当事者となるが、民事上の紛争であるから和解の対象となる（東京地決昭和39・3・16下民集15巻3号532頁）。実務上、国が和解申立てをする事例としては、自動車損害賠償保障法76条1項の規定に基づいて取得した補償代位による求償債権を請求する場合が多い。

　また、離婚事件や親子関係事件といった人事に関する紛争については、当事者の合意によって処分することができる事項に関するものを除いて、原則として和解の対象とはならないが、婚姻外関係解消、遺留分減殺などに関する事件等については、訴え提起前の和解ができないと解するまでのことはないとされている（松浦馨ほか「条解民事訴訟法〔第2版〕」1503頁）。

　さらに、実務上は、相続人間でいったん作成した遺産分割協議書の内容について争いがある場合に、新たな合意をすることを目的として訴え提起前の和解申立てをする例がみられるが、それが実質的に見て遺産分割に当たる場合には、家事審判事項として、家庭裁判所に調停の申立てをすべきである。遺産分割協議自体には争いがなく、遺産分割協議の結果の履行として、たとえば不動産の所有権の確認と登記の処理のみを行うような場合には、訴え提

起前の和解の対象になるが、その場合でも、遺産分割協議書ができていれば、戸籍謄本と他の相続人の印鑑登録証明書があれば、単独で登記申請できるので、民事上の紛争がないと判断される場合もあろう。

3　民事訴訟係属中の訴え提起前の和解の申立て

　前記1に記載した紛争を前提として、すでにその権利関係について民事訴訟が係属しているにもかかわらず、訴え提起前の和解の申立てをすることが認められるか否かについては、肯定、否定の両方の考え方がある。和解の申立てを認めた裁判例もあり（東京高決昭和25・6・22下民集1巻6号967頁）、また、係属している民事訴訟の期日前に早急に和解を成立させたい場合に、必要性がないとはいえないとして、二重訴訟の問題が起きないままで和解が成立するならば、当事者の手続利用の便宜の上から、申立てを許容しても差し支えないとの考え方もあるが、訴訟手続が係属している以上、本来的には、当該訴訟内の和解で解決すべきであり、訴訟経済という面から見ても、新たな訴え提起前の和解申立てはすべきではないと考えられよう。

第3　和解申立ての手続

　以上のように、ある民事上の紛争について訴訟等の裁判手続をとる前に当事者間においてある程度の紛争解決案について合意に達した場合に、裁判上での紛争解決を図ろうとするならば、訴え提起前の和解申立書（【書式1】参照）を作成して裁判所に提出することになる。

　これらの手続について、順次説明することとする。

1　管轄裁判所

(1)　職分管轄

　訴え提起前の和解手続に関する職分管轄は、和解の目的である請求権の価額（たとえば、損害賠償請求であれば、請求する損害額）にかかわらず、すべて簡易裁判所の職分管轄に属する（民訴法275条1項）。したがって、請求権の価額が10億円であっても簡易裁判所に申し立てることになる。

(2)　土地管轄

　訴え提起前の和解手続に関する土地管轄は、相手方の普通裁判籍の所在地（民訴法4条2項ないし4項）を管轄する簡易裁判所である。相手方が個人（自然人）の場合には、相手方の住所または居所地を管轄する簡易裁判所に、法人の場合には、主たる事務所（本店）または営業所（支店）の所在地、これらの事務所または営業所がないときは、代表者その他の主たる業務担当者（代表取締役など）の住所地を管轄する簡易裁判所に申し立てなければならない。権利能力なき社団（たとえば、町内会、同窓会など）・財団（たとえば、社会事業のための寄附財産など）については、規約によって定められた場所やその実体の活動場所が管轄を定める基準となる。

　相手方が複数いる場合で、それぞれの者の土地管轄が異なる場合については、相手方全員に民訴法38条前段（権利義務の共通または事実上および法律上の原因の同一）の共同訴訟の要件を備えていれば、複数のうちの1人の相手方についての土地管轄を有する簡易裁判所に他の者を併合して申し立てることができる（民訴法38条前段・7条ただし書）。併合請求の例としては、主債務者と連帯債務者に対する請求、数人の共有者による不法占有者に対する明渡請求、売買を無効として、買主と転得者に対して抹消登記手続を求める請求等が考えられる。

(3)　合意管轄

　当事者間において管轄の合意をしている場合には、相手方の普通裁判籍所在地の簡易裁判所以外の簡易裁判所にも管轄権が生ずるから（民訴法11条1項）、その簡易裁判所にも申し立てることができる。

　この場合には、当事者間において、土地管轄について合意した旨の書面（【書式8】参照）が必要であり、訴え提起前の和解を申し立てる際、裁判所に提出しなければならない（民訴法11条2項）。管轄は、申立ての時点で備わっていることが必要であるから、管轄合意書も、合意書としての完成要件を備えていることが必要となる。したがって、申立て後、合意書を追完するということは原則として予定されていない。

　訴訟手続に関して当該簡易裁判所を第一審管轄裁判所とする旨の合意がある場合に、その合意書で目的となっている権利関係が、訴え提起前の和解の

対象となる権利関係と同一の場合には、当該簡易裁判所に訴え提起前の和解についても管轄権が認められよう。

(4)　管轄権のない裁判所に訴え提起前の和解申立てをした場合

前記(1)ないし(3)に反して、管轄権のない裁判所に和解の申立てをした場合には、民訴法16条1項が準用されるため、管轄の簡易裁判所に移送されることになると考えられる。訴え提起前の和解手続は、訴訟防止のための制度であるということから、応訴管轄（民訴法12条）の規定は適用されないと考えられるからである。もっとも、実務上は、申立人から、相手方の出頭の有無について事情聴取をしたうえで、応訴管轄の発生を認める取扱いも行われているようである。

2　申立書の作成

訴え提起前の和解の申立ては、書面（民訴法133条）または口頭（民訴法271条、民訴規則1条1項）ですることができる。実務上はほぼ例外なく書面による申立てがされている。申立ては、紛争当事者のどちらからしてもよい。

書面による申立ての場合は、訴え提起前の和解申立書を管轄裁判所に提出して行うことになる。申立書の提出は簡易裁判所の民事事件受付係の窓口に直接持参するか郵送して行う。和解申立書は、手数料を納付しなければならない申立てに係る書面であるからファクシミリによる申立ては認められない（民訴規則3条1項1号）。

3　記載事項

申立書には次の事項を記載したうえ、申立人または代理人が記名し、押印しなければならない。

(1)　標　題

「訴え提起前の和解申立書」と記載するのが通例である。

(2)　当事者・代理人の表示

実務上、和解が成立した場合の和解調書の作成にあたり、申立書の当事者目録を引用添付することも多く、そのため、当事者・代理人の表示は別紙として記載する取扱いが多い。

　(A)　当事者・法定代理人

　訴え提起前の和解事件の当事者の呼称は、申立人と相手方である。申立書には、申立人と相手方の住所（法人の場合は本店所在地・主たる事務所の所在地）・氏名（商号・名称）を記載する（民訴法133条2項1号）。法人の場合には、さらに、代表者の資格（たとえば、代表者代表取締役など）・氏名を記載する。また、郵便番号・電話番号・ファクシミリの番号も記載する（民訴規則53条4項）。

　訴え提起前の和解にも、送達場所の届出制度の規定が準用されるが、通常1回程度の期日で和解が成立することなどから考えると、申立書提出の時点で送達場所の届出をする実益は通常は乏しいと考えられよう。

　(B)　任意代理人

　住所・資格（たとえば、代理人弁護士、代理人支配人など）・氏名を記載する（民訴規則2条1項1号）。また、郵便番号・電話番号・ファクシミリの番号も記載する（民訴規則53条4項）。

　弁護士によって申立書が作成され、以後の手続もその代理人が行う場合には、前記(A)に加えて、その代理人の住所・資格・氏名も記載することになる。

　法務大臣の認定を受けた司法書士は、請求の目的の価額が、裁判所法33条1項1号に定める額を超えないもの（140万円を超えない請求）について、訴え提起前の和解手続の代理人となることができるので（司法書士法3条1項6号ロ）、司法書士が、代理人となる場合にも同様に記載することになる。また、司法書士代理による和解申立ての場合には、申立書自体から代理権があることが容易に判明するように「請求の目的の価額」も合わせて記載するのが相当である。記載位置としては請求の趣旨の直前がよいと思われる。訴え提起前の和解の申立ては、請求の目的の価額に制限がないが、司法書士が代理人となれるのは、前記のとおり請求の目的の価額が140万円を超えないものに限定されている。したがって、請求の価額を算定することができないとき、あるいは算定することが極めて困難であるときは、その価額が140万円を超えるものとみなされるので（民訴法8条2項）、このような場合には、司法書士が代理人となることができないので注意されたい。

　なお、裁判所の許可を受ければ弁護士や法務大臣の認定を受けた司法書士以外の者であっても代理人となることができる（民訴法54条１項ただし書）。しかし、代理人の許可が受けられることを前提として、和解の申立を代理人名ですることは相当ではないと考えられる。また、代理人許可申請の申立てそのものを、当事者本人がしなければいけないことも当然である。

　代理人許可申請をする際には、代理人許可申請書（【書式２】参照）および委任状（【書式４】参照）が必要であり、また本人と代理人との関係を明らかにする資料を提出しなければならない。たとえば、代理人となる者が親子、夫婦などの場合には戸籍謄（抄）本または住民票が、法人の社員の場合にはその身分を証明する社員証明書（【書式３】参照）が必要となる。代理人許可申請書には申立手数料として500円の収入印紙が必要である（民訴費用法３条・別表第１の17のイ）。代理人としての許・否の裁判は、申請書の余白に記載され、相当な方法（電話・口頭等）で告知される。なお、和解期日当日に代理人許可申請書を提出する例もみられるが、申請書や添付書類に不備がある場合には代理人として許可できず手続を進められないことになるため、なるべく事前に提出しておいた方がよいであろう。

　　(3)　事件の表示

　事件名は、請求の趣旨を要約して「○○和解申立事件」と記載する（民訴規則２条１項２号）。たとえば、申立人が、建物について所有権を有することの確認を求める場合には、「建物所有権確認請求和解申立事件」となる。なお、申立て時につけられた事件名は、その後和解の内容が変更されても変更されることはない。

　　(4)　請求の趣旨

　訴え提起前の和解の申立書には、請求の趣旨、請求の原因および争いの実情を記載しなければならない（民訴法275条１項）。請求の趣旨および原因を記載するのは、どのような権利または法律関係について、どのような内容の和解を求めるのかを明確にするためであり、訴状の記載要件にならって記載することになる（民訴法133条２項２号）。したがって、請求の趣旨としては、和解の申立てと、特にどのような内容の和解を求めるのかを明らかにするのが妥当である。

　また、司法書士代理の場合には、請求の目的の価額を認定する必要があり、その意味でも請求の趣旨および原因を明確に記載する必要がある。

　なお、実務上は、「別紙和解条項の趣旨により当事者双方に和解の勧告を求める。」あるいは「別紙和解条項案記載のとおりの和解を求める。」などと記載して、和解条項案を別紙として添付する取扱いが多い。申立書全体、すなわち、申立書の請求の原因と和解条項案を見ることによって、請求の趣旨が判明するのが通例であること、後記のように、仮に申立書の記載内容に不備があるときでも、和解期日で補正することで足りる場合も多いことから、実務の取扱いを肯定する見解もある（東京高決昭和25・6・22下民集1巻6号967頁参照）。

　申立書の和解条項案は、相手方に和解条項案の内容を知らせ、和解期日前に検討し、修正等の準備をする機会を与えるとともに、裁判所にとっても、和解勧告の際の資料となり、和解期日前に和解条項案の適法性や相当性について検討する機会を与えるものにもなっている。

(5) 請求の原因および争いの実情

　当事者間のどのような権利または法律関係について紛争が生じたのか、その概要と実情を記載する。請求の原因は、いわゆる特定方法としての請求の原因（訴状の記載事項である「請求の原因」と同一の概念である）であるのに対し、争いの実情は、いわゆる攻撃防御方法としての請求の原因および紛争の契機となった事実並びに相手方の主張を指している。請求の原因と争いの実情は、明確に区別して記載しなくても差し支えない。実務上は一括して記載している取扱いが多い。争いの実情は、裁判所が事案の実態を知り、和解の勧告をする際の便宜のためにその記載を要求されているものである。

　したがって、訴え提起前の和解申立書では、いわゆる請求を理由づける要件事実を具体的に記載したうえで、相手方の主張との相違点を中心として記載すればよいことになる。たとえば、所有権に基づく請求の場合には所有権取得原因事実、賃貸借の終了による場合であれば期間満了、解除、解約等の原因事実を記載し、これら要件事実の存否あるいは法律効果の存否についての相手方との主張の相違点を中心として記載することになる（【書式1】参照）。

　実務上、請求の原因および争いの実情の記載には不備のあるものが多く、たとえば不動産の明渡しを内容とする和解では、申立人がどのような権利に基づいて明渡しを求めているのか（所有権に基づく明渡しであるのか、それとも賃貸借契約の終了に基づく明渡しであるのか）、相手方がどのような権利に基づいて占有しているのか（不法占有であるのか、賃貸借であるのか、それとも使用貸借であるのか、あるいは占有補助者であるのか等）等が記載されていない場合もあるが、事案が明確でなければ、裁判所が事案の実態がわからず、法律関係も確定しないから、提出された和解条項案が適正か否かを判断することもできなくなる（このような場合、実務上は、書面により当事者に釈明を求めたり、あるいは直接面接したりして、事案を確定する作業を行うことになるため、和解期日の指定までに相当な時間がかかることもありえよう）。したがって、和解条項案と対比すれば、事案の実態が把握できるように明確に記載する必要があろう。

(6)　附属書類の表示

　申立書の附属書類を記載する（民訴規則2条1項3号）。後記「6　申立書の附属書類」を参照されたい。

(7)　年月日

　申立書の作成年月日を記載する（民訴規則2条1項4号）。

(8)　申立人（または代理人）の記名押印

　申立人または代理人は、申立書に記名し、押印しなければならない（民訴規則2条1項本文）。押印する印鑑は、認印でよく、実印である必要はない。シャチハタ印は用いないのが相当であろう。なお、申立書で使用した印鑑は、当事者の特定にも用いられるので、以後も引き続き事件終了まで使用するのが相当であろう。さらに、申立書が2枚以上にわたるときは、各葉間に契印するかまたは契印に代えてページ数を付けるなど、文書の連続性が容易に認識できる措置ををとる必要がある。ページを付ける位置は、「下部、中央欄外」が相当である。

(9)　裁判所の表示

　前記管轄裁判所を申立先の簡易裁判所として記載する（民訴規則2条1項5号）。

【書式1】　訴え提起前の和解申立書

```
┌─────┐
│収　入│          訴え提起前の和解申立書
│印　紙│                         令和○○年○○月○○日
└─────┘
```

○○簡易裁判所　御中

　　　　　　　　　　　　　　　申立人　甲　野　太　郎　㊞

　　事件名　建物明渡請求和解申立事件
　　当事者の表示　別紙当事者目録記載のとおり
　　　　　　　　　　　　請　求　の　趣　旨
　　相手方は，申立人に対し，別紙物件目録記載の建物を明け渡せとの和解
を求める。
　　　　　　　　　　請求の原因及び争いの実情
1　申立人は，相手方に対し，令和○○年○○月○○日申立人所有の別紙
　物件目録記載の建物を，賃料1か月30万円，毎月末日までに翌月分を支
　払うこと，また，令和○○年○○月○○日賃料を1万円加算して払うこ
　ととし，賃貸の期間を，令和○○年○○月○○日から令和○○年○○月
　○○日までの2年間に限り使用させ，賃貸借の更新は行わない旨の建物
　一時使用賃貸借として賃貸した。
2　申立人は，令和○○年○○月○○日，相手方に対し，賃貸期間の満了
　日である令和○○年○○月○○日をもって別紙物件目録記載の建物の明
　渡しを求めたが，相手方は，同建物の明渡しを拒絶した。
3　相手方は，申立人に対し，別紙物件目録記載の建物の賃貸借の継続を
　主張しているが，申立人は同建物の建て直しを予定しているため，これ
　以上賃貸するわけにはいかないとして，種々交渉した結果，ほぼ別紙和
　解条項（案）のとおり和解が成立する見込みがついたので，御庁の和解
　勧告を求める次第である。
　　　　　　　　　　　附　属　書　類
1　申立書副本　　　　　　　1通
2　建物賃貸借契約書写し　　1通
3　不動産登記事項証明書　　1通

当 事 者 目 録

〒　１００－○○○○　東京都○○区○○１丁目２番３号

申 立 人 甲 野 太 郎

電 話　０３－○○○○－○○○○

ＦＡＸ　０３－○○○○－○○○○

〒　１００－○○○○　東京都○○区○○４丁目５番６号

相 手 方 乙 川 二 郎

和 解 条 項 （案）

1　申立人と相手方は，別紙物件目録記載の建物（以下「本件建物」という。）についての賃貸借契約を合意解除する。

2　申立人は，相手方に対し，本件建物の明渡しを令和○○年○○月○○日まで猶予する。

3　相手方は，申立人に対し，令和○○年○○月○○日限り，第8項の金員の支払を受けるのと引換えに，本件建物を明け渡す。

4　相手方は，申立人に対し，令和○○年○○月○○日から本件建物の明渡済みまで，賃料相当損害金として1か月30万円の割合による金員を毎月末日限り支払う。

5　相手方は，申立人に対し，本件建物を第三者に占有させたり，他と共同で占有したりしない。

6　相手方において，前項に違反したとき，又は第4項の金員の支払を怠り，その額が60万円に達したときは，当然に第3項の明渡猶予の期限の利益を失い，相手方は，申立人に対し，直ちに本件建物を明け渡す。

7　相手方は，申立人に対し，本件建物内に相手方がなした設置物は相手方の費用をもって，明渡しの時までに撤去する。

8　申立人は，相手方に対し，本件建物の賃貸借契約時に相手方から申立人に差し入れられた敷金60万円を，第3項の期日限り，本件建物の明渡しを受けるのと引換えに，相手方に敷金の返還として支払う。

9　申立人と相手方は，本件建物の賃貸借契約に関し，本和解条項に定めるほか，他に債権債務がないことを相互に確認する。

10　和解費用は各自の負担とする。

```
　　　　　　　　　　物　件　目　録

所　　在　　○○区○○１丁目129番地
家屋番号　　104番
種　　類　　店舗
構　　造　　木造亜鉛メッキ鋼板葺２階建
床 面 積　　１階　71.57平方メートル
　　　　　　２階　67.53平方メートル
上記建物のうち１階部分　45.67平方メートル（別紙図面赤斜線部分）
（別紙図面省略）
```

【書式２】　代理人許可申請書

```
令和○○年(イ)第○○号　○○請求和解申立事件
申立人　甲山商事株式会社
相手方　乙川二郎

［印紙
 500円］　　　　　　代理人許可申請書

　　　　　　　　　　　　　　令和○○年○○月○○日
○○簡易裁判所　御中

　　　　　　　　申請人　甲山商事株式会社
　　　　　　　　代表者代表取締役　山川甲一　㊞
　頭書の事件につき，下記の者を申請人の代理人とすることを許可された
く申請します。
　　　　　　　　　　　　記
１　代理人の表示
　　氏名　丙山三郎
　　住所　東京都○○区○○１丁目２番３号　甲山商事株式会社内
　　職業　会社員
　　申請人との関係　申立会社の融資担当者
２　申請の理由
　　上記の者は，申立会社の融資担当者として貸付や債権回収などの折衝
　に直接当たり，その内容を最も熟知している。なお，申立会社の代表者
　は社務多忙のため，本件の手続に直接関与することが困難である。
　　　　　　　　　　附　属　書　類
１　社員証明書　　　　１通
２　委任状　　　　　　１通
```

```
3　資格証明書　　　　　1通
```

【書式3】　社員証明書

```
                    証　　明　　書
令和○○年○○月○○日
                  東京都○○区○○1丁目2番3号
                      申請人　甲 山 商 事 株 式 会 社
                      代表者代表取締役　山 川 甲 一　㊞
    下記の者が当社の社員であることを証明します。
                        記
1　住所（勤務先）
    東京都○○区○○1丁目2番3号　甲山商事株式会社内
2　所属
    融資部管理課長
3　氏名
    丙山三郎
4　電話番号（勤務先）
    0 3 - 1 2 3 4 - 5 6 7 8
    携帯電話番号　　○○○-○○○-○○○○
5　ファクシミリ番号（勤務先）
    0 3 - 1 2 3 4 - 5 6 7 9
```

【書式4】　委任状（弁護士以外の者を代理人とした場合）

```
                    委　　任　　状
                          令和○○年○○月○○日
                  東京都○○区○○1丁目2番3号
                  甲山商事株式会社
                      代表者代表取締役　山 川 甲 一　㊞
    私は，丙山三郎（東京都○○区○○1丁目2番3号　甲山商事株式会社
内）を代理人と定め，下記事項を委任します。
                        記
1　○○簡易裁判所令和○○年(イ)第○○号○○請求和解申立事件に関する
    一切の件
```

17

```
2　申立取下げの件
（和解条項案添付省略）
```

【書式5】　代理人許可申請書（定型）

収入印紙 500円	令和　・・	許	否
	裁　判　官		

（消印しないこと）

令和〇〇年（イ）第〇〇〇号	貼用印紙	金500円	

代　理　人　許　可　申　請　書		受付印

申請の理由	申請人は高齢で外出するにも不自由なため，本和解事件に当初から関与し，その内容を熟知している申請人の長男を代理人として出頭させたい。
代理人の表示	住　所　〒〇〇〇−〇〇〇〇　東京都〇〇区〇〇1丁目2番3号 氏　名　　甲野一太郎　　電話　〇〇−〇〇〇〇−〇〇〇〇 　　　　　　　　　　　　FAX　〇〇−〇〇〇〇−〇〇〇〇 申請人との関係（申請人との身分関係を証明する。） 　　　　　　　長　男

上記の者を申請人の代理人とすることを許可してください。
　　令和〇〇年〇〇月〇〇日

　　　　　　申　請　人　　甲　野　太　郎　㊞

〇〇簡易裁判所　御中

委　任　状
　　　氏　名　　甲　野　一　太　郎
私は上記の者を代理人と定め，上記和解事件について下記の権限を委任します。
　　　　　　　　　　記
1　別紙和解条項の趣旨の訴え提起前の和解を成立させる件
2　申立取下げの件
　　令和〇〇年〇〇月〇〇日
　　　　　　　　　　氏　名　　甲　野　太　郎　㊞

※　社員を代理人とする場合には，所属，役職及びその在籍期間を明示した社員証明を添付すること。
（和解条項案添付省略）

4　当事者目録の記載

前記のとおり（【書式1】を参照）、申立書の「当事者の表示」は、「別紙当事者目録記載のとおり」と記載して、当事者目録を別紙として添付する取扱いが多い。

(1)　当事者目録の役割

当事者目録には、誰が、誰に対し、和解を求めているのか、その主体あるいは客体を一見して明らかにする役割がある。また、申立書副本の送付等、手続の進行に伴い、裁判所が当事者に書類を送付する必要がでてくるが、その名宛人の住所・氏名を明らかにする役割もある。

(2)　当事者目録の記載の順序

申立人、申立人代理人、相手方、相手方代理人の順に記載する。複数の当事者（たとえば、相手方Aおよび相手方B）は、それぞれのところにまとめて記載する（【記載例2】参照）。なお、申立ての時点から、「利害関係人」を記載している例も見られるが、申立て時から和解手続に関与させるのであれば、「相手方」とすればよいであろう。

(3)　当事者目録の記載事項

(A)　自然人

原則として、住所、当事者資格、氏名で特定する（【記載例1】参照）。住所は、現住所を記載する。現住所が住民票上の記載と異なっている場合には、現住所の次に「(住民票上の住所)」として併記する。不動産登記手続を内容とする和解申立ての場合で、現住所と不動産登記記録上の住所が異なる場合には、現住所の次に「(不動産登記記録上の住所)」として併記する。住所の都道府県名は、原則として省略しない。番地についても、原則として、「1丁目2番3号」、「1丁目234番地」のように記載し、「1―2―3」、「1の234」等と省略しない。2名以上を連記する場合で、住所が全く同じ場合には、「同所」とすることができる。当事者資格は、「申立人」、「相手方」と記載する。氏名は、通称がある場合には、「○○こと△△」と記載する（○○には通称名を記載し、△△には戸籍上の名前を記載する。）。日本名を有する外国人の場合も同様に「○○（日本名）こと△△」と記載する。外国人

の氏名部分はカタカナで表記する。なお、アルファベット表記も付記する例もある。不動産登記手続を内容とする和解申立ての場合で、現在の氏名と不動産登記記録上の氏名とが異なっている場合には、現在の氏名の次に「(不動産登記記録上の氏名)」として併記する。

　未成年者等の行為無能力者の場合には、自然人と同様、住所、当事者資格、氏名を記載し、さらに、法定代理人の住所、資格、法定代理人の氏名を記載する。法定代理人の資格は、「法定代理人親権者父」、「法定代理人後見人」または「法定代理人成年後見人」等と記載する。誰の代理人であるかをより明確にするために「上記法定代理人親権者父」等としてもよい。

　　(B)　法　　人

　本店所在地、当事者資格、商号、代表者の資格、代表者の氏名を記載する(【記載例2】参照)。所在地は、現在の所在地と商業登記記録上の本店所在地とが異なっている場合には、現在の所在地の次に「(商業登記記録上の所在地)」として併記する。商号については、商号変更がある場合には、「○○株式会社(旧商号○○株式会社)」のように記載する。旧商号は必ずしも記載する必要がないが、新旧両商号の記載によって、権利義務の同一主体であることを明らかにし、無用の混乱を避ける意味合いを持っている。代表者の資格については、「代表者代表取締役」、「代表者取締役」、「代表者清算人」等と記載する。誰の代表者であるかをより明確にするために「上記代表者代表取締役」と記載してもよい(以後の代理人の表示についても同様である)。「代表者」が民事訴訟法上の資格であり(民訴法37)、「代表取締役」等がその代表者となる実体法上の資格であるから、両者とも記載するのが相当であるとされている。なお、代表者の住所は記載を要しない。

　　(C)　任意代理人

　任意代理人は、住所、代理人の資格、氏名を記載する。代理人の資格は、「代理人支配人」、「指定代理人」、「代理人弁護士」、「代理人司法書士」等と記載する。複数の当事者に共通の代理人がいる場合には、「申立人ら代理人弁護士」等と記載する。なお、和解の申立てを許可代理人名ですることは相当でないので、当事者目録に「代理人」として記載しない。実務上は、担当者として、連絡先の住所、電話番号、所属部署名等を併記しておくのが通例

である。

(4)　当事者目録の記載例

以下、当事者目録についての若干の記載例を挙げることとする。

【記載例1】　当事者目録——基本型

当　事　者　目　録

〒　○○○－○○○○　　　　東京都○○区○○1丁目2番3号

　　　　　　　　　　　　　　　申　立　人　　甲　野　太　郎

　　　　　　　　　　　　　　　電話　○○－○○○○－○○○○

　　　　　　　　　　　　　　　ＦＡＸ○○－○○○○－○○○○

〒　○○○－○○○○　　　　東京都△△区△△4丁目5番6号

　　　　　　　　　　　　　　　相　手　方　　乙　川　二　郎

（注）　以下の記載にあたっては、電話番号およびファクシミリ番号をすべて省略した。なお、相手方の連絡先や、代理人となる予定の弁護士や司法書士が判明している場合には、別途その旨の記載をした上申書を提出しておくと和解手続がスムーズに進行することになると思われる。

【記載例2】　当事者目録——法人の場合

〒　○○○－○○○○　　　　東京都○○区○○1丁目2番3号

　　　　　　　　　　　　　　申　　立　　人　　甲山商事株式会社

　　　　　　　　　　　　代表者代表取締役　　山　田　甲　一

〒　○○○－○○○○　　　　東京都△△区△△4丁目5番6号

　　　　　　　　　　　　　　相　　手　　方　　乙　川　二　郎

【記載例3】　当事者目録——国の場合

〒　○○○－○○○○　　東京都千代田区霞が関1丁目1番1号

　　　　　　　　　　　　申　　立　　人　　国

　　　　　　　　　　　　代表者法務大臣　　○　○　○　○

　　〒　○○○－○○○○　　東京都千代田区九段南1丁目1番15号

　　　　　　　　　　　　○○合同庁舎

　　　　　　　　　　　　東京法務局訟務部（送達場所）

　　　　　　　　　　　　　電　話　○○－○○○○－○○○○

　　　　　　　　　　　　　ＦＡＸ　○○－○○○○－○○○○

　　　　　　　　　　　指　定　代　理　人　　○　○　○　○

```
〒 ○○○−○○○○　東京都○○区○○ 4 丁目 5 番 6 号
　　　　　　　　相　手　方　乙　川　二　郎
```

(注)　①　国が当事者となる場合、住所は法務省の所在地となり、代表者とし
　　　　　て法務大臣を記載することになる。
　　　②　代理人が申し立てるときは、その代理権を証明する書面（指定書）
　　　　　を提出する（民訴規則23条、民訴法59条、民訴規則15条）。国の代理
　　　　　人は法令上の代理人であり、その名称は指定代理人である（国の利害
　　　　　に関係のある訴訟についての法務大臣の権限等に関する法律 2 条・ 8
　　　　　条）。

【記載例 4 】　当事者目録──地方公共団体の場合

```
〒 ○○○−○○○○　東京都新宿区西新宿 2 丁目 8 番 1 号
　　　　　　　　　　　　申　立　人　東　京　都
　　　　　　　　　　　　代表者知事　　○　○　○　○
　　　　　　　　同所　東京都住宅局住宅経営部内
　　　　　　　　　　　　指定代理人　　○　○　○　○
〒 ○○○−○○○○　東京都○○区○○ 5 丁目 4 番 3 号
　　　　　　　　相　手　方　丙　沼　亀　男
```

(注)　①　特別区の代表者は「区長」であり、市町村の代表者は「市町村長」
　　　　　である。
　　　②　地方公共団体の代表資格を証明する文書は不要である。
　　　③　地方自治法96条 1 項12号の「和解」には訴え提起前の和解も含まれ
　　　　　ると解されているので地方公共団体が訴え提起前の和解申立てをする
　　　　　には議会の議決を必要とする（大出峻郎「現代地方自治全集 3 地方議
　　　　　会」125頁）。
　　　　　　したがって、和解に際しては議決書の謄本を提出しなければならな
　　　　　い。
　　　　　　もっとも、事項によっては、議会からの委任により地方公共団体の
　　　　　長の専決処分（地方自治法180条 1 項）とされている場合もあり、こ
　　　　　の場合には、議決書謄本の提出は不要であるが、専決処分であること
　　　　　が判明する書類を提出する必要がある。
　　　　　　なお、専決処分に関しては、東京都が応訴する訴訟事件の和解を都
　　　　　知事の専決処分とすることを定めた都議会の議決が地方自治法180条
　　　　　 1 項に違反して無効であるとされた裁判例（東京高判平成13・ 8 ・27

判タ1088号140頁）もあるので注意が必要である。

④　代理人が申し立てるときは、その代理権を証明する書面（指定書）を提出する（民訴規則23条、民訴法59条、民訴規則15条）。地方公共団体の代理人は法令上の代理人であり、その名称は指定代理人である（地方自治法153条）。

5　和解条項案の記載

(1)　和解条項案全体の留意点

　和解条項案は、当事者の合意内容のうち、法律上の効果（民訴法上の効果および実体法上の効果）が発生する事項、その他重要な事項を箇条書きにしてまとめたものであり、実務における長年の積み重ねにより、その具体的な記載事項や内容が実務における考え方としてまとめられてきたものである。もっとも、和解条項案の中には、これとは異なり、当事者の合意内容や契約書の記載事項を、そのまま条項案として添付される例が多いのも実情である。このため、訴え提起前の和解手続においても、当事者が提出した和解条項案がそのまま採用される例はそれほど多くはなく、裁判所において、公序良俗・強行法規違反といった観点だけでなく、その他の事由から不相当と考えられる条項を削除したり、当事者の合意に沿った和解条項を加え、あるいは表現を修正するなどして、確定した和解条項となるのが実情であろうと思われる。ここで、和解条項案の作成に当たっての留意点について触れると、①和解条項は、具体的な紛争の解決に役立つものであること、その意味では和解条項案は、当事者間の紛争解決に資する中心的な合意について、なるべくシンプルかつコンパクトにまとめることが相当であること、②ひとつひとつの和解条項の意味や内容を十分に認識して作成すること（たとえば、任意の履行が期待できるものの、消滅時効との関係から和解をしておきたいなどといった場合には、確認条項を中心とした和解案を作成することも考慮に値しよう）、③具体的な和解条項案を作成する際には、当事者の合意内容のうち、和解条項として記載するのが相当な事項を抽出し、次いでその記載順を検討すること、④和解条項に基づく、強制執行や登記手続等は、和解条項の記載文言だけを基準として行われることになるから、当事者の一致した合意内容

を的確に記載し、正確な文言を用いて記載する必要があることなどといったことが挙げられよう。

(2)　和解条項の記載順序

和解条項は、原則として、紛争解決の論理的筋道に従って記載する。一般的には、権利の存在等を定めた確認条項、または権利の発生等を定めた形成条項を初めに記載し、次いで、その履行確保をするための給付条項、給付条項が履行されない場合等を前提とした付款条項および給付条項、最後にその他の条項（清算条項、費用負担に関する条項）の順に記載することになる（各条項の内容については、それぞれの条項に関する説明を参照されたい）。当事者が複数の場合には、関係当事者ごとにまとめるのが原則である。同一内容の確認（または形成）条項と給付条項がある場合には、確認（または形成）条項を先に記載し、次いで給付条項を記載する。

(3)　和解条項の種類

和解条項には、次のような種類があるので、どの条項に当たるのかを十分に検討したうえで作成する。仮に、給付条項にあたると思って記載しても、それが確認条項にしかあたらないとすると、和解の目的が達せられないことにもなる。

(A)　効力条項——実体法的効果を有する条項

①確認条項は、争いのあった法律関係、事実関係等につき、確認の合意をすることによって当該紛争解決の前提となる共通の土台を創出する和解条項である。

②形成条項は、新たな法律関係もしくは権利義務関係を形成するものであって、和解の席上における新たな合意の締結およびその合意の内容に関する条項が中心となる。

③給付条項は、確認条項で確認された給付義務あるいは形成条項で形成された実体法上の給付義務の存在を前提として、義務者による任意の履行がされない場合に備え、その履行を確保するために債務名義となる条項を作出するものである。したがって、給付判決における給付命令に代わる機能を果たすことが目的となる。また、前記のとおり、任意の履行も期待されることから、条項中に履行地や履行方法、履行期限等も盛り込まれることになる。

(B)　任意条項

任意条項には、「和解費用は各自の負担とする」という条項のように、その記載がなくとも法律上当然に同様の効果が発生している条項（民訴法68条参照）と、たとえば、「当事者双方は、以上をもって紛争をすべて解決したものとし、今後は、相互の関係を良好に保つために努力する」、「当事者双方は、今後は、互いを誹謗中傷しないことを確約する」などといったように、当事者が道義的な責任を認めて、じ後の紛争を防止するのに役立てる道義条項と言われる２つの種類がある。道義条項は、当該合意をした当事者の意思を尊重して記載されることになるが、記載された文言によっては、効力条項か否か不明確であったり、あるいは文言内容が不明確でかえって後日に紛争をもたらすこともあるので、なるべく記載しないのが相当であると考えられよう。和解をするうえで、どうしても道義条項を記載する必要がある場合でも、文言には注意し、あまり抽象的な表現は避けた方がよい。

(4)　条項の分け方

(A)　性質の異なる条項

確認、形成、給付等の性質の異なる条項は、原則として別条項とし、

1　相手方は、申立人に対し、令和○○年○月○日相手方が申立人から借り受けた○○万円の支払義務があることを認める。

2　相手方は、申立人に対し、前項の金員を、令和○○年○月○日限り、申立人方に持参又は送金して支払う。

などと記載する。この場合、第１項が確認条項、第２項が給付条項である。

もっとも、実務上は、前記のような場合、確認条項と給付条項とをひとつの条項にまとめて記載している例が多い。確認の内容、給付の内容および方法等が簡単な場合はそれでもよいが、複雑な場合には、別項にした方がわかりやすい。前記第１項と第２項をまとめて記載すると次のようになる。

1　相手方は、申立人に対し、令和○○年○月○日相手方が申立人から借り受けた○○万円の支払義務のあることを認め、これを、令和○○年○月○日限り、申立人方に持参又は送金して支払う。

また、給付条項については、執行手続の明確さ等を考え、一個の給付請求権ごとに独立の項を立てた方がよい。

　(B)　付随的な条項

登記手続費用の負担条項や振込手数料の負担条項のような付随的な条項は、その前提となる給付条項とは性質が異なることから、原則に従えば別項を設けるべきであるが、実務上は、それぞれの給付条項に続けてただし書等として記載するのが通例である。もっとも、登記手続費用の負担を定めた条項が複数存在している場合には、別項にまとめる形で記載した方がわかりやすい。

> 　相手方は、申立人に対し、本件土地について、令和○○年○月○日売買を原因とする所有権移転登記手続をする。ただし、登記手続費用は申立人の負担とする。

登記手続費用の負担を定める条項の性質については、形成条項に当たるのか、それとも任意条項に当たるのかという点で見解が分かれる。登記手続費用は弁済費用の一種であると考えられるので、民法485条によれば、弁済費用は債務者（登記義務者）の負担とされている。しかし、この規定は任意規定であるため、弁済費用の負担者は、まず、当事者の意思表示、慣習によって決められることになる。そこで、登記手続費用の負担者を登記権利者と定めた場合には、民法の規定と異なる定めをしたという意味で当事者間の特約ということになり、形成条項と理解されることになると考えられる。また、記載例として挙げた条項が、売買契約に基づくものであって、その登記手続費用が売買契約に関する費用に該当すると理解した場合には、民法558条の当事者双方平分負担の規定と異なる特約があったものとして、この意味でも形成条項に当たると考えられよう。

> 　……株式会社○○銀行○○支店の申立人名義の普通預金口座（口座番号○○○○）に振り込む方法で支払う。振込手数料は相手方の負担とする。

振込手数料は、弁済の費用として、原則として債務者の負担となる（民法

485条）。しかし、現実には、振込みによる支払いが債権者の便宜のためと考えているためか、支払うべき金額から振込手数料を控除してしまう例もあるようである。したがって、通常は、振込手数料の負担者につき、和解期日において当事者双方が口頭で確認しておけば足り、和解条項中に記載するまでの必要性はないと思われるが、後日の争いを防ぐような必要がある場合には記載しておいた方がよいであろう。

(5)　確認条項

確認条項は、争いのある権利関係について、存否いずれかに確定する効力を生ずる条項である。和解条項の末尾に「認める」または「確認する」という確認文言がある場合には、この確認条項に当たることになる。

確認条項には、①確認の主体、②確認内容およびその範囲、③確認意思を記載する。具体的に言えば、①だれが、またはだれとだれが、だれに対して、②何について、③確認するのか、を記載する。

【記載例5】を例にとれば、「相手方が、申立人に対し」の部分が①に当たり、「別紙物件目録記載の土地について、申立人が所有権を有することを」の部分が②に当たり、「確認する」の部分が③に当たることになる。

【記載例5】　土地について所有権を確認する場合

> 相手方は、申立人に対し、別紙物件目録記載の土地について、申立人が所有権を有することを確認する。
> （別紙物件目録省略）

確認の主体は次のようなパターンに分類される。

対立当事者の一方だけが確認する場合には、次のように記載する。

> 相手方は、申立人に対し、……を確認する（または認める。）。

対立当事者の双方で確認する場合には、次のように記載する。

> 申立人と相手方は、……を（相互に）確認する（または認める。）。

当事者が複数の場合には、どの当事者間で確認するのかを明確にする必要

がある。

> 申立人甲と相手方乙は、……を（相互に）確認する（または認める。）。

　また、確認条項では、確認の対象（確認内容およびその範囲）について正確に記載しなければならない。さらに、和解では、判決の場合と異なり、事実の確認、過去の権利や法律関係の確認がされることがある。

　確認意思は、和解条項の末尾に「認める」または「確認する」と記載する。

　また、和解の申立てに際しては、本来は、申立書の請求の趣旨および原因で、どのような権利または法律関係について和解を求めるのか明らかにすることとされているが、実務上は、申立書の請求の趣旨を「別紙和解条項案記載のとおりの和解を求める」などと記載して、和解条項案を添付する取扱いが多いことは、すでに記載したとおりである。このような場合には、必ずしも申立書自体から請求の表示として記載すべき請求の趣旨および原因が明確になっているとは言い難い場合も多い。そのため、和解が成立した際に書記官が作成する和解調書においても、「請求の表示」としては記載せずに、和解条項中の確認条項（通常は和解条項第1項）で、請求が特定できるような記載をして、請求の表示の代用をしているのが実情であろう（請求の表示の記載がない場合に、和解条項で、いきなり「本件貸金債務として」あるいは「本件請負代金債務として」などと記載しても、どのような権利または法律関係について和解が成立したかが不明となり、後日に紛争を残すことにもなりかねない）。したがって、前記のような取扱いが実務上定着しており、容易に変更できないという場合には、和解条項の第1項に確認条項を設け、できるだけ明確に権利または法律関係を特定しておく必要があろう。

　以下に記載する具体的な確認条項の例においては、以上の点が前提とされているので留意していただきたい。

【記載例6】　貸金債務に対する支払義務を確認する場合（単発の貸金の場合）

> 相手方は、申立人に対し、申立人と相手方間の令和○○年○○月○○日付けの金銭消費貸借契約に基づく○○万円の支払義務があることを認め

る。

　確認の対象となる権利が債権の場合には、権利の主体、客体、権利の種別、発生原因によって特定することになる。

　また、貸金債権の略語として、確認の主体が債務者である相手方であることから、「本件貸金」ではなく、「本件借受金」と表現するのが相当であるとされている（裁判所職員総合研修所「書記官事務を中心とした和解条項に関する実証的研究〔補訂版・和解条項記載例集〕」36頁）。もっとも、実務上は、「本件借受金」という表現が一般的な表現として定着していないということがあるためか、それほど厳格に区別して用いられているわけではないようである。また、現実問題として「本件貸金」と書いて、債権者と債務者を取り違えるということもないと思われるので、この点はあまり神経質にならなくてもよいであろう。なお、和解の対象となる請求権について支払義務を認めるのではなく、「解決金」や「和解金」名目で支払うとの合意をする場合があるが、この場合には、単に「解決金」あるいは「和解金」と記載するのが相当とされている。もっとも、実務上は、当該事件におけるという意味で「本件解決金」あるいは「本件和解金」とする例も多いようである。解決金あるいは和解金という名目で和解をする場合、支払義務を認める条項としては、「相手方は、申立人に対し、解決金として〇〇万円の支払義務があることを認める。」などとして、確認条項の形で記載する場合と、「申立人と相手方は、相手方が申立人に対し、解決金として〇〇万円を支払うことを合意する。」などとして、形成条項の形で記載する場合とがある。実務上は、確認条項の形で記載する例が多いと思われるが、解決金等は、和解における合意によって支払義務が発生するものであって、理論的には、形成条項とする方が正しいという考え方もある。また、当事者間に感情的な対立があるような場合に、一方が支払義務を負っているという表現では難色を示すことも考えられ、このような場合には、形成条項の形にした方が、当事者の理解を得やすい場合もあろう。このようなことから、事案に応じた使い分けをするという考え方がある。なお、形成条項においては、一般に「合意する」という文言の記載を省略するのが通例であるが、ここで、単に「解決金として〇〇万円を支払

う」とすると、給付条項と間違われる可能性もあることから、例外的に「合意する」との文言を記載するのが相当であるとされている。また、解決金等の名目で和解をする場合には、申立書の請求の趣旨および原因の中で、和解の対象となる権利または法律関係が特定されていることが前提となることにも留意されたい。

また、【記載例6】は、和解成立時点における（残）債務額を確認することを前提としている。仮に、過去の一時点における（残）債務額を確認する必要がある場合には、「……金銭消費貸借契約に基づく債務として、令和○○年○○月○○日時点で○○万円の支払義務があることを認める」などと記載する。

和解成立時点における元金、利息、損害金に争いがない場合には、その合計額を記載するだけでも足りると思うが、内訳を記載した方がよい場合には、次の記載例を参考にされたい。

　　相手方は、申立人に対し、相手方が申立人から令和○○年○○月○○日に、弁済期を令和○○年○○月○○日、利息年○パーセント、遅延損害金年○パーセントの約定で借り受けた○○万円及び令和○○年○○月○○日から令和○○年○○月○○日までの利息○○円並びに令和○○年○○月○○日から令和○○年○○月○○日までの遅延損害金○○円の合計○○万円の支払義務があることを認める。

　　相手方は、申立人に対し、令和○○年○○月○○日付け金銭消費貸借契約に基づき、次の金員の支払義務があることを認める。
(1)　残元金○○万円
(2)　未払利息（令和○○年○○月○○日から令和○○年○○月○○日まで）○万円
(3)　上記(1)の残元金に対する令和○○年○○月○○日から支払済みまで年○パーセントの割合による遅延損害金

【記載例7】　貸金債務に対する支払義務を確認する場合（基本契約に基づき繰り返し借り受けた場合）

　　相手方は、申立人に対し、令和○○年○○月○○日付けの○○契約に基

づき、相手方が申立人から、令和○○年○○月○○日から令和○○年○○
月○○日までの間に○○回にわたり借り受けた合計○○万円の残債務○○
万円（残元金○○万円、未払利息○○円、遅延損害金○○円）の支払義務
があることを認める。

【記載例 8 】　売買代金に対する支払義務を確認する場合（単発の売買の場合）

　　相手方は、申立人に対し、申立人と相手方間の令和○○年○○月○○日
付け売買契約に基づく売買代金債務として○○万円の支払義務があること
を認める。

【記載例 8 】は、売買契約日で特定する例である。「……令和○○年○○月
○○日付け売買契約に基づき買い受けた○○の売買代金債務……」として、
売買の目的物を特定要素として記載する例もある。

【記載例 9 】　売買代金に対する支払義務を確認する場合（継続的売買の場合）

　　相手方は、申立人に対し、申立人と相手方間の令和○○年○○月○○日
付け売買契約に基づき、令和○○年○○月○○日から令和○○年○○月○
○日までの間に申立人から買い受けた○○の代金として合計○○万円の支
払義務があることを認める。

【記載例 9 】は、売買期間と売買の目的物（目的物が複数の場合には、代表
的なものを挙げる形で「○○等」などと記載する）で特定することを想定して
おり、通常は、この程度の記載で足りると思われる。仮に、期間中の個別の
売買をすべて特定する必要がある場合には、「相手方は、申立人に対し、申
立人と相手方間の令和○○年○○月○○日付け売買契約に基づき、別紙一覧
表のとおりに買い受けた売買代金債務として合計○○万円の支払義務がある
ことを認める」などとして、別表を使って特定するのが相当であろう。

【記載例10】　保証債務金に対する支払義務を確認する場合

　　相手方は、申立人に対し、令和○○年○○月○○日付け保証債務の履行
として○○万円の支払義務があることを認める。

【記載例11】　保証債務金に対する支払義務を確認する場合（連帯保証人の場合）

> 　相手方は、申立人に対し、○○が申立人から令和○○年○○月○○日付けの金銭消費貸借契約に基づき借り受けた△△万円につき、相手方が申立人に対し同日付けで連帯保証したことに基づく保証債務金として○○万円の支払義務があることを認める。

　和解成立時点における主債務の元金、利息、損害金に争いがない場合には、その合計額を記載することでも足りると思われるが、内訳を記載した方がよい場合には、貸金の場合の記載例を参考にされたい。

【記載例12】　請負代金に対する支払義務を確認する場合

> 　相手方は、申立人に対し、令和○○年○○月○○日付けの請負契約に基づく工事代金残金○○万円の支払義務があることを認める。

> 　相手方は、申立人に対し、相手方を注文者、申立人を請負人として令和○○年○○月○○日に締結された建築請負契約（工事名○○邸新築工事）に基づき、申立人が相手方に対して有する請負残代金○○万円の支払義務があることを確認する。

　請負契約の特定は、通常は日付で足りると思われるが、必要に応じて工事名等を記載するのもよいであろう。

【記載例13】　交通事故に基づく損害賠償金に対する支払義務を確認する場合

> 　相手方は、申立人に対し、令和○○年○○月○○日午前○○時○○分ころ、○○○○○○番地先の道路上において、申立人が相手方運転の普通乗用自動車に衝突された交通事故による損害賠償債務として、○○万円の支払義務があることを認める。

> 　相手方は、申立人に対し、相手方が令和○○年○○月○○日午後○時ころ、普通乗用自動車を運転して、東京都○○○○○番地先路上を○○方面に進行中、前方不注視により、申立人が運転する原動機付き自転車に接触し、申立人に傷害を与えた交通事故による損害賠償として、○○万円の支

> 払義務があることを認める。

　和解条項案作成の時点で、損害賠償金に対する治療費等の既払金がある場合に、「……損害賠償として既払金〇〇万円のほか、〇〇万円」として、既払金と残額を記載する例、あるいは「……損害賠償として、〇〇万円の支払義務があること及び相手方がこのうち〇〇万円を支払ったことを確認する」と記載する例もあるが、より明確にするという点では、記載例として挙げたように損害賠償金全額に対する支払義務を確認したうえで、それとは別に、「申立人は、相手方に対し、令和〇〇年〇〇月〇〇日に、相手方が前項の金員のうち〇〇万円を支払ったことを確認する」などと記載した方がよいと思われる。

【記載例14】　リース料に対する支払義務を確認する場合

> 　相手方は、申立人に対し、申立人と相手方間で令和〇〇年〇〇月〇〇日及び令和〇〇年〇〇月〇〇日にそれぞれ締結したリース契約に基づく債務として、令和〇〇年〇〇月〇〇日時点で〇〇万円の支払義務があることを認める。

　特定のためにリース物件等を記載するのもよいと思われる。【記載例14】は、過去の一時点における債務を確認する場合の記載例である。

【記載例15】　賃金に対する支払義務を確認する場合

> 　相手方は、申立人に対し、申立人と相手方との間で、令和〇〇年〇〇月〇〇日に締結した労働契約に基づく令和〇〇年〇〇月〇〇日から令和〇〇年〇〇月〇〇日までの賃金合計〇〇円の支払義務があることを認める。

　賃金の特定としては、最低限記載例の程度で足りると思われるが、労働契約の内容や賃金の内訳を記載する必要がある場合には、次のように記載することが考えられよう。

> 　相手方は、申立人に対し、申立人と相手方との間で、令和〇〇年〇〇月〇〇日に締結した次の内容の労働契約に基づく、令和〇〇年〇〇月〇〇日

から令和○○年○○月○○日までの賃金合計○○円の残金○○円の支払義務があることを認める。

(1)　仕事の内容　○○○○

(2)　賃金　基本給　○○円

　　　　　諸手当　○○円

(3)　締切日　毎月○○日締め

(4)　支払日　翌月○○日

【記載例16】　敷金返還義務を確認する場合

相手方は、申立人に対し、申立人が令和○○年○○月○○日に相手方との間で別紙物件目録記載の建物の賃貸借契約を締結するに際して差し入れた敷金○○円の未返還金として○○円の支払義務があることを認める。

（別紙物件目録省略）

【記載例17】　賃貸借契約の終了について確認する場合

相手方は、申立人に対し、申立人と相手方との間で、令和○○年○月○日に締結した別紙物件目録記載の建物の賃貸借契約が、令和○○年○月○日に解除されたことを確認する。

（別紙物件目録省略）

次のように、具体的な解除事由を記載してもよい。

相手方は、申立人に対し、申立人と相手方との間で、令和○○年○○月○○日に締結した別紙物件目録記載の建物の賃貸借契約について、令和○○年○○月○○日に賃料不払を理由として解除されたことを認める。

（別紙物件目録省略）

和解による円満解決という趣旨を重視して、次のように単に賃貸借契約の終了の確認や明渡義務の確認だけを記載する方法もある。

相手方は、申立人に対し、申立人と相手方との間で、令和○○年○○月○○日に締結した別紙物件目録記載の建物の賃貸借契約が、令和○○年○月○○日をもって終了していることを確認する。

（別紙物件目録省略）

　　相手方は、申立人に対し、申立人と相手方との間で、令和○○年○○月
○○日に締結した別紙物件目録記載の建物（以下「本件建物」という。）
についての賃貸借契約の終了により、本件建物を明け渡す義務があること
を認める。
（別紙物件目録省略）

【記載例18】　売買契約締結の事実について確認する場合

　　申立人と相手方は、令和○○年○月○日、申立人が相手方に対し、別紙
物件目録記載の土地を○○万円で売り渡したことを認める。
（別紙物件目録省略）

(6)　形成条項

　形成条項は、和解により新たに権利の発生・変更・消滅という形成の効果
を生ずる条項である。当事者間で任意に処分することができる権利または法
律関係を対象にしなければならない。

　形成条項には、①権利者および義務者、②形成対象、③形成内容および形
成意思を記載する。具体的に言えば、①だれとだれが、②どのような内容の
権利または法律関係について、③形成するのか、を記載する。【記載例22】
を例にとれば、「申立人と相手方は」の部分が①にあたり、「本件土地につい
ての本件賃貸借契約を」の部分が②にあたり、「合意解除する」の部分が③
にあたることになる。

　権利者および義務者は、だれとだれが法律関係を形成するのかを明確に記
載する。形成条項も、和解である以上、すべて当事者の合意によって成立す
るものであるが、その中には、２つの合意パターンがある。形成条項の記載
の仕方は、そのパターンによって異なってくる。

　　○　一方的意思表示型

　一方的な意思表示によって形成する旨を合意する場合である。具体的に
は、免除、放棄、猶予等が挙げられる。

> 申立人は、相手方に対して、……を猶予する。

> 申立人は、相手方に対して、……を免除する。

> 相手方Aは、申立人に対して、……の債務を連帯保証する。

　連帯保証は、一方的意思表示だけでは成立せず、本件の場合では、相手方と申立人との契約であるから、本来は、次の双方意思表示合致型に属するが、実務では、通常、このような記載の仕方がされている。

【記載例19】　履行期限を猶予する場合

> 　申立人は、相手方に対し、本件土地の明渡しを、令和○○年○月○日まで猶予する。

　本条項の前に、相手方に本件土地の明渡義務を確認する条項（確認条項）があれば、実体法上は、直ちに相手方に対し明渡しを求めることができるが、実務上は、明渡しのための準備期間を与え、明渡しをスムーズに行わせるために、申立人が一定期間、明渡しの請求をしないという不作為の合意をする例が多い。もっとも、猶予期間があまり長期の場合には、実質的には賃貸借期間であると評価されることもあるので注意が必要である。

【記載例20】　支払義務の一部免除を合意する場合

> 　相手方が、期限の利益を失うことなく、第○項の分割金を支払ったときは、申立人は、相手方に対し、第○項のその余の金員の支払義務を免除する。

> 　相手方が、期限の利益を失うことなく、第○項の分割金を、○○万円に達するまで支払ったときは、申立人は、相手方に対し、第○項のその余の金員の支払義務を免除する。

　実務上、債務者の返済資力等も考慮して、支払義務を確認した金員のうち、一定額の支払をした場合に、その余の金員の支払義務を免除するという債務免除条項が盛り込まれる例がある。債務免除条項には、支払義務を確認した債務のうち一定額について給付条項を設け、期限の利益を失うことなく、当該金員の支払いをしたときは、その余の金員の支払義務を免除するという形で記載する例と、支払義務を確認した債務全額について給付条項を設け、期限の利益を失うことなく、給付条項のうちの一定額の支払いをしたときは、その余の金員の支払義務を免除するという形で記載する例がある。

　○　双方意思表示合致型
　双方の意思表示の合致によって形成する旨を合意する場合である。具体的には、売買契約、契約の合意解除、賃貸借の合意等が挙げられる。

> 　申立人は、相手方に対して、……を代金〇〇円で売り、相手方は、これを買い受ける。

　売買契約は、要物契約ではないので、「売り渡し」とは記載しない。「売り渡し」とすると、目的物の引渡しを含んでいるとの誤解を与えてしまうためである。もっとも、実務上、「売り渡し」と記載している例も多い。なお、「買い受ける」という表現も、同様に「受ける」の部分が要物契約であるかのような印象を受けるとの懸念から、単に「買う」とするのが正しいという考え方もあるが、「買い受ける」の趣旨は、買受けの意思表示の意味で使用しており、引渡しを受けるとの趣旨ではないため、「買い受ける」と使用して差し支えないと考えられよう。

　また、不動産の売買の場合に、「〇〇の所有する本件土地」などと記載している例もある。この記載がされているからといって所有権が認定されるわけではなく、本来は必要のない記載であるが、実務上は、和解の成立によって直ちに所有権が移転されることを明確にする意味で記載することもある。

> 　申立人と相手方は、……契約を合意解除する。

【記載例21】　売買の合意をする場合

> 申立人は、相手方に対し、本件土地を代金○○円で売り、相手方は、これを買い受ける。

【記載例22】　合意解除をする場合

> 申立人と相手方は、本件土地についての本件賃貸借契約を合意解除する。

　特に和解期日で解除したことを明確にする必要がある場合は、「……本日合意解除する。」と記載するが、そういった場合を除いて、和解期日で合意解除したことが明白であるから、「本日」という文言は記載しないのが原則である。同様に、「本和解期日において」あるいは「本和解の席上で」という記載もしないのが原則である。

　逆に、合意解除の効力を期限の到来にかからしめ、期限が到来することによって賃貸借契約が解除されたこととする期限付き合意解除の場合には、合意解除の時期を明確に記載しておく必要がある。

> 申立人と相手方は、本件建物についての本件賃貸借契約を、令和○○年○○月○○日限り合意解除する。

　「合意する。」という文言は、和解は双方の合意であることが当然であるため、記載しない。したがって、「合意解除することを合意する。」とは記載しないことになる。

　次に、形成条項は、当事者間の契約、契約条件の変更、契約の合意解除等を内容とする合意（給付条項の前提となる合意）であり、当事者が自由に処分できる権利であることが必要である。

　形成内容に応じて、次のような3つの条項に分類される。

　　○　権利発生条項

　当事者双方の一致した意思表示等の内容を明らかにする条項である。具体的には、売買、賃貸借、保証、抵当権設定等の契約を成立させる場合等が挙

げられる。

【記載例23】　賃貸借契約を成立させる場合

> 　申立人は、相手方に対し、本件土地を次の約定で賃貸し、相手方はこれ
> を賃借する。
> 　1　使用目的　建物所有
> 　2　賃貸期間　令和○○年○月○日から○○年間
> 　3　賃　　料　1か月○万円
> 　4　支払方法　毎月○○日限り当月分を持参払

　権利発生条項とともに、形成された契約内容について給付条項も作成する
場合が多い。これは、権利が形成条項により発生していても、給付条項がな
い限り、形成条項だけでは、強制執行ができないからである。

　そこで、たとえば、次のような条項が、前記条項に続いて記載されること
になる。

> 　相手方は、申立人に対し、前項3の賃料を、令和○○年○月○日から毎
> 月○○日限り申立人方に持参して支払う。

　以上の点は、仮に「4　支払方法」を「毎月○○日限り当月分を持参して
支払う」などとして給付文言を付加しても、同様である。というのは、仮
に、給付文言を付加しても、形成条項の中の枝番ということから、当事者間
で形成された賃貸借の一内容と考えられ、給付条項とはみられないからであ
る。

　むしろ、形成条項の中で給付条項的な性格を持たせようとすると、わかり
にくくなるため、記載例のように、形成条項と給付条項に分けて明確に書き
分けることが相当であろう。

【記載例24】　残置動産について所有権を放棄する場合

> 　相手方が、前項により本件建物を明け渡したときに、本件建物内に残置
> した動産については、その所有権を放棄し、申立人が自由処分することに
> 異議がない。

相手方が建物を明け渡したときに、建物内に残置された動産について、相手方が権利を放棄し、申立人に処分権限を付与する形成条項である。問題となるのは、放棄の対象となる動産の特定を欠くのではないかという点であるが、当該建物内にあるすべての動産ということで特定されていると考えられるので、ひとつひとつの動産を特定して記載するまでの必要はないとされている。

　○　権利変更条項

　既存の法律関係を特定して、それがどのように変更されるかを明らかにする条項である。したがって、権利変更条項では、基本となる法律関係・契約を特定したうえで、変更される内容を特定することになる。具体的には、特定の請求権の存在を前提としてその履行期限を猶予する場合や、賃貸借の存在を前提として賃料や賃貸借の期間を変更する場合などが挙げられる。

【記載例25】　賃料を改定する場合

> 　申立人と相手方は、本件建物の賃料を、令和○○年○月○日から1か月○○円に改定する。

　○　権利消滅条項

　既存の権利関係を特定して、その消滅原因を明らかにする条項である。具体的には、既存の契約を合意解除する場合や相殺の合意をする場合、既存の債務を免除する場合、権利の放棄をする場合等が挙げられる。

【記載例26】　賃貸借契約を合意解除する場合

> 　申立人と相手方は、本件建物についての本件賃貸借契約を合意解除する。

　実務上は、賃貸借契約を合意解除したうえで、明渡しを猶予することも多い。その場合には、前記条項の次に、以下のような条項を加えることになる（この条項の性質は、権利変更条項である）。

> 　申立人は、相手方に対し、本件建物の明渡しを、令和○○年4月末日ま

で猶予する。

上記のような猶予の条項を設けた場合、実務上は、猶予期間が到来した後の権利の実現を考慮して、明渡しの給付条項を加える場合が多い。その場合には、続けて、次のような条項を加えることになる。

相手方は、申立人に対し、令和○○年5月1日限り、本件建物を明け渡す。

明渡猶予期限を定め、同期限において明け渡すとの合意がされた場合、実務上は、「前項の期日限り、本件建物を明け渡す」として、明渡猶予期限と同日をもって明渡期限と記載するのが一般的である。しかし、このように記載すると、たとえば、本記載例でいえば、相手方が本件建物を占有することができる期間を「○月末日」の満了までとしているにもかかわらず、次項の明渡条項においては、「○月末日」には明渡しの強制執行の開始が可能ということになり、両条項の間に矛盾が生じることになるのではなかろうか。したがって、記載例のように、明渡猶予期限の翌日をもって明渡期限とするのが相当であろう。

【記載例27】　相殺の合意をする場合

1　相手方は、申立人に対し、本件売買代金○○万円の支払義務があることを確認する。
2　申立人は、相手方に対し、申立人が令和○○年○月○日相手方から買い受けた○○○の残代金として○○万円の支払義務があることを認める。
3　相手方と申立人は、第1項の債務と前項の債務とを対当額で相殺する。

「対等額」ではなく、「対当額」である。相殺の合意をする場合には、自働債権（相殺に供しようとする債権）の特定にも留意する。交通事故に基づく損害賠償請求について、双方の過失に基づく同一の交通事故による損害賠償債権相互間であっても、相殺は許されないが（最判昭和49・6・28民集28巻5号

666頁）、和解における当事者の合意は、私法上の和解契約の性質をもつものであり、民法509条は、相殺契約には適用されないと解されているので、相殺を合意する和解条項も有効であるとされている（改正後の民法509条により、物的損害については、これを受働債権をする相殺が許されることになった）。賃金の支払請求事件について、会社（使用者）側からは、労働者の職場規律違反行為や取引先とのトラブルによって会社が損害を受けたことを理由に、損害賠償請求権と相殺するという主張がされることも多いが、賃金債権との相殺は、労働者と使用者との合意によってなされ、かつ、それが労働者の完全な自由意思に基づく場合は許されるが、そうでない場合には、労働基準法24条１項本文の賃金全額払いの原則に反して許されないとするのが判例である（最判昭和36・5・31民集15巻5号1482頁、最判平成2・11・26民集44巻8号1085頁）。

　実務上は、次のように簡略に記載する例もある。

　　相手方は、申立人に対し、次の(1)と同(2)とを対当額で相殺した残金○○円の支払義務があることを認める。
(1)　相手方の申立人に対する本件売買代金○○万円の残債務金○○万円
(2)　申立人の相手方に対する、申立人が令和○○年○○月○○日相手方から買い受けた○○の代金○○万円の残債務金○○万円

　形成意思は、形成される権利または法律関係を明確に記載する。そのため、現在形で記載するのが原則である。

(7)　給付条項

　当事者の一方が、相手方に対し、金銭の支払い、物の引渡し、意思の陳述等一定の給付をすることを内容とする条項である。給付請求権について、債務名義としての効力が生ずるということから、債務名義条項ともいう（給付条項は、執行力を有し、執行文の付与を受けて、強制執行ができる）。和解条項の末尾に「支払う」、「明け渡す」、「登記手続をする」といった給付文言がある場合には、原則としてこの給付条項に当たることになる。

　給付条項には、①権利者および義務者、②給付目的物と量、③時期、④方法、⑤給付約束文言を記載する。

　具体的に言えば、①だれが、だれに対し、②何を、③いつ、④どこで、⑤どうする、を記載する。

　「相手方は、申立人に対し、○○万円を令和○○年○○月○○日限り、申立人方に持参又は送金して支払う」という和解条項を例にとれば、「相手方は、申立人に対し」の部分が①に当たり、「○○万円を」の部分が②に当たり、「令和○○年○○月○○日限り」の部分が③に当たり、「申立人方に持参又は送金して」の部分が④に当たり、「支払う」の部分が⑤に当たることになる。

　給付条項作成の際には、権利者（執行債権者）と義務者（執行債務者）を明確にする。この特定が不十分な場合、債務名義にはならない場合がある。

　次にいくつかの記載例を挙げるので参考にされたい。

　申立人と相手方それぞれ1人の場合は、次のとおりである。

> 　相手方は、申立人に対し、……

　複数の相手方のうちの1人が義務者となる場合は、次のとおりである。

> 　相手方甲は、申立人に対し、……

　相手方らの連帯債務の場合は、次のとおりである。

> 　相手方らは、申立人に対し、連帯して……

　複数の債務者がそれぞれ全額の給付をするとき、相互の義務の範囲を明確にする。連帯債務の場合、「連帯して」に代えて「各自」という表現がされることもあるが、「連帯して」と記載する方が、当事者間においても誤解なくて、相当であるとされている。手形金の場合は、「合同して」と記載する。全額の給付ではなく、各自が半額ずつの支払とする趣旨であれば、「相手方両名は、申立人に対し、○○万円を支払う。」と記載すればよいが（最判昭和32・6・7民集11巻6号948頁）、和解条項のわかりやすさという意味では、相手方ごとに給付条項を設けるのが相当であろう。

　また、給付の対象となる物を、具体的かつ明確に記載する。特定が明確にされていなければ、和解条項として無効あるいは強制執行ができない場合も考えられる。

　　○　金　銭

　原則として確定金額で記載する。利息や遅延損害金のように確定金額として記載できない場合には、算出根拠を記載することになる。この場合は、元金、利率、始期、終期の４つの要素で特定する。

　……遅滞額に対する支払期限の翌日から支払済みまで年５パーセントの割合による金員を……

　残代金○○万円及びこれに対する令和○○年○月○日から支払済みまで年○パーセントの割合による遅延損害金……

　仮に「申立人と相手方が協議して定める」と記載しても特定されているとは言えない。また、支払う金員の性質については、具体的に記載するのが通例であるが、単に「和解金」あるいは「示談金」などとする例もある。なお、給付条項の前提となる確認条項や形成条項において金員の性質が特定されている場合には、給付条項では、「前項の金員」などという形で特定すれば足りる。

　　○　不動産

　不動産の場合は、不動産登記法の表示方法による。特に登記に関する条項では、登記簿の表示に合致させる必要がある。したがって、土地については、①所在地、②地番、③地目、④地積を記載する（不動産登記法34条）。建物については、①所在地（地番を含む）、②家屋番号、③建物の種類、④構造、⑤床面積を記載する（不動産登記法44条）。不動産の表示については、和解条項中に記載するのではなく、別紙として物件目録を添付する例が一般的である。物件目録は、給付等の対象となる不動産を特定認識させやすくするとともに、実務上、申立書とともに提出される物件目録の写しが、和解調書にそのまま利用され、効率的に和解調書を作成する一助ともなっている。

（土地と建物の場合）

```
　　　　　　　　物　件　目　録
1　所　　　在　○○区○○町○丁目
　　地　　　番　○○番○
　　地　　　目　宅地
　　地　　　積　○○平方メートル
2　所　　　在　○○区○○町○丁目○○番地○
　　家屋番号　○○番○
　　種　　　類　店舗兼居宅
　　構　　　造　鉄骨造陸屋根○階建
　　床 面 積　1階　○○.○○平方メートル
　　　　　　　　2階　○○.○○平方メートル
　　　　　　　　3階　○○.○○平方メートル
```

（区分所有建物の場合）

```
　　　　　　　　物　件　目　録
一棟の建物の表示
　　所　　　在　○○区○○町○丁目○○番地
　　建物の番号　○○マンション
専有部分の建物の表示
　　家屋番号　○○町○丁目○○番の○
　　建物の番号　○○○
　　種　　　類　居宅
　　構　　　造　鉄骨鉄筋コンクリート造1階建
　　床 面 積　○階部分　○○.○○平方メートル
敷地権の目的たる土地の表示
　　符　　　号　1
　　所在及び地番　○○区○○町○丁目○○番
　　地　　　目　宅地
　　地　　　積　○○○.○○平方メートル
敷地権の表示
　　敷地権の種類　所有権
　　敷地権の割合　○○○○○分の○○
```

　登記に関する条項では、敷地権の表示まで必要であるが、建物の明渡しだけを求める場合には、敷地権の表示は不要である。土地・建物の一部について、対象物とする場合には、図面を添付して特定する。図面は、土地の場合、基点を用い、そこからの方位・距離等によって現地が特定できるものであることが必要である。また、物件目録の末尾に、たとえば「別紙図面の赤斜線部分」のように特定したうえで、図面中に赤斜線を入れて特定したり、図面中に符号を付したうえで、「別紙図面のア、イ、ウ、エ、オ、アの各点を順次直線で結んだ範囲内」として特定したりする（この場合に、「別紙図面のア、イ、ウ、エ、オの各点を順次直線で結んだ範囲内」とだけ記載すると、アとオの間がつながらないため、範囲の特定としては不十分である）。アパート等の一室のように部屋番号で特定できる場合には、それでも足りると思われるが、強制執行の段階で部屋番号の入れ替え等がされていた場合には、執行不能となるケースもないわけではないので、なるべく図面を用いて特定しておいた方が無難であろう。

　　○　収去すべき建物・工作物の特定

> 　……相手方は、申立人に対し、本件建物その他本件土地明渡し時に存する一切の工作物を収去して、本件土地を明け渡す。

　収去の対象となる物件を、「その他一切の工作物」あるいは「地上建物一切」とだけ記載した場合には、土地の明渡しを合意した和解成立時に存する物件を指すのか、土地明渡し当時に存する物件を指すのか、不明となる可能性がある。この場合に、仮に前者と解すれば、和解成立後に築造された物件については収去の執行ができないが、後者と解すれば、執行が可能となる。そこで、前者の趣旨で条項をつくる場合には、和解成立時に具体的に特定することが可能なのであるから、一切の工作物という表現を用いるのは相当ではない。後者の趣旨で条項をつくる場合には、その趣旨をより明確にするために、一切の工作物という表現に加えて、「本件土地明渡し時に存する」とか「相手方が将来築造する」という表現を用いるのが妥当である。

○ 動　産

所在地、種類、品質、数量等で特定することになる。ビールや酒のような種類物については、種類・品質その他の必要事項を明らかにして、強制執行の際に支障がないように注意しなければならない。機械のように特定した動産については、他の機械と区別するために、機械の種類や制作会社名・型式・機械番号などで特定する。

○ 自動車

自動車登録事項等証明書の内容で特定する。具体的には、登録番号、種別、車名、型式、車台番号、原動機の型式、使用の本拠地で特定する。所有者の住所・氏名と、使用者の住所・氏名も記載している例もある。

（登録自動車の場合）

自　動　車　目　録

1　自動車登録番号　練馬○○あ○○
2　種　　　　別　普通
3　車　　　　名　○○○○
4　型　　　　式　○○○○
5　車　台　番　号　○○○○
6　原動機の型式　○○○○
7　使用の本拠地　○○区○○1丁目2番3号

次に、履行期について合意がある場合には、それに従った記載をする。

○ 確定期限の場合

確定期限の場合には、年月日で記載する。

……令和○○年○月○日限り……

【記載例28】　支払時期を確定期限で定める場合

相手方は、申立人に対し、○○万円を令和○○年○月○日限り、申立人方に持参又は送金して支払う。

○　不確定期限の場合

不確定期限の場合には、具体的事実を記載する。

> ……相手方が死亡したときは、……

　直ちに給付すべき場合には、履行期の記載は不要であるが、実務上は、「直ちに」と記載することが多い。

　分割払いのときは、始期と終期を明記する。「令和○○年○○月から毎月末日限り○万円を○○万円に満つるまで支払う」などとは記載しないのが相当である。

【記載例29】　分割支払を定める場合

> 　相手方は、申立人に対し、○○万円を、令和○○年○月から同○○年○月まで毎月末日限り○万円ずつ分割して、申立人方に持参又は送金して支払う。

　実務上、支払金額が少額である場合や法人で資金的な裏付けがある場合、あるいは交通事故で保険会社から支払がされるといった例外的な場合を除いては、支払義務者の現実的な履行の可能性も考慮して、分割払いの合意をする例が多い。この場合には、支払総額、1回当たりの支払額、支払期間を組み合わせることになる。なお、分割払いの期間が、あまりにも長期に及ぶ場合には、それだけ支払義務者を拘束することにもなるので、その相当性が問題とされることもある。

【記載例30】　分割支払を定める場合──定期的な分割支払額に加えて、別の支払方法も合意する場合（一部支払金額を変える場合）

> 1　（支払義務の確認条項）
> 2　相手方は、申立人に対し、前項の金員を、次のとおり分割して、申立人方に持参又は送金して支払う。
> 　(1)　令和○○年○○月から令和○○年○○月まで、7月と12月を除く毎月末日限り3万円ずつ
> 　(2)　令和○○年7月末日限り5万円
> 　(3)　令和○○年12月末日限り5万円

```
(4)　令和○○年 7 月末日限り 5 万円
(5)　令和○○年12月末日限り 5 万円
(6)　令和○○年○○月末日限り10万円
```

　定期的な分割支払額を一定にしたうえで、ある一定の時期だけ（たとえば賞与の支払期）、その支払額を変更することを合意する場合の記載例である。分割支払額が一定の部分を先に記載し、金額が異なる部分をその後に羅列するのが基本的な書き方であるが、この記載の仕方の場合、金額が異なる部分が多いときには、条項全体が長くなってわかりにくくなるという欠点がある。そこで、実務上は、次のようにまとめて記載する例が多い。

```
1　（支払義務の確認条項）
2　相手方は、申立人に対し、前項の金員を、次のとおり分割して、申立
　人方に持参又は送金して支払う。
　(1)　令和○○年○○月から令和○○年○○月まで毎月末日限り 3 万円ず
　　つ
　　　ただし、上記期間中の 7 月と12月は、 2 万円を加算した 5 万円を支
　　払う。
　(2)　令和○○年○○月末日限り10万円
```

```
1　（支払義務の確認条項）
2　相手方は、申立人に対し、前項の金員を、次のとおり分割して、申立
　人方に持参又は送金して支払う。
　(1)　令和○○年○○月から令和○○年○○月まで毎月末日限り 3 万円ず
　　つ
　(2)　上記(1)の期間中、 7 月と12月は、(1)の金員に加え、 2 万円を加算し
　　て支払う。
　(3)　令和○○年○○月末日限り10万円
```

```
1　（支払義務の確認条項）
2　相手方は、申立人に対し、前項の金員を、次のとおり分割して、申立
　人方に持参又は送金して支払う。
　(1)　令和○○年○○月から令和○○年○○月まで、 7 月と12月を除く毎
```

49

> 　　　月末日限り 3 万円ずつ
> 　(2)　令和〇〇年〇〇月から令和〇〇年〇〇月まで、7 月及び12月の各末
> 　　　日限り 5 万円ずつ
> 　(3)　令和〇〇年〇〇月末日限り10万円

【記載例31】　分割支払を定める場合――定期的な分割支払額に加えて、別の支払方法も合意する場合（定期的な分割支払に加えて、別の支払も合意する場合）

> 　1　（支払義務の確認条項）
> 　2　相手方は、申立人に対し、前項の金員を、次のとおり分割して、申立人方に持参又は送金して支払う。
> 　(1)　令和〇〇年〇〇月から令和〇〇年〇〇月まで毎月末日限り〇万円ずつ
> 　(2)　令和〇〇年から令和〇〇年まで毎年 6 月15日及び12月15日限り〇万円ずつ

　【記載例30】は、支払期は定期的であるが、分割金額が月によってかわる場合である。【記載例31】は、定期的な分割支払とは別に、毎年一定の時期に別の支払を合意する場合であり、この点に分割支払方法の違いがある。

　支払方法については、次のような場合がある。

　　○　持参払の場合

　履行場所を債権者の住所とする合意は、任意条項であるが（民法484条 1 項）、実務上はわかりやすさから記載している。任意条項とは、実体法上の効力に関係なく、当事者の意思を尊重して特に記載する条項であり、法的な拘束力を持たない条項である。当事者に対するわかりやすさ、当事者の希望等の理由から作成される。債務弁済の原則は、債権者方への持参払であり、任意条項の典型例とされている。

> 　……申立人方に持参又は送金して支払う。

　履行場所が、代理人事務所の場合には、民法の原則と異なる支払方法を定めることになり、形成条項の性質を有することになる。

【記載例32】　履行場所を代理人事務所とする場合

> 　相手方は、申立人に対し、〇〇万円を令和〇〇年〇月〇日限り、申立人代理人事務所（東京都〇〇区〇〇丁目〇番〇号）に持参又は送金して支払う。

　代理人事務所の住所が、当事者目録に記載されている場合には、和解条項中で記載しなくてもよい。代理人が複数の場合には、代理人の氏名も記載する。

　　〇　銀行口座への振込払

　銀行口座への振込みによる支払を合意した場合には、振込先として、銀行名（本店・支店の区別をする）、口座の名義人、口座の種類（普通預金、当座預金等）、口座番号で特定する。

【記載例33】　銀行口座への振込払の合意をした場合

> 　相手方は、申立人に対し、〇〇万円を令和〇〇年〇月〇日限り、株式会社〇〇銀行〇〇支店の申立人名義の普通預金口座（口座番号〇〇〇）に振り込む方法により支払う。

　「振り込んで支払う」との表現でも差し支えない。和解条項中で振込先を記載せずに「原告の指定する口座に振り込む方法により支払う」などと記載すると、支払期限までに口座の指定をしたか否か等をめぐって紛争になることも考えられるため、和解条項で明確にしておくのが相当である。

　実務上は、「相手方は、申立人に対し、〇〇万円を、令和〇〇年〇〇月から令和〇〇年〇〇月まで毎月〇日限り〇万円ずつ分割して、……振り込んで支払う」などとして分割払の合意をするのが通例である。この場合、仮に末日が、日曜その他の休日にあたり、銀行の休業日にあたる場合には、相手方はいつまでに振込手続をすべきかという問題がある。この点について、最一小判平成11・3・11判タ1013号106頁は、毎月1回ずつの分割払によって元利金を返済する約定の消費貸借契約において、返済期日を単に「毎月X日」と定めただけで、その日が日曜日その他の一般の休日にあたる場合の取扱いが明定されなかった場合には、特段の事情がない限り、契約当事者間にX日

が上記休日であるときはその翌営業日を返済期日とする旨の黙示の合意が
あったことが推認される」と判断している。

　給付約束文言は、和解に執行力を生じさせる効力がある。なお、強制執行
を受けても異議がない旨の合意がされていても、執行力発生の要件ではない
ので、記載する必要はない。

　　○　金銭の支払

　「支払う」と記載する。「返還する」、「送金する」、「持参する」、「振り込
む」という表現は、形成条項と解されるので、給付約束文言として適当では
ない。「支払うこと」、「支払わなければならない」という表現は、確認条項
と誤解されるおそれがあるので使用しない。

（具体例）――――――――――――――――――――――――――――――

（誤）	（正）
○円を支払うこと	→「○円を支払う」
○円を支払わなければならない	→「○円を支払う」
○円を送金する	→「○円を送金する方法により支払う」
○円を持参する	→「○円を持参して支払う」
○円を返還する	→「返還として○円を支払う」
○円を振り込む	→「○円を振り込む方法により支払う」

　実務上、「返還として○円を支払う」という表現は、敷金の返還の場合に
のみ用いられているようである。

【記載例34】　連帯支払債務の場合

> 　1　相手方甲は、申立人に対し、解決金○○万円の支払義務があることを
> 　　確認する。
> 　2　相手方乙は、申立人に対し、相手方甲の前項の債務を連帯保証する。
> 　3　相手方甲及び相手方乙は、申立人に対し、連帯して、第1項の金員を
> 　　令和○○年○月○日限り支払う。

　第1項は確認条項、第2項は形成条項、第3項が給付条項である。第3項
について、主債務と連帯保証債務は、別個の債務であり、この趣旨を厳格に
記載する場合には、第3項を次のようにすることが考えられる。

> 　　申立人に対し、相手方甲は第1項の金員を、相手方乙は相手方甲と連帯して前項の金員を、令和○○年○月○日限り支払う。

> 　　相手方甲と相手方乙は、申立人に対し、連帯して、第1項及び前項の金員を、令和○○年○月○日限り支払う。

和解において初めて連帯保証人となるのではなく、当該債務について、すでに連帯保証契約が存在しているような場合には、実務上は、次のように連帯保証についての形成条項を設けない例も多い。

> 　1　相手方らは、申立人に対し、連帯して、本件債務として○○万円の支払義務があることを認める。
> 　2　相手方らは、申立人に対し、連帯して、前項の金員を令和○○年○○月○○日限り、申立人方に持参又は送金して支払う。

　○　物の引渡し

「明け渡す」、「引き渡す」と記載する。「引渡し」は、不動産等の直接支配を債権者に移転させることをいう。「明渡し」は、引渡しの一態様であるが、特に債務者が居住し、または物品を置いて占有しているときに、目的物の中の物品を取り除き、かつ、居住者を退去させて、債権者に完全な支配を移転することをいう。もっとも、実務上、それほど厳格に区別されているわけでもないと考えられる。

【記載例35】　建物明渡しの合意をした場合

> 　　相手方は、申立人に対し、令和○○年○月○日限り本件建物を明け渡す。

【記載例36】　建物収去土地明渡しの合意をした場合

> 　　相手方は、申立人に対し、令和○○年○○月○○日限り、本件建物を収去して、本件土地を明け渡す。

土地上の建物が存在する場合に、土地の明渡しを合意した条項だけでは、別個の不動産である建物の収去執行をすることができない（民執法171条1項）。したがって、執行方法を明示することが必要となる。

【記載例37】　自動車の引渡しを合意する場合

> 　相手方は、申立人に対し、別紙自動車目録記載の自動車を引き渡す。
> （別紙省略）

この記載例は、期限を設けることなく、直ちに引き渡す場合の例である。直ちに引き渡す趣旨であることを明示するために、「直ちに引き渡す」とする例もある。また、引渡しの場所を記載する例もある。

　　○　作為、不作為

作為義務の場合には、「収去する」、「撤去する」、「設置する」などと記載する。この場合には、場所、材料、構造等を具体的に記載した設計仕様書等により作為内容を明確にするほか、完成期限、費用負担者も定めることが相当である。

【記載例38】　撤去につき合意した場合

> 　1　相手方は、申立人に対し、本件土地上に放置された、相手方所有の本件物件を、令和○○年○月○日限り撤去する。
> 　2　前項の撤去に要する費用は、全額相手方の負担とする。

実務上は、「別紙物件目録記載の土地上に設置した別紙工作物目録記載の鉄柱○本及び看板○基を撤去する」、「別紙物件目録記載の土地上の別紙図面の赤色部分に設置されている扉を撤去する」という形で、まず、不動産の所在地等で特定したうえで、当該不動産上にある撤去対象物を特定している例が多いと思われるが、撤去対象物自体から特定できる場合には、対象物目録だけで特定すればよい。

【記載例39】　目隠しの設置につき合意した場合

> 　相手方は、申立人に対し、令和○○年○月○日限り、相手方所有の本件建物の1階の西側の窓に、別紙見積書のとおりの目隠しを設置する。目隠

し設置に要する費用は、全額相手方の負担とする。
（別紙省略）

この記載例は、仮に、相手方がこの条項に反して目隠しを設置しない場合
に、申立人において強制執行すること（申立人が授権決定を得て代替執行する
こと）を予定している場合（給付条項の場合）の例である。したがって、そ
のためには、すでに触れたように、工事見積書や図面等で、設置の場所、目
隠しの材料や構造等を具体的に特定する必要がある。

もっとも、実務上は、相手方の債務不履行の可能性が低いような場合や、
工事内容が比較的簡単なものであって、材料や構造を詳細に特定するまでの
必要がないという場合もあり、このような場合には、次の記載例のように、
当事者による任意の履行がされることを合意する形で記載する場合もある。
この場合には、道義条項としての効力しか認められないことになる。

> 相手方は、申立人に対し、令和○○年○○月○○日限り、別紙物件目録
> 記載の申立人の所有地上に別紙図面記載のとおりの目隠しを設置すること
> を確約する。ただし、目隠しについては、本和解申立て以前に、相手方が
> 別紙図面に基づいて説明した材料及び材質に従うものとする。
> （別紙図面省略）

また、相手方が建売業者のような場合には、すでに申立人の隣接地に建設
された建物が第三者に売却されていることも考えられる。そこで、このよう
な場合には、その後の相隣関係を円滑にするという意味で、相手方から工事
内容について、隣接地の建物所有者に事前に説明してもらうことも考えられ
るであろう。

もっとも、具体的な説明内容を特定しても、その実効性という点ではあま
り意味がないものと思われるので、次のような道義条項として記載するのが
相当である。

> 相手方は、申立人に対し、前項の設置工事着工前に、別紙図面記載のと
> おりの目隠しを設置することについて、別紙物件目録記載の申立人所有地
> の隣接地の建物所有者である琵琶鱒舞子に説明することを約束する。

（別紙省略）

　不作為の場合には、「……しない」と記載する。記載にあたっては、目的物を特定したうえで、禁止された行為を明らかにして、不作為義務の内容を具体的に表現する。「○○の改装をしてはならない」という表現は不適切であり、「○○の改装をしない」と記載する。

【記載例40】　不作為義務を定めた場合

> 　相手方は、申立人に対し、賃貸期間中本件建物の改装、模様替えをしない。

　　○　意思の陳述

　「所有権移転登記手続をする」などと記載する。登記をするのは、登記官であり、当事者の行う申請行為は、登記手続であるので、「所有権移転登記をする」とは記載しない。目的物件の表示は、登記簿上の記載と一致させる。一致していないと申請が却下されることになる。また、和解が成立したときに、意思の陳述があったものとみなされるので、原則として執行文の付与は必要でない。

【記載例41】　所有権移転登記手続の場合

> 　相手方は、申立人に対し、本件土地について、令和○○年○月○日売買を原因とする所有権移転登記手続をする。

　登記手続の特定のために、登記原因（売買など）と、その日付を記載する。
　時効取得の場合、承継取得ではなく原始取得であるが、既に登記がされている不動産を対象とする場合には、所有権移転登記手続によるものとされている。したがって、記載例中「売買を原因とする」とあるのを「時効取得を原因とする」にかえて記載すればよい。この場合、登記原因の日付は、時効完成日ではなく、時効の起算日、すなわち占有開始日である。

【記載例42】　抹消登記手続の場合（登記原因が特定されている場合）

> 　相手方は、申立人に対し、本件土地についてされた○○法務局令和○○

> 年○月○日受付第○○号抵当権設定登記の令和○○年○月○日弁済を原因
> とする抹消登記手続をする。

　登記手続の特定のために、法務局（出張所名を含む）、受付日付、受付番号、登記の種類（所有権移転登記など）、登記原因、その日付を記載する。抹消登記には、すでにされている登記が原始的事由（たとえば、登記原因となった売買が無効であった場合）により、その登記の全部を抹消するためにされる場合と、後発的事由（たとえば、被担保債権を弁済した場合）により、その登記の全部を抹消するためにされる場合とがある。記載例は、後発的事由による場合である。

【記載例43】　抹消登記手続の場合（登記原因が特定されていない場合）

> 　相手方は、申立人に対し、本件土地についてされた○○法務局令和○○
> 年○月○日受付第○○号抵当権設定登記の抹消登記手続をする。

　登記原因を条項中に記載しない場合には、登記原因は「和解」となり、日付は和解成立日となる。

【記載例44】　抹消登記手続に代えて所有権移転登記手続をする場合（真正なる登記名義の回復の場合）

> 　相手方は、申立人に対し、本件土地について、真正なる登記名義の回復
> を原因とする所有権移転登記手続をする。

　登記原因は、「真正なる登記名義の回復」とし、原因日付の記載を要しない。真正なる登記名義の回復による登記は、判例によって認められたものであり（最判昭和30・7・5民集11巻5号843頁ほか）、登記実務の取扱いによっても認められているものではあるが、本来不動産登記法が予定していない登記であるので、安易に和解条項として用いないのが相当であろう。

　　○　仮登記手続

　仮登記手続には、不動産登記法105条の1号仮登記と2号仮登記がある。

　1号仮登記は、実体法上は登記すべき物権変動がすでに生じていながら、登記の申請に必要な手続上の条件が具備しない場合にされる仮登記である。

「条件不備の仮登記」と言われている。具体例としては、売買がされたが、農地法3条の許可書を添付できない場合が挙げられる。

【記載例45】　仮登記手続の合意——農地につき売買がされたが、農地法3条の許可書を添付できない場合

> 1　相手方は、申立人に対し、本件土地を、○○県知事の農地法第3条所定の許可を条件として代金○○万円で売り、申立人はこれを買い受ける。
> 2　相手方は、申立人に対し、本件土地について、前項の許可の日の売買を原因とする所有権移転仮登記手続をする。

2号仮登記は、実体法上の物権変動が生じていないにもかかわらず、将来その事実の生ずる法律関係がすでに発生している（その権利変動を求めることができる債権的請求権がある）場合に、その請求権を保全するためにされる仮登記である。「請求権保全の仮登記」と言われている。2号本文は、売買予約に基づく仮登記のように、請求権の保全を目的とするものにつき規定し、2号かっこ書は、停止条件付売買予約に基づく仮登記のように始期付または停止条件付請求権の保全を目的とするものにつき規定している。

【記載例46】　売買予約に基づく仮登記手続の場合

> 相手方は、申立人に対し、本件土地について、令和○○年○月○日売買予約を原因とする所有権移転請求権仮登記手続をする。

【記載例47】　停止条件付売買予約に基づく仮登記手続の場合

> 相手方は、申立人に対し、本件土地について、令和○○年○月○日停止条件付売買予約を原因とする所有権移転請求権仮登記手続をする。

上記以外に、停止条件付売買のように、実体法上の物権変動そのものが始期付または停止条件付の場合についても仮登記が認められている。「条件または期限付仮登記」と言われている。この仮登記については、明文の規定はなく、判例は1号仮登記に準じてすることができるとし（大判昭和11・8・4民集15巻1616頁などを参照）、学説は2号仮登記に準じてすることができる

としている。

【記載例48】　条件付権利の仮登記手続の場合

> 　相手方は、申立人に対し、本件土地について、令和○○年○月○日売買
> （条件　売買代金完済）を原因とする条件付所有権移転の仮登記手続をす
> る。

【記載例49】　仮登記に基づく本登記手続の場合

> 　申立人が第○項の金員を支払ったときは、相手方は、申立人に対し、本
> 件土地について、代金完済の日の売買を原因とする前項の仮登記の所有権
> 移転本登記手続をする。

(8)　付款条項

　付款は、法律行為から生ずる効果を制限するために当事者が特に付加した
制限である。代表者的なものは、条件と期限である。付款は、独立した条項
として作られることもあるが、確認条項、形成条項、給付条項の中に記載さ
れることもある。独立した条項として作られた場合には、付款条項と言わ
れ、形成条項の性質を持つことになる。これに対し、他の条項の中に記載さ
れた場合には、この付款を付款文言という。給付条項についていえば、当該
条項に表示の給付請求について、条件・期限など一定の事実が到来したとき
に限り給付する旨の文言をいう。また、付款は、その内容によって執行文付
与の条件となることもあるため、注意を要する。

【記載例50】　付款条項の場合──解除権留保の付款

> 　相手方が前項の賃料の支払を2回分以上怠ったときは、申立人は、何ら
> の催告を要しないで、本件賃貸借契約を解除することができる。

【記載例51】　付款文言の場合──給付条項

> 　前項により解除の意思表示があったときは、相手方は、申立人に対し、
> 本件建物を明け渡す。

付款文言の場合には、「……したときは、相手方は、申立人に対し」のよ

うに付款文言の方を先に記載するのが原則である。

　　○　確定期限

年月日（令和○○年○月○日）まで正確に記載する。

【記載例52】　確定期限の場合

> 　相手方は、申立人に対し、○○万円を令和○○年○月○日限り支払う。

【記載例53】　確定期限の場合——分割支払の場合

> 　相手方は、申立人に対し、○○万円を次のとおり分割して支払う。
> ①　令和○○年○○月から令和○○年○○月まで毎月末日限り○万円ず
> 　つ
> ②　令和○○年○月○日限り○○万円

　【記載例53】は、支払期限によって支払金額が変わる場合である。実務上、分割払いの合意をする場合には、毎月一定の支払額を合意したうえで、端数を初回、もしくは最終回に支払うこととする例が多い。100万円を2万円ずつ50回に分けて支払う場合のように毎月一定額の支払をすることで足りる場合には、【記載例29】のように一文で記載してもよいが、次のように記載する例も多い。

> 　相手方は、申立人に対し、○○万円を次のとおり分割して支払う。
> 　令和○○年○○月から令和○○年○○月まで毎月○○日限り○万円ずつ

　　○　不確定期限

不確定期限となる具体的な事実を正確に記載する。

【記載例54】　不確定期限の場合

> 　相手方甲が死亡したときは、相手方乙は、申立人に対し、死亡の日から1か月を経過した時に、本件建物を明け渡す。

　　○　停止条件

基本的条項による効果（執行力）の発生を、ある一定の事実が発生するま

で停止する効力を持つ付款である。

　内容が不確定な条項を条件とした場合、条件が成就したことが証明されているか否か不明となり、執行力も認められないことになるため、注意を要する。たとえば、「相手方は、申立人に対し、申立人が本件建物の移築に必要な代替地を提供したときは、本件土地を明け渡す。」という条項では、提供する代替地が確定していないことになる。

　　○　期限の利益喪失条項（過怠条項）

　一定の債務不履行がある場合、契約自体ではなく、契約の付款である履行期限の合意（分割払の合意等）についての効力を失わせ、残金全部について弁済期が経過したものとする合意である。債権者の立場から見れば、分割支払の約束をする給付条項を作成して、債務者に対し期限の利益を与えた場合、債務者がその履行を怠ったことを条件として、期限未到来の債権部分につき期限の利益を失わせるものであり、義務を違背したことに対する制裁あるいは履行を確保する意味で付けられる付款である。

【記載例55】　期限の利益喪失条項

> 　相手方が前項の分割金の支払を２回分以上怠ったときは、当然に期限の利益を失う。

　「前項の分割金の支払を２回分以上怠ったとき」という付款部分は、執行文の条件（民執法27条１項）とはならない。この場合には、どの程度怠ったときに期限の利益を喪失させるのかを明確に記載する。①量（金額）で定める場合（遅滞額の量で決まり、遅滞の回数を問わない場合である）――「〇回分以上怠ったとき」、「……怠り、その額が〇〇円に達したとき」、②回数で定める場合（遅滞額は問題にせず、怠った回数による場合である）――「〇回以上怠ったとき」、「引き続き〇回以上怠ったとき」、③量と回数の双方で定める場合――「……怠り、かつ、その額が〇〇円に達したとき」、「……怠り、又は、その額が〇〇円に達したとき」。

　実務では、「当然に期限の利益を失い」に続けて、「残額を即時に支払う。」と記載する例が多いが、この場合でも、債務名義となるのは、給付条項の方

であって、この条項が債務名義となるわけではない。また、「当然に」、「直ちに」、「即時に」、「何らの手続を要しないで」、「何らの催告を要せずに」との文言が、債権者の意思表示を要しないで、当然に履行期限が到来する趣旨を明確にするために、条項に付け加えられる場合が多い。

　期限の利益喪失の要件については、たとえば遅滞額の合計が一定の金額に達した場合に期限の利益を失うとする場合のように、要件として1つだけ設定する例が多いが、たとえば、最初の支払期限に遅滞した場合、もしくは、その後の分割払期間において支払いを遅滞し、その遅滞額が一定の金額に達した場合の、いずれかの場合に期限の利益を失うとする合意をする場合のように、要件をいくつか設定する場合もある。

1　（確認条項）

2　相手方は、申立人に対し、前項の金員を、次のとおり分割して、○○銀行○○支店の申立人名義の普通預金口座（口座番号123456）に振り込んで支払う。

　(1)　令和○○年○○月○○日限り○万円

　(2)　令和○○年○○月から令和○○年○○月まで毎月○日限り○万円ずつ

　(3)　令和○○年○○月○○日限り○万円

3　相手方において、次の各号の一つにでも該当したときは、当然に期限の利益を失い、相手方は、申立人に対し、第1項の合計金から既払金を控除した残金及び同項の残元金の残額に対する期限の利益を失った日の翌日から支払済みまで年○パーセントの割合による遅延損害金を支払う。

　(1)　前項(1)の支払を遅滞したとき

　(2)　前項(2)、(3)の分割金の支払を怠り、その額が○万円に達したとき

【記載例56】　期限の利益喪失条項と併せて遅延損害金の給付条項を作成する場合

○　相手方が、前項の分割金の支払を○回分以上怠ったときは、当然に期限の利益を失う。

○　前項の場合、相手方は、申立人に対し、第○項の金員の残額のほか、期限の利益を喪失した日の翌日から支払済みまで残金に対する年○パー

> セントの割合による遅延損害金を支払う。

　期限の利益を喪失した場合における遅延損害金の利率は、基本的には当事者間の合意によるが、和解の対象となっている請求債権によって、利息制限法（元本額に応じて利率が変わる、利息制限法4条1項。ただし、業として貸付けを行う場合の遅延損害金の利率は年20パーセント）、消費者契約法（年14.6パーセント）等が適用されることになるので、注意が必要である。適用除外に当たる場合には、裁判所から釈明を求められることになるので、申立書自体からわかるようにしておくのが相当であろう。

　遅延損害金の始期である「期限の利益を喪失した日の翌日」について記載例の「〇回分」を仮に「2回分」とし、分割金の支払いを、令和2年4月から毎月末日限り〇万円とした場合、たとえば、令和2年4月30日と同年5月31日の、それぞれの分割金の支払期限に相手方が全く支払いができなかった場合には、期限の利益を失うことになる。したがって、この例で言えば、5月31日の経過した日である6月1日が到来すれば期限の利益を失うことになり、相手方は6月1日から遅延損害金の支払いをしなければならないことを意味することになる。当事者間の合意も、当然にこのことを想定していると思われる。そうなると、期限の利益を喪失した日は6月1日であるから、「期限の利益を喪失した日の翌日」と記載すると、相手方は6月2日から遅延損害金の支払いをすればよいと考える余地がでてきそうであるが、実務上は、6月1日を期限の利益を喪失した日の翌日と表現している。

　なお、「期限の利益を喪失した日」と異なって、「遅滞した日」については、「遅滞した日」イコール「遅滞の効果が発生した日」と考えられるので、たとえば「相手方が本件建物の明渡しを遅滞したときは、申立人に対し、遅滞の日の翌日から明渡済みまで1か月〇〇万円の割合による賃料相当損害金を支払う。」と記載するのは相当ではなく、「……遅滞の日から明渡済みまで……」とするのが妥当であると考えられる。

　　〇　先給付と引換給付
　2つの給付は、たとえば売買契約のように、買主の売主に対する代金支払義務と売主の買主に対する引渡義務の2つの対価関係を有する給付債務が存

在する場合の、両者の履行の先後関係の問題である。

　　○　先給付

　債権者の反対給付の履行を停止条件として、債務者の給付をなす旨の合意である。つまり、別の給付を先に履行した場合に、当該給付条項についての給付をする旨合意した場合である。

【記載例57】　先給付の場合

> 1　申立人は、相手方に対し、本件建物からの移転料として、○○万円を令和○○年○月○日限り支払う。
> 2　申立人が前項の金員を支払ったときは、相手方は、申立人に対し、その日から1か月以内に本件建物を明け渡す。

　第2項により、第1項の移転料の支払が、建物明渡しとの関係で、先給付となっている。先給付の部分は、執行文付与の条件となる（民執法27条1項）。当事者双方が、履行義務を負う場合には、相互の履行義務の先後関係を明確にする。

　　○　引換給付

　反対給付が本来の給付と対価関係に立つ場合で、相互の給付が同時履行の関係にある場合である。

【記載例58】　引換給付の場合

> 1　申立人は、相手方に対し、本件建物を代金○○万円で売り、相手方は、これを買い受ける。
> 2　相手方は、申立人に対し、第3項の引渡しを受けるのと引換えに、前項の金員を支払う。
> 3　申立人は、相手方に対し、前項の金員の支払を受けるのと引換えに、本件建物を明け渡す。

　第1項は形成条項である。引換給付における反対給付の履行または提供は、執行開始要件であり（民執法31条1項）、執行文付与の条件とはならない。債務者の意思表示の擬制が反対給付との引換えに係る場合には、債権者は、反対給付またはその提供のあったことを証明する文書を提出して執行文の付与を受けたときに、債務者の意思表示が擬制されることになる（民執法

174条1項・2項）。

　たとえば、次のような和解条項の場合である。

　　相手方は、申立人から代金○○万円の支払を受けるのと引換えに、申立人に対し、本件土地について、令和○○年○月○日売買を原因とする所有権移転登記手続をする。

　当事者双方が対向する給付義務を負う場合には、和解条項案を作成するにあたり、双方が共に給付条項を作成する必要があるかどうか、作成する必要があるという場合には、一方の給付を先給付とするのか、それとも引換給付とするのかを十分に検討する必要がある。通常は、反対給付も引換給付条項にすることが多いであろう。

　たとえば、次に記載するような和解条項だけでは、引換給付部分（立退料の支払部分）については、執行力が生じない。

　　相手方は、申立人に対し、申立人から第○項の立退料の支払を受けるのと引換えに、令和○○年○月○日限り本件建物を明け渡す。

　　○　解除権留保条項と失権条項

　債権者が、債務者の債務不履行を理由として契約を解除し、その効果を主張するためには、「履行の催告をしたこと」および「解除の意思表示をしたこと」の2要件が必要となる（民法540条1項、541条）。債務者に債務不履行があった場合に契約を解除する合意ができた場合においても、債権者が当該条項により解除をなし、その効果を主張するためには、前記2つの要件が必要となる。解除権留保条項と失権条項は、共に、債権者が解除の効果を主張するについて、この2つの要件を緩和（軽減）するためのものである。

　　○　解除権留保条項

　解除権留保条項は、前記要件のうち、履行の催告をしたことの要件を不要とするものである。すなわち、解除の意思表示について主張立証すれば、解除の効果が得られることを合意した場合に作成する条項である。無催告解除特約とも言われる。

【記載例59】　解除権留保条項の場合

1　申立人は、相手方に対し、本件建物を次の約定で賃貸し、相手方はこれを賃借する。

(1)　使用目的　○○○

(2)　賃貸期間　○○○

(3)　賃　　料　○○○

(4)　支払方法　○○○

2　相手方は、申立人に対し、前項(3)の賃料を、令和○○年○月○日から毎月○○日限り当日分を申立人方に持参又は送金して支払う。

3　相手方が前項の賃料の支払を怠り、その額が2か月分以上に達したときは、申立人は、何らの催告を要しないで、第1項の賃貸借契約を解除することができる。

4　前項により解除の意思表示があったときは、相手方は、申立人に対し、本件建物を明け渡す。

第1項は形成条項、第2項は給付条項、第3項が解除権留保条項であり、形成条項に当たる。第4項は給付条項である。仮に、第3項を「相手方が前項の賃料の支払を怠り、その額が2か月分以上に達したときは、申立人は、第1項の賃貸借契約を解除することができる」と記載すると、解除の効果が生じるためには、まず相手方に対し、履行の催告をし、催告期間内に相手方が履行をしなかった場合に、解除の意思表示をすることが必要となる。したがって、解除権留保条項を定める場合には、「……何らの催告を要しないで……できる」と明確に記載することが必要である。申立人が、第3項により賃貸借契約を解除したとして、第4項につき、執行文の付与を受けるためには、解除の意思表示をしたという事実を証明しなければならない。実務上、その証明は、内容証明郵便物およびその配達証明書によって行うことが多い。意思表示の効力が到達によって生じることから（民法97条）、内容証明郵便物だけでは足りず、配達証明書の提出も必要となる。

　○　失権条項

債務者が一定の履行をしない場合に、解除の意思表示といった何らの手続を必要としないで、現在の契約関係が当然に失効する旨を合意した場合に作成される。すなわち、前記2つの要件が共に不要となるものである。当然解

除契約とも言われる。

【記載例60】　失権条項の場合

> 　相手方が、前項の分割金の支払を怠り、その額が○○万円に達したときは、本件売買契約は当然解除となる。

　失権条項を定めた条項であり、形成条項に当たる。執行文の付与を受けるについて、債権者の側で証明すべき事実はない。失権条項は、解除権留保条項の場合と異なり、解除の意思表示自体も不要とするため、債務者側にとっては苛酷な条項ともなっている。したがって、和解条項案の中に失権条項を盛り込む場合には、当事者間で条項の効力について、十分に合意したうえで、記載するのが相当であろう。実務上問題となるのは、賃貸借契約の解除につき合意する場合で、当事者間において賃貸借契約が終了している点につき争いがなく、もっぱら債務者の便宜のためだけに明渡猶予期間が設けられているような場合やすでに賃貸借契約解除の効力が生じているところ、その意思表示を撤回して、引き続き賃貸することと合わせて、解除条項を盛り込む場合といった例外的な場合を除いては利用されていないようである。

　失権条項を定める場合には、「……当然解除となる」と明確に記載する。

(9)　その他の条項

(A)　現認証明条項

　和解の席上で現金の授受が行われた場合に、領収証の代わりとする趣旨で、授受が行われた旨を和解条項に記載することがある。これは、現認証明条項と言われる条項である。現認証明であるため、和解の席上で現認した事実を忠実に記載することになる。その意味では、「受領した事実を現認した」と記載するのが正確であるが、【記載例61】のように「事実を現認した」との部分は省略するのが一般である。

【記載例61】　現認証明条項

> 　相手方は、申立人に対し、本件建物の令和○○年○月分から同年○月分までの未払賃料合計○○万円を本和解の席上で支払い、申立人はこれを受領した。

日時の特定は、「本和解の席上」と記載するのが一般的であるが、和解期日が1回しかない場合には、「本件和解期日」と記載してもよい。事実の特定は、支払った金額が誤解の余地がないように記載する必要がある。単に「未払賃料○○万円」あるいは「○○万円」では特定が不十分である。現認証明条項は必要的な条項とまではいえないため、実務上は、和解条項の中では、和解期日当日限り支払うなどとして、和解期日終了後、当事者間で金銭の授受と領収証の交付を行うことも多い。

　(B)　仮処分事件等の取下げ

　訴え提起前の和解手続で、これとつながりのある保全処分命令申立事件等の取下げを合意することがある。保全処分命令申立事件等の取下げを和解条項中に記載しても、直ちに取下げの効力が生じるというわけではないが、裁判外の取下げの合意としての意味があるため、和解条項として記載しておくことがある。「関連事件の処理条項」とも言われる。

【記載例62】　仮処分事件の取下げを合意する場合——処分禁止の仮処分の場合

> 　申立人は、相手方に対する○○地方裁判所令和○○年(ヨ)第○○号不動産処分禁止仮処分命令申立事件を取り下げる。

　処分禁止の仮処分は、保全事件の発令裁判所と執行裁判所が同一であるため、保全処分命令申立事件の取下げによって、その決定に基づいて行われた執行も取り消されることになる。事件は、事件番号と事件名によって特定するのが一般的である。事件名は、「不動産仮処分命令申立事件」だけでもよい。

【記載例63】　仮処分事件の取下げを合意する場合——占有移転禁止の仮処分の場合

> 　申立人は、相手方に対する○○地方裁判所令和○○年(ヨ)第○○号不動産占有移転禁止仮処分命令申立事件を取り下げ、同決定に基づく執行申立てを取り下げる。

　占有移転禁止の仮処分は、保全事件の発令裁判所と執行機関が別であるため、保全処分命令申立事件の取下げだけでは、その決定に基づいて行われた

執行が取り消されることがない。そのため、執行申立てを取り下げることも必要となる。

「申立人が、前項により本件建物の明渡しを受けたときは」として、和解成立後も保全執行を維持する旨合意する例もある。これは、建物の明渡しに猶予期間を設けた場合に、直ちに仮処分を取り下げてしまうと、その猶予期間中に相手方が建物の占有を第三者に移してしまうこともあるからである。

　(C)　担保取消同意条項

訴え提起前の和解手続で、これとつながりのある保全処分命令申立事件がある場合、通常、保全処分命令申立事件には、担保が立てられているため、和解条項中で、その取扱いを定めておくことが多い。

【記載例64】　担保取消同意条項──供託をする方法で担保提供されている場合

> 　相手方は、申立人に対し、申立人が○○地方裁判所令和○○年㈦第○○号不動産処分禁止仮処分命令申立事件について供託した担保（○○地方法務局令和○○年度金第○○号）の取消しに同意し、その取消決定に対し抗告しない。

「抗告しない」に代えて、「抗告権を放棄する」と記載するのは相当ではない。当事者が不抗告の合意をすることは可能であるが、担保取消決定がでる前に抗告権を放棄することは認められていないからである。なお、記載例を正確に表現すれば、「申立人と相手方は、相手方が、その取消決定に対し抗告しないことを合意する」と記載することになるが、「申立人と相手方は、相手方が、」の部分は当然のこととして記載しないのが通例である。そのため、それに対応する「ことを合意する」との記載もしないことになる。実務上は、担保を提供した保全事件の取下げと担保取消しの同意とがワンセットでされる例が多いが、直ちに担保取消しだけについて合意することも可能である。その場合は、無担保で保全執行の効力が維持されることになる。担保取消決定に対しては、相手方である担保取消権利者は、担保取消しの同意をしている場合であっても、理論上は、即時抗告をすることができる（民訴法79条4項・81条）。したがって、同意の和解条項だけでは直ちに担保を取り戻すことはできない。そこで、実務上は、担保取消しの同意とともに抗告をし

ない旨の合意をするのが通例である。抗告権は、担保権利者のみが持つと考えられるので、抗告をしない旨の合意は、記載例を前提とすれば、相手方のみが取消決定に対し抗告しないと記載すれば足りると考えられるが、申立人も担保取消手続の手続違背を理由として通常抗告ができるという考え方をとり、相手方と申立人の双方が抗告しない旨の合意する形で和解条項を記載している例もある。担保取消しに対する同意が担保権利者の訴訟代理人によって行われる場合には、特別授権事項に当たるとするのが実務の一般的な考え方である。したがって、和解期日に訴訟代理人のみが出頭して記載例のような合意をする場合には、委任状で担保取消しの同意および担保取消決定に対し不抗告である旨を委任することが必要となる。司法書士代理の場合には、即時抗告に対する代理が認められていないことから、即時抗告をしない旨の合意も司法書士単独ではできないと解されよう。したがって、司法書士代理の事件において、担保取消条項を盛り込む場合には、当事者本人を同行するのが相当であろう。和解条項中に、この記載例のような担保取消しに関する合意があれば、当該和解調書の正謄本自体が、取消しの同意を得たことを証明する文書となる。

【記載例65】　担保取消同意条項──支払保証委託契約を締結する方法で担保提供されている場合

> 　　相手方は、申立人に対し、申立人が○○地方裁判所令和○○年㈳第○○号不動産処分禁止仮処分命令申立事件について令和○○年○月○日株式会社○○銀行○○支店との間で○○万円を限度とする支払保証委託契約を締結する方法により提供した担保の取消しに同意し、その取消決定に対し抗告しない。

(D)　供託金の処理

○　供託金の取戻し

【記載例66】　供託者が供託金を取り戻す場合

> 　　申立人は、相手方に対し、相手方が本件土地の賃料として、○○法務局に令和○○年○月から令和○○年○月まで1か月○○万円ずつ供託した金

員を、相手方が取り戻すことに同意する。

○　供託金の還付

【記載例67】　権利者が供託金の還付を請求する場合

> 申立人と相手方は、相手方が本件建物の賃料として、○○法務局に令和○○年○月から令和○○年○月まで1か月○○万円ずつ供託した金員について、申立人が還付請求するものとし、相手方はこれを承諾する。

⒠　道義条項

　訴え提起前の和解においては、民事調停と異なって道義条項が盛り込まれることは少ない。その中でも、実務上、道義条項として盛り込まれる例として比較的多いのが、次のように「和解内容を第三者に公表しない」というものである。当該条項の記載位置としては、末尾3条項の直前が相当であろう。

　なお、和解条項の中には、当事者による任意の履行がされることを前提として、効力条項とはしない場合があり、この場合には、条項の効力に基づいて、直ちに合意の内容を強制的に実現することができず、結果として、道義的な合意の効力しか認められないことになるが（なお、この場合でも、当事者間での合意としては有効であるから、任意の履行がされない場合に、その後の裁判上の手続において斟酌されることはありうると考えられよう）、ここで言う本来的な意味での道義条項とは異なるものである。

【記載例68】　和解内容を第三者に公表しない場合

> 申立人と相手方は、本件和解内容につき、外部に公表しないこととする。

> 申立人と相手方は、互いに、官公庁からの問合せ等正当な理由のある場合を除いて、本和解条項の内容を第三者に漏洩しないことを確約する。

(F)　その余の請求放棄条項

　訴訟上の和解と異なり、訴え提起前の和解手続においては、その余の請求放棄条項を盛り込まない例が一般的でないかと思われる。これは、実務上、請求の趣旨として、「別紙和解条項案による和解を求める」などと記載する例が通例であり、このため、明確に請求内容が特定されているとまでは言い難い場合が多いこと、加えて、和解不成立の場合に訴訟移行となる例がほとんどないこともあり、それほど厳格に請求の特定を求めていないという実情もあること、和解成立に当たって、その余の請求放棄条項が必須のものとまでは言えないことなどが考えられる。

(G)　包括的清算条項

　後日債権が存在することが発見されても、一切不問にするという形成的意義を有する確認条項である。

○　確認当事者の特定

　当事者双方で確認するのが原則であるが、当事者の一方または双方が複数の場合には、だれとだれとの間の合意か明確にする必要がある。

【記載例69】　包括的清算条項——単独当事者の場合

> 　申立人と相手方は、本和解条項に定めるほか、他に債権債務がないことを確認する。

【記載例70】　包括的清算条項——複数当事者の場合

> 　申立人と相手方甲との間には、本和解条項に定めるほか、他に債権債務がないことを確認する。

○　確認の対象

【記載例71】　包括的清算条項——限定的な清算条項の場合

> 　申立人と相手方は、本件土地に関し、本和解条項に定めるほか、他に債権債務がないことを確認する。

和解の対象となった本件土地に限定して、清算条項を作成する場合であ

る。「本件土地に関し」とはせずに、「本件に関し」と記載する場合もあるが、後日の紛争防止を考えると、なるべく具体的に記載した方がよいであろう。

【記載例72】　包括的清算条項——無限定な清算条項の場合

> 申立人と相手方は、本和解条項に定めるほか、他に債権債務がないことを相互に確認する。

対象を限定せずに、当事者間に存在する一切の債権債務を対象として清算条項を作成する場合である。

【記載例73】　包括的清算条項——時点で限定する場合

> 申立人と相手方は、本日現在で、当事者間に何らの債権債務がないことを相互に確認する。

「本日時点で」、「本日の和解成立の時点で」などと記載している例もある。

過去の一時点で限定する場合には、具体的な日にちで特定するのが相当である。このような形で時点を特定して清算条項を作成するのは、たとえば、賃料不払いにより、いったんは終了した賃貸借契約を和解により、継続していく合意をする場合のように、和解成立後も、当事者間に一定の関係が続いていくことが前提である。

　⒣　和解費用に関する条項

　○　各自負担の場合

和解費用について、何らの合意をしなかった場合には、各自の負担とされており（民訴法68条）、そのため任意条項ではあるが、当事者に対するわかりやすさから、必ず記載している。各自負担の趣旨は、和解成立までに、申立人が支出した費用は申立人が負担し、相手方が支出した費用は相手方が負担することとして、互いに償還を求めないということである。

【記載例74】　和解費用に関する条項——任意条項

> 和解費用は各自の負担とする。

　　○　各自負担でない場合

別に負担割合等を定めた場合には、任意条項ではなく、形成条項となる。

【記載例75】　和解費用に関する条項──形成条項

> 　和解費用は、申立人の支出した申立手数料2000円及び郵便切手代○○円の合計○○円を相手方の負担とし、その余を各自の負担とする。

上記のような条項の場合、相手方の負担する費用について給付条項を別に作成しておくのが相当である。

> 　相手方は、申立人に対し、前項の金員を、令和○○年○月○日限り支払う。

　(I)　当事者間にすでに債務名義が存在する場合

申立人と相手方との間に、すでに判決や和解といった債務名義が存在している場合に和解条項案を作成する際には、次の点に留意する必要がある。

　　○　和解の利益の有無

当事者間にすでに債務名義が存在している場合には、原則として当事者間での紛争が解決していると考えられるので、さらに和解をする利益やその前提としての紛争の存在等につき、申立書中で説明しておく必要があろう。

　　○　二重に債務名義を作成しないこと

すでにある債務名義を活かす場合、和解条項案中には、すでに作成されている債務名義と重なる形で給付条項を作成しないように留意する。たとえば、すでに建物明渡しを命ずる判決が確定しているにもかかわらず、「相手方は、申立人に対し、本件建物を直ちに明け渡す」という給付条項は作成せず、「相手方は、申立人に対し、本件建物を直ちに明け渡す義務があることを確認する。」といった確認条項程度に止めるようにする。実務上は、不動産の明渡しについて、明渡しの猶予期間を設け、その間の賃料相当損害金の支払いや残置動産の処理等といった付加的部分あるいは付随的部分につき、新たに合意するために和解をする場合に利用されているようである。なお、たとえば、すでに作成されている債務名義（たとえば判決）で建物明渡義務

が定められていたところ、新たに作成される和解調書において賃料相当損害金の支払義務について合意するような場合には、建物の明渡しについては判決（正本）が、賃料相当損害金の支払いについては和解調書（正本）が、それぞれの債務名義となる。したがって、和解案の作成にあたっては、支払条件等について、債務名義相互間で矛盾がないかといったような点についても十分な配慮が必要となろう。その意味では、すでに作成されている債務名義を活かす方向で和解案を作成する際には、内容を極力単純化する方向で検討するのが相当な場合が多いと思われる。

　新たに債務名義を作成する場合、和解条項案中で給付条項を作成したうえで、すでに作成されている債務名義に基づく強制執行をしない旨の条項を設けることになる。実務上は、金銭の支払いを命ずる債務名義がある場合に、分割払の合意や一部免除（一定額の支払をしたら、その余の支払義務を免除すること）をすることを目的として利用されているようである。

1　相手方は、申立人に対し、申立人と相手方間の○○簡易裁判所令和○○年(ハ)第○○号事件の確定判決に基づく残債務が、○○万円及びこれに対する令和○○年○○月○○日から支払済みまで年○パーセントの割合による遅延損害金であることを認める。

2　相手方は、申立人に対し、前項の金員を次のとおり分割して、申立人方に持参又は送金して支払う。

　(1)　令和○○年○○月から令和○○年○○月まで毎月末日限り○万円ずつ

　(2)　令和○○年○○月○○日限り遅延損害金全部

3　（期限の利益喪失条項）

4　申立人は、相手方に対し、第1項記載の確定判決に基づく強制執行をしない。

（以下略）

以下では、若干の和解条項案例を紹介する。

【記載例76】　和解条項案（貸金）

和　解　条　項　（案）

1　相手方は、申立人に対し、令和○○年○月○日相手方が申立人から借

り受けた○○万円の支払義務があることを認める。

2　相手方は、申立人に対し、前項の金員を次のとおり分割して、申立人方に持参又は送金して支払う。

(1)　令和○○年○月から令和○○年○月まで毎月末日限り○○万円ずつ

(2)　令和○○年○月○日限り○○万円

3　相手方が前項の分割金の支払を怠り、その額が○○万円に達したときは、当然に期限の利益を失い、相手方は、申立人に対し、前項の残金を直ちに支払う。

4　申立人と相手方との間には、この和解条項に定めるほか、何らの債権債務のないことを相互に確認する。

5　和解費用は各自の負担とする。

【記載例77】　和解条項案（交通事故による損害賠償）

1　相手方は、申立人に対し、令和○○年○月○日午前1時ころ、東京都○○区○○1丁目1番1号先道路において、申立人が相手方運転の普通乗用自動車に衝突された交通事故（以下「本件交通事故」という。）による損害賠償債務として、○○万円の支払義務があることを認める。

2　相手方は、申立人に対し、前項の金員を次のとおり分割して、申立人代理人事務所（東京都○○区○○2丁目2番2号）に持参又は送金して支払う。

(1)　令和○○年○月から令和○○年○月まで毎月末日限り○○万円ずつ

(2)　令和○○年○月○日限り○○万円

3　相手方が前項の分割金の支払を怠り、その額が○○万円に達したときは、当然に期限の利益を失い、相手方は、申立人に対し前項の残金及びこれに対する期限の利益を失った日の翌日から支払済みまで年○パーセントの割合による遅延損害金を直ちに支払う。

4　申立人と相手方は、本件交通事故に関し、この和解条項に定めるほか何らの債権債務のないことを相互に確認する。

5　和解費用は各自の負担とする。

（注）　第4項は、清算条項である。ただし、交通事故による和解においては、和解成立後に予測外の後遺症が発生した場合、追加請求の可否に関しては説が分かれている。示談をした事例ではあるが肯定する裁判例がある（最判昭和43・3・15民集22巻3号587頁）。将来の紛争を避けるために、将来

の後遺症について請求権を留保した形で清算条項を作成する例もある（た
とえば、本条項の後に続けて、「ただし、本件交通事故により申立人に後
遺障害が発生し、同後遺障害について、申立人が自動車損害賠償責任保険
の査定により、後遺障害等級の認定を受けたときは、これによる損害額に
ついて申立人と相手方との間で別途協議する。」などと記載する）。

【記載例78】　和解条項案（国の自動車損害賠償保障法76条に基づく請求の場合）

1　相手方は、申立人に対し、相手方運転の車両により令和○○年○○月
　○○日○○市○○町１－１先路上において発生した交通事故につき、申
　立人が自動車損害賠償保障法72条１項により被害者の損害をてん補した
　ことにより取得した損害賠償請求権につき、次の各金員の支払義務があ
　ることを認める。
　⑴　損害賠償金37万8122円（以下「元金」という。）
　⑵　元金に対する令和○○年○○月○○日から本和解成立の日である令
　　和○○年○○月○○日まで年○パーセントの割合による遅延損害金○
　　万○○○○円
　⑶　元金に対する本和解成立の日の翌日である令和○○年○○月○○日
　　から支払済みまで年○パーセントの割合による延納利息
2　相手方は、申立人に対し、前項の金員を次のとおり分割して支払う。
　⑴　令和○○年○○月から令和○○年○○月まで毎月○日限り○万円ず
　　つ
　⑵　令和○○年○○月○○日限り残額全部
3　申立人は、前項により支払われた金員を、遅延損害金、延納利息、元
　金の順に充当する。
4　相手方が遅滞することなく○○万円（第１項⑴及び⑵の合計金に相当
　する額）に達するまで支払ったときは、申立人は、相手方に対し、その
　余の支払義務（第１項⑶に相当する額）を免除する。
5　相手方は、次の場合において、申立人から第１項の債務のうち弁済未
　了の部分の全部又は一部についてその履行期限を繰り上げる旨の通知を
　受けたときは、その通知に係る金額について期限の利益を失い、相手方
　は、申立人に対し、これを直ちに支払う。
　⑴　相手方が第２項の分割金の支払を怠り、その遅滞額が２回分に達し
　　たとき
　⑵　相手方が強制執行を受け、若しくは租税その他の公課について滞納
　　処分を受けたとき、又は相手方の財産について競売の開始があったと
　　き

> 6　和解費用は各自の負担とする。

（注）　国の債権は、「国の債権の管理等に関する法律」および同法施行令等に
　　　基づいて管理されている。

【記載例79】　和解条項案（建物明渡し——相手方に占有権原がないことを前提
　　　　　として、当該建物の明渡しを合意する場合）

> 1　相手方は、申立人に対し、別紙物件目録記載の建物（以下「本件建
> 　物」という。）を権原なく占有していることを認める。
> 2　相手方は、申立人に対し、本件建物の明渡しを令和2年1月30日まで
> 　猶予する。
> 3　相手方は、申立人に対し、令和2年1月31日限り、本件建物を明け渡
> 　す。
> 4　相手方が、前項により本件建物を明け渡したときに、本件建物内に残
> 　置した動産については、その所有権を放棄し、申立人が自由処分するこ
> 　とに異議がない。
> 5　申立人は、相手方に対し、令和○○年○○月○○日から令和2年1月
> 　31日までの間の本件建物についての賃料相当損害金の支払義務を免除す
> 　る。
> 6　相手方が、第3項の明渡しを遅滞したときは、申立人に対し、令和2
> 　年2月1日から明渡済みまで1日当たり1万円の割合による使用損害金
> 　を支払う。
> 7　申立人が、本件建物の明渡しを受けたときは、申立人は、相手方に対
> 　する○○地方裁判所令和○○年(ヨ)第○○号不動産占有移転禁止仮処分命
> 　令申立事件を取り下げ、同申立事件の決定に基づく執行申立てを取り下
> 　げる。
> 8　相手方は、申立人に対し、申立人が前項の仮処分命令申立事件につい
> 　て供託した担保（○○法務局令和○○年度金第○○号）の取消しに同意
> 　し、その取消決定に対し抗告しない。
> 9　申立人と相手方は、本和解条項に定めるほか、他に債権債務がないこ
> 　とを相互に確認する。
> 10　和解費用は各自の負担とする。
> （別紙目録省略）

（注）　この和解条項案は、相手方が占有権原なく建物を（不法）占有している
　　　ことを前提として、所有権に基づいて明渡請求をする場合に多く見られる

例である。このような場合の和解条項案としては、①相手方に建物の占有権原がなく、明渡義務を有していることの確認条項、②明渡猶予期限を定める形成条項、③明渡しを合意する給付条項、④残置動産に関する処理、⑤明渡猶予期間中の賃料相当損害金の処理、⑥明渡しを遅滞した場合のペナルティの合意、⑦その他の条項であり、この順番に従って条項を設けるのが一般的であって、またわかりやすいと思われる。

【記載例80】　和解条項案（建物明渡し——賃貸借契約を合意解除し、当該建物の明渡しを合意する場合）

1　申立人と相手方は、別紙物件目録記載の建物（以下「本件建物」という。）についての賃貸借契約を合意解除する。

2　申立人は、相手方に対し、本件建物の明渡しを令和2年1月30日まで猶予する。

3　相手方は、申立人に対し、令和2年1月31日限り、本件建物を明け渡す。

4　相手方は、申立人に対し、令和〇〇年〇〇月〇〇日から本日までの間の1か月10万円の割合による本件建物の未払賃料として60万円の支払義務があることを認める。

5　相手方は、申立人に対し、前項の金員を、次のとおり分割して株式会社〇〇銀行〇〇支店の申立人名義の普通預金口座（口座番号123456）に振り込む方法により支払う。

　⑴　令和〇〇年〇〇月から令和〇〇年〇〇月まで毎月末日限り7万円ずつ

　⑵　令和〇〇年〇〇月〇〇日限り4万円

6　相手方は、申立人に対し、令和〇〇年〇〇月〇〇日から令和2年1月31日まで、賃料相当損害金として1か月10万円の割合による金員を前項と同じ方法で支払う。

7　相手方が、第5項の分割金の支払又は前項の支払を怠り、その合計額が〇〇万円に達したときは、

　⑴　相手方は、当然に第5項の期限の利益を失い、申立人に対し、同項の金員から既払金を控除した残金を直ちに支払う。

　⑵　相手方は、当然に第3項の明渡猶予期限の利益を失い、申立人に対し、本件建物を直ちに明け渡す。

8　相手方が、本件建物を明け渡したときに、本件建物内に残置した動産については、その所有権を放棄し、申立人が自由処分することに異議がない。

> 9　申立人と相手方は、本件に関し、本和解条項に定めるほか、他に債権債務がないことを相互に確認する。
> 10　和解費用は各自の負担とする。
> （別紙目録省略）

（注）　この和解条項案は、申立人が、相手方の賃料不払等の債務不履行を理由に賃貸借契約が終了したと主張して、建物の明渡しを求める場合に多く見られる例である。このような場合の和解案としては、①相手方が賃貸借契約の終了を争っていることを前提として、改めて当事者間の合意により賃貸借契約を終了させるための形成条項あるいは確認条項、②明渡猶予期限を定める形成条項、③明渡しを合意する給付条項、④未払賃料および明渡猶予期間中の賃料相当損害金の処理、⑤未払賃料等の支払や明渡しを遅滞した場合のペナルティの合意、⑥その他の条項であり、この順番に従って条項を設ける例が多いと思われる。

【記載例81】　和解条項案（賃貸借契約の継続を確認する場合）

> 1　申立人と相手方は、別紙物件目録記載の建物（以下「本件建物」という。）についての賃貸借契約（以下「本件賃貸借契約」という。）が引き続き存続していることを確認する。
> 2　相手方は、申立人に対し、令和○○年○○月分から令和2年2月分までの間の本件建物の未払賃料として70万円の支払義務があることを認める。
> 3　相手方は、申立人に対し、前項の金員を次のとおり分割して、申立人に持参又は送金して支払う。
> ⑴　令和○○年○○月から令和○○年○○月まで毎月○日限り3万円ずつ
> ⑵　令和○○年○○月○○日限り1万円
> 4　相手方が前項の支払を遅滞し、その額が6万円に達したときは、当然に期限の利益を失い、相手方は、申立人に対し、残金を直ちに支払う。
> 5　相手方は、申立人に対し、令和2年2月以降本件賃貸借契約の終了に至るまで、1か月10万円の割合による翌月分の本件建物の賃料を、毎月○日限り、申立人に持参又は送金して支払う。
> 6　相手方において、次の各号の一にでも該当したときは、本件賃貸借契約は当然に解除となり、相手方は、申立人に対し、直ちに本件建物を明け渡す。
> ⑴　第4項に該当したとき

　(2)　前項の支払を遅滞し、その額が20万円に達したとき
7　前項により解除となった場合、相手方は、申立人に対し、本件賃貸借
　　契約解除の日の翌日から本件建物の明渡済みまで、賃料相当損害金とし
　　て1か月10万円の割合による金員を支払う。
（以下省略）

（注）　この記載例は、申立人が賃貸借契約の終了を主張して、建物の明渡しを
　　求めていたものの、和解において、争いのあった従前の賃貸借契約の継続
　　を合意する場合の和解条項案である。このような場合の和解案としては①
　　当事者間において従前の賃貸借契約が継続していることの確認、②未払賃
　　料がある場合の処理、③債務不履行が発生した場合の賃貸借契約の解除条
　　件に関する合意が中心的な条項となり、この順番に従って条項を設ける例
　　が多いと思われる。

【記載例82】　和解条項案（賃貸借契約を更新する場合）

1　申立人と相手方は、別紙物件目録記載の建物（以下「本件建物」とい
　　う。）についての賃貸借契約を、次の条件により更新する。
　(1)　賃貸借期間　　　　　　令和2年2月1日から○年間
　(2)　賃料及び支払方法　　　1か月10万円、毎月末日限り当月分を持参払
　(3)　特約　　　　　　　　　相手方は、申立人の書面による事前の承諾なく
　　　　　　　　　　　　　　　しては、賃借権を譲渡し又は本件建物を転貸す
　　　　　　　　　　　　　　　ることができない。
2　相手方は、申立人に対し、毎月末日限り、前項(2)による当月分の賃料
　　を、申立人に持参して支払う。
3　相手方において、次の各号の一つにでも該当したときは、申立人は、
　　相手方に対し、何らの通知催告を要することなく、第1項の賃貸借契約
　　を解除することができる。
　(1)　前項の賃料の支払を怠り、その額が2か月分以上に達したとき
　(2)　第1項(3)の特約に違反したとき
4　前項により、解除の意思表示があったときは、相手方は、申立人に対
　　し、本件建物を明け渡す。
5　相手方は、申立人に対し、更新料として10万円の支払義務があること
　　を認め、これを令和○○年○○月○○日限り、申立人に持参又は送金し
　　て支払う。
（以下省略）

（注）　この記載例は、申立人が賃貸借契約の終了を主張して、建物の明渡しを求めていたものの、和解において、争いのあった従前の契約を更新したうえで、従前の契約内容を一部変更あるいは一部特約等を付加する合意をする場合の和解条項案である。

【記載例83】　和解条項案（賃貸借契約を終了させ、新たな賃貸借契約を締結する場合）

1　申立人と相手方は、別紙物件目録記載の建物（以下「本件建物」という。）についての賃貸借契約を合意解除する。

2　申立人は、相手方に対し、本件建物を次の約定で賃貸し、相手方はこれを賃借する。

　(1)　使用目的　　　　　　住居
　(2)　賃貸借期間　　　　　令和2年2月1日から〇年間
　(3)　賃料及び支払方法　　1か月10万円、毎月〇日限り翌月分を持参払
　(4)　敷金　　　　　　　　20万円
　(5)　特約　　　　　　　　相手方は、申立人の書面による事前の承諾なくしては、賃借権を譲渡し又は本件建物を転貸することができない。

3　相手方は、申立人に対し、令和2年1月から毎月〇日限り、前項(3)による賃料を、申立人方に持参して支払う。

4　相手方は、申立人に対し、第2項(4)による敷金を本和解の席上で支払い、申立人はこれを受領した。

5　相手方において、次のいずれかの場合に該当したときは、申立人は、相手方に対し、何らの催告を要しないで、第2項の賃貸借契約を解除することができる。

　(1)　相手方が第3項の賃料の支払を怠り、その額が20万円に達したとき
　(2)　相手方が第2項(5)の特約に違反したとき

6　前項により解除の意思表示があったときは、相手方は、申立人に対し、本件建物を明け渡す。

7　相手方は、申立人に対し、令和〇〇年〇〇月〇〇日から令和〇〇年〇〇月〇〇日までの間の本件建物についての未払賃料の支払義務を免除する。

（以下省略）

（注）　この記載例は、申立人が賃貸借契約の終了を主張して、建物の明渡しを求めていたものの、和解において、いったん争いのあった従前の賃貸借契

約を終了させたうえで、新しく賃貸借契約を締結する合意をする場合の和解条項案である。このような場合の和解案としては、①当事者間において従前の賃貸借契約を終了させることあるいはすでに終了していることの合意、②新たな賃貸借契約締結の合意、③未払賃料等がある場合の処理、④債務不履行が発生した場合の賃貸借契約の解除条件に関する合意が中心的な条項となり、この順番に従って条項を設ける例が多いと思われる。

【記載例84】　和解条項案（賃貸借契約を合意解除し、建物を収去して、当該土地の明渡しを合意する場合）

1　申立人と相手方は、別紙物件目録記載の土地（以下「本件土地」という。）についての賃貸借契約を合意解除する。
2　申立人は、相手方に対し、本件土地の明渡しを、令和〇〇年3月31日まで猶予する。
3　相手方は、申立人に対し、令和〇〇年4月1日限り、第4項の金員の支払を受けるのと引換えに、別紙物件目録記載の建物を収去して本件土地を明け渡す。
4　申立人は、相手方に対し、前項の期日限り、同項の本件土地の明渡しを受けるのと引換えに、立退料として100万円を支払う。
5　相手方は、申立人に対し、令和〇〇年〇〇月〇〇日から第3項の本件土地の明渡済みまで、賃料相当損害金として、1か月2万円の割合による金員を支払う。
（以下省略）

（注）　本件土地の所有者である申立人が、同土地上に本件建物を所有して、同土地を占有している相手方に対し、建物収去土地明渡しを求める場合の訴訟物は、所有権に基づく返還請求権としての土地明渡請求権1個であると解するのが一般的である。したがって、申立人には土地返還請求権のみが生じることとなるが、土地明渡しの債務名義だけでは別個の不動産である本件建物の収去を求めることができないという民事執行法上の制約から執行方法を明示する必要があり、そのため、債務名義中に建物収去という部分が加えられることになると考えるのである（建物収去の強制執行は、民執法171条1項、民法414条1項により、土地明渡しの強制執行は、民執法168条1項の方法によるという違いがある）。

【記載例85】　和解条項案（土地の賃貸借契約を終了させ、同土地上の建物を買い取る場合）

1　申立人と相手方は、別紙物件目録記載の土地（以下「本件土地」という。）についての賃貸借契約を合意解除する。
2　相手方は、申立人に対し、別紙物件目録記載の建物（以下「本件建物」という。）を代金500万円で売り、申立人はこれを買い受ける。
3　申立人は、相手方に対し、前項の金員を、令和○○年○○月○○日限り、株式会社○○銀行○○支店の申立人名義の普通預金口座（口座番号1234）に振り込む方法で支払う。
4　申立人が前項の支払をしたときは、相手方は、申立人に対し、本件建物につき、令和○○年○○月○○日売買を原因とする所有権移転登記手続をする。ただし、登記手続費用は申立人の負担とする。
5　申立人が第3項の金員を支払ったときは、相手方は、申立人に対し、同項の期日限り、本件土地及び本件建物を明け渡す。
（以下省略）

(注)　この記載例は、申立人が賃貸借契約の終了を主張して、建物の明渡しを求めていたものの、和解において、争いのあった従前の賃貸借契約を終了させたうえで、申立人が賃貸していた土地上に相手方が所有する建物について、申立人が相手方から買い受ける旨の合意をする場合の和解条項案である。このような場合における和解案としては、①当事者間において従前の賃貸借契約を終了させることあるいはすでに終了していることの合意、②建物の売買契約締結の合意、③売買代金の支払い、土地および建物の明渡し、登記手続に関する合意が中心的な条項となり、この順番に従って条項を設ける例が多いと思われる。

【記載例86】　和解条項案（売買による所有権移転登記手続を合意する場合）

1　申立人は、相手方に対し、別紙物件目録記載の建物（以下「本件建物」という。）を代金500万円で売り、相手方は、これを買い受ける。
2　相手方は、申立人に対し、前項の金員を次のとおり分割して、株式会社○○銀行○○支店の申立人名義の普通預金口座（口座番号1234）に振り込む方法で支払う。
　(1)　令和○○年○○月から令和○○年○○月まで毎月末日限り30万円ずつ
　(2)　令和○○年○○月○○日限り、申立人から次項の本件建物の明渡し

及び所有権移転登記手続を受けるのと引換えに200万円

3　申立人は、相手方に対し、前項(2)の期日限り、相手方から同項(2)の金員の支払を受けるのと引換えに、

(1)　本件建物を明け渡す。

(2)　本件建物について令和○○年○○月○○日売買を原因とする所有権移転登記手続をする。この場合において、登記手続費用は、相手方の負担とする。

4　相手方が第2項(1)の金員の支払を怠り、その額が60万円に達したとき又は同項(2)の金員の支払を遅滞したときは、第1項の売買契約は当然解除となる。

（以下省略）

【記載例87】　和解条項案（土地所有権確認および所有権移転登記手続）

和　解　条　項　（案）

1　相手方は、申立人に対し、別紙物件目録記載の土地（以下「本件土地」という。）につき、申立人が所有権を有することを確認する。

2　相手方は、申立人に対し、本件土地につき、令和○○年○月○日売買を原因とする所有権移転登記手続をする。ただし、登記手続費用は申立人の負担とする。

3　申立人は、相手方に対し、和解金として○○万円を、本和解の席上で支払い、相手方は、これを受領した。

4　申立人は、相手方に対する○○地方裁判所令和○○年(ヨ)第○○号不動産処分禁止仮処分命令申立事件を取り下げる。

5　相手方は、申立人に対し、申立人が前項の仮処分事件について供託した担保（○○法務局令和○○年度金第○○号）の取消しに同意し、その取消決定に対し抗告しない。

6　和解費用は各自の負担とする。

（別紙目録省略）

6　申立書の附属書類

(1)　資格証明書

　申立人または相手方が株式会社などの法人の場合には、登記されている代表者の資格を証明するために商業登記事項証明書を、法人格のない社団や財団の場合には、その代表者または管理人の定めがあるときは、その規約、選任決議書または総会議事録の謄本をそれぞれ提出しなければならない。

　法定代理人による申立ての場合は、委任状を必要としないが、その者が法定代理人であることを証明するために（民訴規則15条）、たとえば親権者の場合には戸籍謄（抄）本を、後見人の場合には登記事項証明書（または家事審判書謄本）を提出しなければならない。

(2)　委任状

　代理人が申立てをする場合は、本人から代理権が与えられていることを証明する委任状が必要であり（民訴規則23条1項）、その委任状を申立書の附属書類として提出しなければならない。和解が成立しても代理権の有無を巡って争いとなることも考えられるため、代理権の範囲は明確に記載する必要がある。実務では、委任状に和解条項案を添付し、委任状と契印（割印）する取扱いもある。また、法務大臣の認定を受けた司法書士が代理人となる場合には、事案に応じて、請求の目的の価額を明らかにする資料（不動産評価証明書等）を提出する必要もある。

(3)　管轄合意書

　管轄について当事者間で合意したときは、申立て時に管轄合意書を提出しなければならない（民訴法11条2項）。管轄合意書には、合意をする当事者の表示、和解の内容、管轄の合意をした裁判所名を記載する。和解の内容は、「別紙和解条項案記載のとおりの訴え提起前の和解をする管轄裁判所を〇〇簡易裁判所とする」などとして和解条項案を添付する方法もある。管轄合意書を相手方の代理人との間で作成する場合には、相手方代理人が、和解の対象となる一定の法律関係について委任を受けている旨の委任状も必要となるので注意されたい。

【書式6】　管轄合意書

申立人　甲　野　太　郎
相手方　乙　川　二　郎

　　　　　　　管　　轄　　合　　意　　書

　　　　　　　　　　　　　　　令和○○年○○月○○日
　上記当事者間の別紙物件目録記載の建物に対する建物明渡請求和解申立
事件について，訴え提起前の和解をする管轄裁判所を○○簡易裁判所とす
ることに合意する。
　　　　　　　東京都○○区○○１丁目２番３号
　　　　　　　　　　申立人　甲　野　太　郎　㊞
　　　　　　　東京都○○区○○４丁目５番６号
　　　　　　　　　　相手方　乙　川　二　郎　㊞
（別紙物件目録　省略）

---

　(4)　申立書副本

　相手方に対し、申立ての内容をあらかじめ知らせるために申立書の副本を
送付（または送達）するので、相手方の人数分の申立書の副本を提出する。

　(5)　不動産登記事項証明書

　不動産登記手続に関する申立てについては、登記事項の変動がその後の手
続に重大な影響を及ぼすことから、できるだけ新しい不動産登記事項証明書
を提出するのが望ましい。

　(6)　当事者目録と和解条項案

　実務の取扱いによって異なるが、和解調書を効率的に作成するために当事
者目録と和解条項案の各写しを当事者の人数プラス１部だけ提出を求めてい
る場合もある。たとえば、申立人と相手方それぞれ１人ずつの場合には、当
事者目録と和解条項案各３部の写しを提出する。なお、プラス１部の分は、
和解調書の原本作成に利用される。

　(7)　その他

　必要に応じて賃貸借契約書や売買契約書の写し等、和解手続を進めるにあ
たって参考となる資料を提出する。

7　申立手数料等の納付

(1)　申立手数料

　申立手数料は、請求の目的の価額の多少に関わりなく 1 件について2000円
である（民訴費用法 3 条・別表第 1 の 9 ）。複数の当事者であっても、併合要
件を備え、かつ、経済的利益が共通である限り、2000円を納付すれば足り
る。 1 通の申立書であっても、別個独立の数個の申立てがなされている場合
は、当該数の分だけの手数料の納付が必要となる。納付は、申立書に2000円
分の収入印紙を貼って納める方法による（民訴費用法 8 条）。この収入印紙
は、裁判所が申立書を受理した後に消印することになる。したがって、申立
人は自らの印章などで消印しないようにしなければならない。

(2)　郵便切手

　申立人は、和解期日呼出状や申立書副本あるいは和解調書正本を送付（ま
たは送達）するための費用を納めなければならない（民訴費用法11条・12条）。
この費用は、郵便切手で納めることになる（民訴費用法13条）。具体的な額
は、各簡易裁判所で基準を定めているので、申立てをする際に確認しておい
た方がよいであろう。

和解申立書のチェック項目

1　形式的記載事項
- □　標題
- □　当事者（申立人・相手方）の表示
- □　代理人の表示
- □　申立人又は代理人の郵便番号・電話番号・ファクシミリ番号
- □　事件の表示
- □　附属書類の表示
- □　申立年月日
- □　申立人又は代理人の記名押印
- □　裁判所の表示

2　実質的記載事項
- □　請求の趣旨
- □　請求の原因及び争いの実情

　　　□　和解条項案
　　　　　□　強行法規（利息制限法、借地借家法等）の趣旨に反していないか
　　　　　□　条項の内容が明確なものか
　　　　　□　条項間に矛盾がないか
　　　　　□　給付条項について
　　　　　　・給付対象物の特定
　　　　　　・給付方法が明確で、給付文言も的確か
　　　　　　・分割払いの場合、分割金の合計が支払総額と一致しているか
　　　　　　・期限の利益喪失条項について―喪失の要件が明確か、喪失後の支払内容と支払方法が明確か
　　　　　　・和解条項に図面や目録が引用されている場合には、それが正確に記載されているか
　3　附属書類
　　□　資格証明書
　　□　委任状
　　□　管轄合意書
　　□　申立書副本
　　□　不動産登記事項証明書
　　□　その他
　4　□　申立手数料
　5　□　郵便切手

第4　和解申立ての効果

　訴え提起前の和解の申立てをすると、申立ての対象である権利関係について民法上の時効の完成猶予の効力が生ずる（民法147条1項）。しかし、和解が不成立となった場合（民訴法275条2項）や当事者の一方が出頭しなかったために和解不成立とみなされた場合（民訴法275条3項）には、時効の完成猶予期間は、その終了の時から6カ月の経過するまでの間とされているので、直ちに当事者双方から訴訟へ移行する旨の申立てがない場合には、申立人がその終了の時から6カ月以内に訴えを提起することが考えられよう。

　また、訴え提起前の和解申立ては、民訴法79条3項の権利の行使に当たる。

第5　和解申立て後の手続

1　申立書の受理

　訴え提起前の和解申立書が裁判所に提出されると、受付係の書記官は、申立書の形式的記載事項の有無、管轄の有無、必要となる附属書類の提出の有無、申立手数料および費用（郵便切手）の納付の有無を確認したうえ、申立書を受理することになる。仮に、申立書に不備があれば、書記官は受付窓口で申立人に対し、任意の補正を促すことになろう（民訴規則56条）。

2　申立書の補正等

　受理された申立書は、記録符号(イ)および事件番号を付され（したがって、以後の事件照会等の際には、「令和2年(イ)第100号」のように事件番号と符号で特定して行うことになる）、担当裁判官に配てんされる。事件の配てんを受けた裁判官は、申立書について実質的な要件審査をすることになる。具体的には、①申立書に請求の趣旨及び原因、争いの実情が適正に記載されているか、②民事上の争いが存在しているといえるか。③訴え提起前の和解の対象になりうるか、④和解条項案の各条項が適正か、⑤条項間に矛盾がないか、⑥和解内容が一方にのみ有利になり過ぎていないか等につき審査することになろう。その結果、管轄権のない申立書であることが判明した場合には、（応訴管轄を認める考え方に立たない場合には）管轄権のある簡易裁判所へ移送する旨の決定をすることになる（民訴法16条1項）。また、申立書の記載内容に不備があるときでも、和解期日に補正させることで足りる場合が多いことから、事前に補正命令（民訴法137条1項）を発しない取扱いが多いと考えられよう。もっとも、申立書の記載内容の不備に気が付いた申立人が自主的に、あるいは書記官からの任意補正の促しや裁判官による求釈明に応じて申立書を事前に訂正等しておくことは和解手続をスムーズに進める意味でも有益であろう。和解に親しまない事件に対する申立てや民事上の争いがない申立てのような場合には、不適法な申立てとして却下されることが考えられ

る。和解の対象が利息制限法や借地借家法といった強行法規に違反すること
を前提としている場合や公序良俗、権利濫用、脱法行為等に当たる場合にも
却下の対象となる。なお、申立書の和解条項案の個々の和解条項につき違法
な点があっても、その条項の訂正や削除等で対応できる場合には、ただちに
却下の対象となるわけではない。この却下決定に対しては、申立人は抗告の
申立てをすることができると考えられよう（民訴法328条１項の準用）。

【書式7】　訴え提起前の和解申立書の補正書

令和○○年(イ)第○○号　○○請求和解申立事件
申立人　甲　野　太　郎
相手方　乙　川　二　郎

補　　　正　　　書

令和○○年○○月○○日

○○簡易裁判所　御中

申立人　甲　野　太　郎　㊞

　頭書の事件につき，申立人は，次のとおり訴え提起前の和解申立書を訂
正する。
1　申立書の和解条項（案）第○項中，「１か月○○万円」とあるのを，
　「１か月△△万円」と訂正する。
2　申立書の物件目録中，所在が「○丁目○番地」あるのを「△丁目○番
　地」と訂正する。

申立人に対する補正依頼書

令和○○年(イ)第○○号　○○請求和解申立事件
申立人　○　○　○　○
相手方　○　○　○　○

事　務　連　絡

令和○○年○○月○○日

申立人代理人　○　○　○　○　殿

○○簡易裁判所和解係
裁判所書記官　○　○　○　○
ＴＥＬ　○○（○○○○）○○○○
内線　○○○○

FAX　○○（○○○○）○○○○

　頭書の事件について，申立書添付の和解条項案等につき，裁判官の指示により，別紙のとおり変更・訂正の検討をお願いすることになりました。
　ついては，別紙和解条項案等をご検討のうえ，
① 　裁判所が指摘した訂正事項に異議のない場合は，当事者目録（相手方に代理人就任の予定があり，その氏名が判明している場合はこれを記入したもの），和解条項（訂正後のもの），別紙物件目録各○部を事前に当裁判所宛に郵送又はご持参ください。
② 　裁判所の訂正案に疑義がある，もしくは他の表現の方がより適切だといったご意見がある場合は，その案をファクシミリにて当裁判所宛ご送付いただいても結構です。

　なお，お手数ですが，訂正後の和解条項案を相手方に送付するため○○円切手を相手方の人数分追納してください。

以　上

求釈明書の具体例

令和○○年(イ)第○○号○○請求和解申立事件
申立人　○○○○
相手方　○○○○

求　釈　明　書

令和○○年○○月○○日

申立人　○○○○　殿

○○簡易裁判所

裁判官　○　○　○　○

　頭書の事件について，申立書添付の和解案等につき，別紙のとおり釈明を求める。ついては，○月○日までに書面によりご回答されたい。

1 　請求の原因及び紛争の実情
(1) 　本件賃貸借契約締結後の契約の更新状況を明らかにされたい。
(2) 　本件賃貸借は，倉庫として賃貸したものか，それとも住居として賃貸したものか。
(3) 　本件賃貸借の賃貸期間は，いつをもって期間が満了することになるのか。

2　和解案第1項
　　合意解除の時期を明らかにされたい。仮に，和解期日において合意解除とする場合には，第3項は，和解期日までが未払賃料となり，和解期日の翌日からが賃料相当損害金となると考えられる。仮に，すでに合意解除されているとすると，第1項は過去の合意解除を確認する条項とした上で，第3項を未払の賃料相当損害金を求めることになると思われる。

（以下省略）

3　期日の指定

　申立書の審査をした後、裁判官は和解期日を指定する（民訴法93条）。通常は申立てから1カ月位先に指定されているようである。なお、当事者双方が裁判所に出頭できる日があらかじめ決まっている場合には、希望日を申立書に記載しておくとよい。もっとも、必ず希望にそえるというわけではない。また、和解案に盛り込まれた支払期限や明渡しの履行期限等が近接している関係で、早期の和解期日の指定を希望する場合には、その旨の上申書を別途提出することも考えられよう。

4　期日の呼出し

　期日が指定されると、書記官は、当事者双方に対し、期日の呼出手続を行う。

　実務においては、弁護士や（認定を受けた）司法書士が申立人の代理人となっている場合には、和解期日呼出状を送付（または送達）する代わりに電話による簡易呼出しによるか（民訴法94条）、期日請書【書式8】の提出を求める例が多いと思われる。なお、相手方については、申立て以前から弁護士や（認定を受けた）司法書士が委任を受けている場合でも、和解期日呼出状と申立書副本を相手方本人に対し、郵便により送付（普通郵便または書留郵便による例が多いと思われるが、申立ての内容や受領者を確認する必要がある場合などは送達による例もある）する実務例が多いと思われる。和解期日呼出状には、身分証明書等、和解期日当日に持参する必要があるものや、代理人

を依頼する場合の注意事項等を記載した注記がされる例も多い。

【書式8】　期日請書

令和○○年(イ)第○○号　○○請求和解申立事件
申立人　甲　野　太　郎
相手方　乙　川　二　郎

期　日　請　書

令和○○年○○月○○日

○○簡易裁判所　御中

申立人　甲　野　太　郎　㊞

　頭書の事件について，和解期日が令和○○年○○月○○日午前○○時と指定されたので，同日時に出頭します。

和　解　期　日　呼　出　状

相手方　　乙　川　二　郎　殿

令和○○年○月○日

○○簡易裁判所

裁判所書記官　○　○　○　○　㊞

　和解事件の期日等は次のとおりですので，必ずお越しください。

事件番号　　令和○○年(イ)第○○○号

和解期日　　令和○○年○月○日午<ruby>前<rt></rt></ruby>㊨○時○分

場　　所　　当裁判所○階　和解室

1　あなたに代わって弁護士又は訴訟代理人となる資格のある司法書士以外の方が代理人としてお越しになるとき
　(1)　裁判所の事前の許可が必要です。あらかじめ，代理人許可申請書（用紙は，当庁にあります。）とあなたと代理人との関係を証明する文書（戸籍謄本，社員証明書等）を提出しておいてください。
　(2)　委任状に和解条項案を付けて，あなたの印で契印（割印）して下さい。
　(3)　この呼出状を代理人に渡して出頭するとき持参させてください。
2　弁護士又は訴訟代理人となる資格のある司法書士に代理を依頼するとき
　　和解条項案を付けあなたの印で契印（割印）をした委任状とこの呼出状を弁護士に渡して出頭するとき持参させてください。

　3　当日持参していただくもの
　　　和解期日呼出状，申立書副本，身分を証明できるもの（運転免許証・健
　　康保険証・印鑑証明書等のいずれか一つ），印鑑

問合せ先　〒○○○－○○○○　○○○○○○○○○○○
　　　　　　　　　　　　　　○○簡易裁判所和解係
　　　☎○○（○○○○）○○○○　内線　○○○○
※　お越しになった際は，和解室の入口にある出頭カードに書かれたお名前
　をご確認の上，その下の欄に，当日お越しになった方自身のお名前を書い
　て，すぐそばにある和解待合室でお待ちください。

5　和解申立ての取下げ

　和解の申立ては、和解成立前であればいつでも取り下げることができる。
申立ての取下げは取下書（【書式9】）を裁判所に提出して行う。一部取下げ
の場合（たとえば、相手方複数の申立てで、そのうちの一部の者につき取り下げ
る場合）は、その旨を明記する。なお、相手方に申立書副本を送付（または
送達）した後に申立てを取り下げる場合には、相手方に取り下げの通知をす
る必要がある（民訴規則162条2項）。このため、取下書副本を相手方の人数分
提出する取扱いもある。和解期日で取り下げるときは、口頭で足りる。口頭
による取下げの場合には、書記官がその旨を記載した期日調書を作成する。
　取下げについて、相手方の同意は不要である。相手方に何らの不利益を与
えないからである。

【書式9】　取下書

令和○○年(イ)第○○号　○○請求和解申立事件
申立人　甲　野　太　郎
相手方　乙　川　二　郎
　　　　　　　　　　取　　下　　書
　　　　　　　　　　　　　　令和○○年○○月○○日
○○簡易裁判所　御中
　　　　　　　　　　　　申立人　甲　野　太　郎　㊞
　頭書の事件について，都合により申立てを取り下げます。

令和〇〇年(イ)第〇〇号　〇〇請求和解申立事件
申立人　〇　〇　〇　〇
相手方　〇　〇　〇　〇

通　　知　　書

令和〇〇年〇〇月〇〇日

相手方　〇　〇　〇　〇　殿

〇〇簡易裁判所和解係
裁判所書記官　〇　〇　〇　〇
ＴＥＬ　〇〇（〇〇〇〇）〇〇〇〇
内線　〇〇〇〇
ＦＡＸ　〇〇（〇〇〇〇）〇〇〇〇

　頭書の事件について，別添の取下書副本のとおり，本日，申立人から取下げがあり，事件は終了しました。

　したがって，先に指定された和解期日（令和〇〇年〇〇月〇〇日午前〇時）には出頭する必要はありませんのでご連絡します。

和解期日調書（口頭による申立ての取下げ）

第6号様式（調書単独用）

裁判官
認　印

和　解　期　日　調　書

事 件 の 表 示	令和〇〇年(イ)第〇〇号
期　　　　　　日	令和〇〇年〇〇月〇〇日午後〇時〇〇分
場　　　　　　所	〇〇簡易裁判所和解室
裁　判　官 裁 判 所 書 記 官	〇　〇　　　　〇 〇　〇　〇　〇
出頭した当事者等	申立人代理人　〇〇〇〇
<div align="center">手　続　の　要　領　等</div>	
申立人	

> 本件申立てを取り下げる。
>
> 　　　　　　　　　　　　　　裁判所書記官　　○　　○　　○　　○

第6　和解期日における手続

1　当事者双方の出頭

　和解期日は、当事者双方が出席して実施される。場所は、和解期日呼出状等により、当事者にあらかじめ知らせることになるが、裁判所の和解室が利用される例が多い。出席すべき者は、申立人と相手方が原則である。本人に代わって代理人が出席する場合には、委任状（許可代理人の場合には、別途、裁判所の許可が必要になる）の提出が必要である。実務の多くは、委任状に和解条項案を添付し、契印したものの提出を求めている。出席者については、和解期日前に、和解期日呼出状や身分証明書の提示をしてもらうことなどにより、書記官による出席者の確認が行われているが、和解期日の冒頭において、再度、裁判官が出席者の確認を行うこともある。なお、建物明渡請求事件において、賃借人だけを相手方としていた場合に、連帯保証人についても手続に参加してもらうといったように、利害関係を有する第三者を利害関係人として和解手続に参加してもらったうえで、手続を進める例もある（もっとも、利害関係人を和解手続に参加させるのは、当該利害関係人が和解を成立させる前提として必要になる場合であるから、本来は、申立ての時点で当事者として確定しておくのが相当であろう）。また、和解申立て後の特定承継や中断・受継といった事態が生じないよう、配慮することも必要であろう。

2　和解勧告と和解成立

　和解期日の進行は、概ね、①和解手続を開始する旨の告知、②和解手続についての説明（申立書添付の和解条項案を基にして話合いで紛争を解決する手続であること、和解が成立した場合には、確定した判決と同じ効力を持つことなどを説明）、③和解条項内容の確認（和解条項案を読み上げながら、双方（特に相

手方）が内容を理解しているか、条項内容が双方に問題がないかを確認する。問題がなければ、和解成立の旨の宣言をして手続を終了する。条項内容について、疑義が生じるなどして、修正する必要がある場合には、必要に応じて、訂正、削除あるいは、新たな条項を付け加えるなどしたうえで、再度、和解内容を確認して、和解成立として終了することになる例が多い。和解条項案については、すでに触れたように、和解期日前に不備な箇所や不明確な点があれば、申立人に釈明を求めるなどして必要な補正がされたうえで、和解期日が開かれることになるが、事案によっては、和解期日において新たな疑義が生じることもある。また、修正の程度が大きい場合、当事者本人が出席していない場合には、和解内容について、本人に確認する必要が生じたり、委任状を新たに提出する必要が生じることもある。このようなことを考慮すると、和解期日当日は、当事者本人が出席するのが望ましいであろう）、④和解が成立した旨の告知、⑤和解手続を終了する旨の告知といった流れで行われる。

3　和解調書

(1)　和解調書の作成

　和解が成立すると、書記官はその和解内容を記載した和解調書を作成する（民訴規則169条）。和解調書には、形式的事項として、「和解調書」という標題、事件の表示、期日、場所、裁判官名、書記官名、出頭した当事者等を記載したうえで、「手続の要領等」欄に、和解成立の事実、当事者の表示、請求の表示、和解条項が記載されることになる。和解成立の事実は、「当事者間に次のとおり和解成立」という表現で記載される。当事者の表示は、訴え提起前の和解申立書の当事者目録の記載と基本的には同様である。請求の表示は、訴え提起前の和解申立書の請求の趣旨および原因の記載と基本的には同様であり、請求の表示という項目を挙げて記載するのが原則であるが、和解条項の記載から請求が特定されていることを前提として、特に請求の表示という項目を設けて記載しない実務例もある。和解条項の第1項に、請求を特定するような形で確認条項を設けておき、それをもって請求の表示に代える実務例もある。和解条項は、訴え提起前の和解申立書の和解条項案の記載と基本的には同じである。

(2)　和解調書の効力

　和解成立によりその内容を記載した和解調書の効力は、確定判決と同一の効力を有することになる（民訴法267条）。確定判決の主な効力としては、既判力、執行力と形成力があり、和解調書についても執行力と形成力があることには異論がないが、既判力の有無については、学説はこれを否定する考え方と肯定する考え方がある。判例は、一方で既判力を認めながら（最判昭和33・3・5民集12巻3号381頁）、他方、裁判上の和解の実体が当事者の私法上の契約であり、契約に存する瑕疵のために当然に無効となる場合のあることや（最判昭和31・3・30民集10巻3号242頁）、要素の錯誤がある場合には無効となることを認めている（最判昭和33・6・14民集12巻9号1492頁）こと（なお、現行民法では取消事由）などから、制限的既判力説とも呼ばれている。この既判力に関する見解の相違は、後に説明する請求異議訴訟において主張できる異議事由の時間的制限に影響してくることになる。また、和解の基礎である意思表示に瑕疵がある場合の救済方法について、その範囲の広狭、手段について差異があるとされている。肯定説は、再審事由に準じた主張だけが和解の無効・取消しの事由となるとの考え方であり、一方、否定説は、広く救済を認めるべきであるとするものである（裁判所職員総合研修所「民事訴訟法講義案〔三訂版〕」253頁以下、梶村太市＝深沢利一「和解・調停の実務〔補訂版〕」110頁以下参照）。

　なお、和解調書に執行力が認められていることにより、一方当事者が和解条項で約束したことを任意に履行しない場合には、他方当事者の強制執行の申立てにより、強制的にその内容を実現させることができることになる。

	裁判官	印
	認　印	

和　解　調　書		
事 件 の 表 示	令和〇〇年（イ）第　〇〇　号	
期　　　　　日	令和〇〇年〇〇月〇〇日　午前・午後10時00分	

場　　　　　　所	〇〇簡易裁判所和解室
裁　判　官 裁判所書記官	丁　山　四　郎 戊　海　五　郎
出頭した当事者等	申立人　　甲　野　太　郎 相手方　　乙　川　二　郎

手　続　の　要　領　等

当事者間に次のとおり和解成立

第1　当事者の表示

　　　別紙当事者目録記載のとおり

第2　請求の表示

　　　申立人と相手方間の令和〇〇年〇〇月〇〇日締結の別紙物件目
　　　録記載の建物の賃貸借契約終了による同建物明渡請求

第3　和解条項

　　　別紙和解条項記載のとおり

（別紙省略）　　　　　　　　　　裁判所書記官　　戊　海　五　郎　㊞

　(3)　和解調書正本の送達

　和解調書正本は、当事者からの送達申請があって初めて当事者に送達される（書記官が職権により送達手続をとることはないので注意されたい）。実務では、和解が成立すると、申立人（代理人）から和解調書正本の送達申請がされ（書面によることも可能であるが、実務では、口頭による申出が一般的である）、これを受けて、即日、当事者双方に交付送達される例が多いと思われる（和解期日において、和解条項の内容に変更が生じた場合には、内容の確認をしたうえで、後日、郵送される例もあり、この場合には、別途郵便切手の提出が必要となる）。送達申請は、強制執行手続において、執行債務者に対する債務名義（和解調書正本）の送達が執行開始の要件となっていることからされる例が多いと思われるが、このほかにも、（和解期日において、すべての履行が終了している場合のように）仮に、今後、強制執行手続が予定されていない場合でも、後日の紛争を予防するために成立した和解の内容を当事者双方が

速やかに確認できた方がよいなどといった配慮から、送達申請をする例もある。また、送達申請は、当事者全員に対する最初の申請の場合には、手数料（収入印紙）は不要である。これに対し、申請者のみに対する送達申請の場合には、和解調書正本の交付手数料が必要となる（これは、形式的には、送達申請の形をとっていても、その実質は、正本交付申請であることから、用紙1枚につき150円分の手数料が必要となるのである。民訴費用法7条・別表2の2）。

4　和解期日に和解が成立しない場合の手続

(1)　続　行

双方が出頭しても和解案について当事者間に合意が得られない場合や、申立書の記載内容に関する裁判官からの質問に対し、当事者が即時に回答できない場合など、その期日に和解成立の見込みが立たないものの、次回期日には成立の見込みがある場合には、裁判官は、次回の和解期日を指定し、当該期日を続行で終了させることができる。この場合、書記官は、続行の理由と次回期日を調書に記載することになる。次回期日の告知は、出頭した当事者等に対し口頭で行われる（民訴法94条1項）。あらためて呼出状が送達されるわけではない。

第6号様式（調書単独用）

裁判官 認　印	

和　解　期　日　調　書	
事 件 の 表 示	令和〇〇年(イ)第〇〇号
期　　　　　日	令和〇〇年〇〇月〇〇日午後〇時〇〇分
場　　　　　所	〇〇簡易裁判所和解室
裁　判　官 裁 判 所 書 記 官	〇　〇　　　〇 〇　〇　〇　〇
出頭した当事者等	申立人代理人　　〇　〇　〇　〇 相手方代理人　　〇　〇　〇　〇

```
┌──────────────────────────────────────────────────┐
│            手 続 の 要 領 等                       │
├──────────────────────────────────────────────────┤
│  裁判官                                            │
├──────────────────────────────────────────────────┤
│  1  和解手続を続行する。                           │
├──────────────────────────────────────────────────┤
│  2  次回期日までに，申立人は，和解条項中第〇項につき・・・を，│
│                                                    │
│    相手方は和解条項中第〇項につき・・・を検討する。│
├──────────────────────────────────────────────────┤
│  3  次回期日を令和〇〇年〇〇月〇〇日午後〇時〇〇分と指定する。│
├──────────────────────────────────────────────────┤
│                   裁判所書記官  〇  〇  〇  〇    │
├──────────────────────────────────────────────────┤
│                                                    │
├──────────────────────────────────────────────────┤
│                                                    │
├──────────────────────────────────────────────────┤
│                                                    │
└──────────────────────────────────────────────────┘
```

(2) 和解不成立

　当事者双方の意見が対立し、和解成立の見込みが立たない場合には、続行することなく、和解手続を打ち切ることもできる。この場合、書記官は、和解期日調書の「手続の要領等」欄に次のように記載する。

```
┌──────────────────────────────────────────────────┐
│  裁判官                                            │
│      本件和解を不成立とする。                      │
└──────────────────────────────────────────────────┘
```

(3) 和解不成立の擬制

　和解期日に当事者の一方または双方が出頭しないことにより、和解が成立しない場合には、和解不成立とみなすことができる（民訴法275条3項）。この場合、書記官は、和解期日調書の「手続の要領等」欄に次のように記載する。なお、和解期日に出頭しない当事者に対しては、郵便や電話等により、その旨の通知がされることになろう。

```
┌──────────────────────────────────────────────────┐
│  裁判官                                            │
│      本件和解を不成立とみなす。                    │
└──────────────────────────────────────────────────┘
```

通知書（和解不成立が擬制された場合）

令和○○年(イ)第○○号　○○請求和解申立事件

申立人　○　○　○　○

相手方　○　○　○　○

通　知　書

令和○○年○○月○○日

申立人　○　○　○　○　殿

○○簡易裁判所和解係

裁判所書記官　○　○　○　○

ＴＥＬ　○○（○○○○）○○○○

内線　○○○○

ＦＡＸ　○○（○○○○）○○○○

　頭書の事件について，本日の和解期日に申立人が出頭しなかったため，本件和解は不成立とみなされ，事件は終了いたしましたの通知します。

---

(4)　延　期

　当事者の一方または双方が和解期日に出頭しない場合でも、次回期日には成立の見込みがある場合には、裁判官は、次回の和解期日を指定し、当該期日を延期で終了させることができる。この場合、書記官は、延期の旨と次回期日を調書に記載することになる。次回期日の告知は、出頭した当事者（代理人）に対しては、口頭で行われ、欠席した当事者（代理人）に対しては、呼出状が送付（送達）されることになろう。なお、当事者双方が和解期日に不出頭の場合に、裁判官は、いわゆる休止として取扱い、次回期日を定めないこともできる。この場合、当事者が1カ月以内に期日指定の申立てをしないと、和解の申立てを取り下げたものとみなされることになる（民訴法263条）。

第7　強制執行の事前準備

　成立した和解の和解条項の中に給付条項がある場合、たとえば、相手方が、申立人に対し、特定の期限までに建物を明け渡す旨の条項があり、その

103

当事者が期限までに任意の履行をしないようなときは、執行力ある和解調書正本を債務名義として執行機関による強制執行により、最終的な満足を受けることができる（建物明渡の強制執行手続の執行機関は、物件所在地を管轄する地方裁判所の執行官である）。強制執行手続には、以下の書類が必要となるので（民執規則21条）、あらかじめ訴え提起前の和解手続をした簡易裁判所に対し、交付申請等をして準備しておく必要がある。

1　執行力ある債務名義の正本（債務名義は和解調書正本である）

　強制執行をするには執行力ある債務名義の正本を必要とする（民執法22条・25条）ので、強制執行を求める者（執行債権者）は、訴え提起前の和解手続をした簡易裁判所の書記官に申立てをして、執行文の付与を受ける必要がある。申立てに当たっては、（和解成立時に交付を受けた）和解調書正本も同時に提出する。執行文は、書記官が執行文用紙に記載し、和解調書正本の末尾に添付して申請人に交付される。手数料は、執行文1通について300円である（民訴費用法7条・別表2の4）。

【書式10】　執行文付与申請書

```
令和〇〇年(イ)第〇〇号　〇〇請求和解申立事件
申立人　甲　野　太　郎
相手方　乙　川　二　郎
┌─────┐
│印　紙│              執行文付与申請書
│300円│
└─────┘                      令和〇〇年〇〇月〇〇日
〇〇簡易裁判所　御中
                    債権者（申立人）　甲　野　太　郎　㊞
　頭書の事件について，令和〇〇年〇〇月〇〇日成立した和解調書につき
債権者（申立人）のために債務者（相手方）に対する執行文1通を付与し
てください。
                    附　属　書　類
1　和解調書正本　1通
```

2　債務名義の送達証明書

　強制執行を開始するためには、債務名義の正本または謄本が、あらかじめ強制執行をされる者（執行債務者）に送達されていなければならない（民執法29条）ので、訴え提起前の和解手続をした簡易裁判所の書記官に申立てをして、送達証明書の交付を受ける必要がある。手数料は、証明事項が一事項ごとに150円である（民訴費用法7条・別表2の3）。したがって、たとえば、相手方が2名のときは300円となる。

【書式11】　債務名義（和解調書正本）の送達証明申請書

令和○○年(イ)第○○号　○○請求和解申立事件
申立人　甲　野　太　郎
相手方　乙　川　二　郎

　　　　　　　　　　　　　送達証明申請書

印　紙
150円
　　　　　　　　　　　　　　　　　　　令和○○年○○月○○日
○○簡易裁判所　御中

　　　　　　　　　　債権者（申立人）　甲　野　太　郎　㊞
　頭書の事件について，和解調書正本が相手方に対して令和○○年○○月○○日に送達されたことを証明してください。

令和○○年(イ)第○○号　○○請求和解申立事件
申立人　甲　野　太　郎
相手方　乙　川　二　郎

　　　　　　　　　　　　　送達証明申請書

　　　　　　　　　　　　　　　　　　　令和○○年○○月○○日
○○簡易裁判所　御中

　　　　　　　　　　債権者（申立人）　甲　野　太　郎　㊞
　頭書の事件について，和解調書正本が相手方に対して令和○○年○○月○○日に送達されたことを証明してください。

　上記のとおり証明する。
　　令和　　年　　月　　日

105

```
　　　　　　　　○○簡易裁判所
　　　　　　　　　裁判所書記官
```

【書式12】　受　書

```
令和○○年(イ)第○○号　○○請求和解申立事件
申立人　甲　野　太　郎
相手方　乙　川　二　郎
　　　　　　　　受　　　　　　　　書
　　　　　　　　　　　　　　　　令和○○年○○月○○日
○○簡易裁判所　御中
　　　　　　　　　　　　債権者（申立人）　甲　野　太　郎　㊞
　頭書の事件について，下記の書類を受領しました。
　　　　　　　　　　　　　　記
1　執行文付和解調書正本　　1通
2　和解調書正本送達証明書　1通
```

3　執行文等の送達証明書（特に取得が必要な場合）

　いわゆる条件成就執行文または承継執行文が付与された場合には（民執法27条）、執行文および執行債権者が提出した証明文書の謄本が、あらかじめ執行債務者に送達されていなければ強制執行を開始できないので（民執法29条後段）、条件成就執行文または承継執行文により強制執行の申立てをしようとするときは、訴え提起前の和解手続をした簡易裁判所の書記官に対し、これらの送達申請をし、送達完了後、送達証明書の交付を受ける必要がある。

【書式13】　条件成就による執行文付与申請書

```
令和○○年(イ)第○○号　○○請求和解申立事件
申立人　甲　野　太　郎
相手方　乙　川　二　郎
┌─────┐
│印　紙│　　条件成就による執行文付与申請書
│300円│
└─────┘　　　　　　　　　　令和○○年○○月○○日
○○簡易裁判所　御中
```

債権者（申立人）　甲　野　太　郎　㊞

　頭書の事件について，令和○○年○○月○○日成立した和解調書のうち和解条項第○項による条件は，添付の証明書のとおり成就したので，和解条項第○項及び第○項につき債権者（申立人）のために債務者（相手方）に対する執行文1通を付与してください。

附　属　書　類

1　和解調書正本　　1通
2　内容証明郵便　　1通
3　上記配達証明書　1通

【書式14】　執行文等の送達申請書

令和○○年(イ)第○○号　○○請求和解申立事件

申立人　甲　野　太　郎

相手方　乙　川　二　郎

執行文及び証明書謄本送達申請書

令和○○年○○月○○日

○○簡易裁判所　御中

債権者（申立人）　甲　野　太　郎　㊞

　頭書の事件について，令和○○年○○月○○日，事実の到来に係る執行文の付与を受けましたので，同執行文及び証明書謄本を債務者（相手方）に送達してください。

【書式15】　執行文等の送達証明申請書

令和○○年(イ)第○○号　○○請求和解申立事件

申立人　甲　野　太　郎

相手方　乙　川　二　郎

送達証明申請書

印　紙
150円

令和○○年○○月○○日

○○簡易裁判所　御中

債権者（申立人）　甲　野　太　郎　㊞

　頭書の事件について，令和○○年○○月○○日付与された執行文及び証明書謄本が債務者（相手方）に対して令和○○年○○月○○日に送達されたことを証明してください。

受　　　書

令和○○年○○月○○日

○○簡易裁判所　御中

債権者（申立人）　甲　野　太　郎　㊞

　下記の書類を受領しました。

記

1　執行文及び証明書謄本送達証明書　1通

令和○○年(イ)第○○号　○○請求和解申立事件

申立人　甲　野　太　郎

相手方　乙　川　二　郎

送 達 証 明 申 請 書

令和○○年○○月○○日

○○簡易裁判所　御中

債権者（申立人）　甲　野　太　郎　㊞

　頭書の事件について，令和○○年○○月○○日付与された執行文及び証明書謄本が債務者（相手方）に対して令和○○年○○月○○日に送達されたことを証明してください。

　上記のとおり証明する。

令和　　年　　月　　日

○○簡易裁判所

裁判所書記官

【書式16】　承継執行文付与申請書

令和○○年(イ)第○○号　○○請求和解申立事件

申立人　甲　川　一　郎

相手方　株式会社乙山商事

相手方の承継人　株式会社丙山商事

印　紙
300円

承継執行文付与申請書

令和○○年○○月○○日

○○簡易裁判所　御中

債権者（申立人）　甲　川　一　郎　㊞

　頭書の事件について，令和○○年○○月○○日和解が成立したが，債務者（相手方の承継人）は，令和○○年○○月○○日相手方を吸収合併して相手方の権利を一般承継したので，債権者（申立人）のために債務者（相手方の承継人）に対する承継執行文1通を付与してください。

附　属　書　類

1　和解調書正本　　　　　1通
2　商業登記事項証明書　　1通

受　　　　　書

令和○○年○○月○○日

○○簡易裁判所　御中

　　　　　　　　　　債権者（申立人）　甲　川　一　郎　㊞

　下記の書類を受領しました。

記

1　承継執行文付和解調書正本　　1通

4　条件成就執行文と承継執行文の概要

(1)　条件成就執行文

　和解調書に記載された給付請求権が債権者の証明すべき事実の到来に係る場合（民執法27条1項）に、その事実が到来したことが認められたときに付与される執行文のことを、実務上、条件成就執行文と呼んでいる（これに対し、債権者の証明すべき事実の到来に係る場合に該当しないことを前提として付与される執行文を単純執行文と呼んでいる）。

　執行開始要件（民執法30条・31条）については、債権者の方に証明責任がある事実には当たるが、民執法27条1項にいう債権者の証明すべき事実には当たらない。したがって、給付条項について、条件、期限など一定の事実が到来した場合に限って、その給付をすべき旨が記載（付款文言、付款条項）されていても、それが執行開始要件に当たる場合には、当該一定の事実の到来を証明しなくとも、執行文の付与（単純執行文の付与）が受けられる。

(A)　確定期限の事例

> 　相手方は、申立人に対し、令和○○年○○月○○日限り本件建物を明け渡す。

　上記和解条項の場合の「令和○○年○○月○○日」の到来は、確定期限の付款であり、債権者の方に証明責任がある事実に当たるが、執行開始要件であることから（民執法30条1項）、民執法27条1項にいう債権者の証明すべき事実には当たらない。したがって、期限到来を証明することなく、期限到来前に執行文の付与を受けることができる。

(B)　失権条項の事例

> 1　（分割支払の給付条項）
> 2　相手方が前項の分割金の支払を1回でも怠ったときは、当然に本件売買契約は解除となる。
> 3　前項により解除となったときは、相手方は、申立人に対し、本件建物を明け渡す。

　上記和解条項の第3項につき執行文の付与を求める場合、「相手方が前項の分割金の支払を怠ったという事実」は、建物の明渡しとの関係で付款となっているが、債権者に証明責任がない事実であり、したがって、第3項について執行文の付与を受ける場合、申立人（債権者）の方で、民執法27条1項にいう証明すべき事実はない。通説・判例によれば、債務の不履行については、不履行について申立人（債権者）の方で証明すべき責任があるのではなく、逆に弁済したという事実について相手方（債務者）の方に証明すべき責任があるとされているからである。

(C)　解除権留保の事例

> 1　（賃料の支払に関する給付条項）
> 2　相手方が前項の賃料の支払を2回分以上怠ったときは、申立人は何らの催告を要することなく本件賃貸借契約を解除することができる。
> 3　前項により解除の意思表示があったときは、相手方は、申立人に対

> し、本件建物を明け渡す。

　上記和解条項の第３項につき執行文の付与を求める場合、前記(B)の失権条項の項で説明したように、「相手方が前項の賃料の支払を２回分以上怠ったという事実」は、建物の明渡しとの関係で付款となっているが、債権者に証明責任がない事実である。「申立人が本件賃貸借契約解除の意思表示をした事実及びそれが到達した事実」については、建物の明渡しとの関係で付款となっており、かつ、債権者に証明責任がある事実である。また執行開始要件にもなっていないので、民執法27条１項にいう証明すべき事実に当たり、申立人（債権者）の方で執行文の付与を受けるに際し、証明する必要がある。解除の意思表示をしたことは、賃貸借契約解除の効果を発生させる事実であり、債権者の側に証明責任があると考えられている。また、意思表示は到達しなければ効力を生じないので、解除の意思表示が到達した事実も証明しなければならないからである。証明の手段としては、解除の意思表示を記載した内容証明郵便物とその配達証明書が一般的である。なお、「解除の意思表示が到達した日」も、解除権を行使するための要件として債権者の方で証明すべき事実に該当する（解除の意思表示が到達したのが、少なくとも賃料の支払期が２回以上経過した日でなければならない）が、この点も配達証明書の提出によって同時に証明することが可能となる。

　(D)　引換給付の事例

> 　相手方は、申立人に対し、令和○○年○○月○○日限り、申立人から立退料○○万円の支払を受けるのと引換えに、本件建物を明け渡す。

　上記和解条項に執行文の付与を求める場合、「申立人が相手方に対し立退料○○万円を支払ったという事実」は、建物の明渡しとの関係で付款となっており、また債権者に証明責任がある事実であるが、執行開始要件であるから（民執法31条１項）、民執法27条１項にいう債権者の証明すべき事実には当たらない。また、前記(A)の確定期限ですでに説明したように、「令和○○年○○月○○日」の到来は、確定期限の付款であり、債権者の方に証明責任が

111

ある事実に当たるが、執行開始要件であることから（民執法30条1項）、民執法27条1項にいう債権者の証明すべき事実には当たらない。したがって、上記和解条項について執行文の付与を受ける場合、申立人（債権者）の方で、民執法27条1項にいう証明すべき事実はない。

(2)　承継執行文

　和解調書の効力は、和解調書に表示された当事者に及ぶが、それに限られず、相続や会社の合併があった場合のように、和解調書に表示された以外の者についても、債権者または債務者となる場合が考えられる。このような場合に、和解調書に表示された以外の者を債権者または債務者とする強制執行をするためには、民執法27条2項の規定に基づいて、執行文の付与を受ける必要がある。この場合の執行文を、実務上、承継執行文と呼んでいる。当事者に相続があり、承継執行文の付与を求める場合に、申立人が証明すべき事項は、①被相続人が死亡したこと、②承継人がその法定相続人であること、③他に相続人がいないこと（可分債権あるいは債務の場合）であり、証明文書は、戸籍謄本、除籍謄本等となる。相続欠格事由（民法891条）がないことや廃除（民法892条・893条）されていないことは、相続の効果を争う側で主張立証すべきことがらであり、相続の効果を主張する側で主張立証する必要はない。相続放棄をしていないことについては、相続を主張する側に証明責任がない。したがって、相続放棄をするか否かのいわゆる熟慮期間中であっても、執行文の付与を求めることが可能である。

第8　和解不成立と訴訟への移行の申立て

1　和解不成立

　前記のように、和解期日に当事者双方が出頭して話し合っても、合意を得ることができなかった場合または期日を続行しない場合には、裁判官が和解の不成立を宣言して訴え提起前の和解申立手続は終了する。この場合、書記官は和解期日調書の「手続の要領等欄」に「裁判官　本件和解を不成立とする。」と記載することになる。また、和解期日に申立人と相手方の一方また

は双方が不出頭の場合に、裁判官が和解不成立とみなしたときも（民訴法275条3項）和解手続は終了する。この場合にも、書記官は和解期日調書の「手続の要領等欄」に「裁判官　本件和解を不成立とみなす。」と記載することになる。

2　訴訟への移行の申立て

　当事者双方が出頭した和解期日において、前記のように和解が不成立となった場合、当事者双方が和解の対象となっている請求権について、訴訟への移行の申立てをしたときは、訴えを提起したものとみなし、その場合は調書に訴訟移行申立ての旨の記載をして、和解手続から訴訟手続に移行することになる（民訴法275条2項）。具体的には、書記官は和解期日調書の「手続の要領等欄」に「裁判官　本件和解を不成立とする。　　　当事者双方　訴訟移行の申立て」と記載することになる。訴訟手続に移行した場合、申立人は訴額に対応する手数料から訴え提起前の和解申立てに際して納めた手数料（2000円）を控除した額を納めることになる。また、和解申立書の記載だけでは請求の特定に不十分と判断される場合、裁判所から補正を求められることもあろう。なお、仮に、訴訟への移行の申立てと併せて、少額訴訟による審理および裁判を求める申述がされても、少額訴訟への移行は認められないと考えられる。

第9　和解調書の更正

　和解調書に、違算、書き損じその他これに類する明白な誤りがある場合には、民訴法257条を準用して、調書の更正が認められる。

1　更正の対象事項

　更正は、違算、書き損じその他これに類する明白な誤りがある場合でなければならない。明白な誤りに当たるかどうかは、原則として、当該和解事件記録中に存する資料から合理的に判断して、そのように判断できる場合でなけれならない。したがって、和解条項部分の更正というのは、限定的になら

ざるをえないであろう。通常、更正の対象となる事項は、形式的な事項、た
とえば、当事者の住所・氏名、土地や建物の表示（地番、地目、家屋番号、建
物の種類、構造、床面積等）の記載に誤りがある場合である。

2　更正の手続

申立てまたは職権により行われる（民訴法257条1項）。申立てによる場合
でも、申立手数料は不要である。ただし、更正決定正本の送達に要する費用
が必要となる。

3　更正の方式

更正決定の方法による。決定書は、和解調書の原本および正本に付記する
のが原則であるが、実務上は、和解調書とは別個に更正決定書を作成し、そ
の正本を当事者に送達する取扱いが多い（民訴規則160条1項）。

【書式17】　更正決定申立書

令和○○年(イ)第○○号　○○請求和解申立事件
申立人　甲　野　太　郎
相手方　乙　川　二　郎

更正決定申立書

令和○○年○○月○○日

○○簡易裁判所　御中

申立人　甲　野　太　郎　㊞

頭書の事件について，令和○○年○○月○○日成立した和解調書の当事
者の表示中に「相手方乙河二郎」とあるのは「相手方乙川二郎」の明白な
誤りである。
よって，「相手方乙川二郎」に更正されたく申立てします。

第10　和解の効力を争う手続

当事者双方が出頭したうえで和解が成立した場合であっても、その後の事
情変更により和解に無効または取消事由あるいは和解成立後に請求権の消滅

事由が生じた場合（たとえば、申立人の代理人が代理権のない者であったことが判明したとか、和解成立後にすべて弁済したのに強制執行を受けたという場合など）、その和解の内容や効力について争いが生じる場合がある。このような場合に和解の効力を争う方法としては、その争う対象により、次の請求異議の訴えかあるいは和解無効確認の訴えによることになる。

1　請求異議の訴え

和解調書に記載された和解条項が、一定の給付を内容とした債務名義である場合、請求異議の訴えにより、その債務名義の執行力を排除することができる。請求異議の訴えとは、債務者側が、その債務名義に表示された請求権の存在や内容についての異議事由や裁判以外の債務名義の成立についての異議事由、その他強制執行を永久的または一時的に不許とすべき事由を主張して、強制執行の不許を宣言する判決を求める訴えであり（民執法35条）、債務名義に表示された請求権と現在の権利関係との間に不一致がある場合などに、判決をもってその債務名義の執行力を排除することを目的とするものである。

(1)　異議の事由

請求権の存在・内容に関する異議（民執法35条1項前段）を基礎づける事由としては、たとえば、債務の弁済、免除、相殺、契約解除、債権者の破産などであり、裁判以外の債務名義の成立についての異議（民執法35条1項後段）を基礎づける事由としては、たとえば、代理権の欠缺、通謀虚偽表示、要素の錯誤、詐欺・強迫等による取消などである。

(2)　異議事由を主張する時間的制限

判決が債務名義の場合の異議事由は、口頭弁論の終結後に生じたものでなければならないが（民執法35条2項）、裁判上の和解調書や調停調書が債務名義の場合の異議事由は、裁判上の和解調書や調停調書の既判力の有無をどのように考えるかによる。前述した肯定説に立てば、和解調書作成後に生じたものでなければ異議事由とならないが、否定説や判例がとる制限的既判力説によれば、時間的制限を受けることなく、債務名義が成立する以前の実体上の異議事由も主張できることになる（香川保一監修「注釈民事執行法2巻」427

頁（宇佐見）、石川明ほか編「注解民事執行法［上巻］」361頁（石川））。

(3)　同時主張の必要性

　異議事由が複数あるときは、それらを同一の訴訟手続内で主張しなければ
ならない（民執法35条3項）。

2　訴訟手続

(1)　管轄裁判所

　請求異議の訴えの管轄裁判所は、異議の対象である和解をした簡易裁判所
である。ただし、訴訟の目的の価額（訴額）が140万円を超える場合はその
簡易裁判所の所在地を管轄する地方裁判所である（民執法35条3項・33条2
項）。この管轄は専属管轄である（民執法19条）。

(2)　訴額の算定方法

　訴額を算定する方法であるが、執行力の排除を求める訴えの場合は、和解
調書に表示された請求権の価額が訴額となろう。ただし、所有権に基づく引
渡しを内容とする場合には、物の価額の2分の1が請求権の価額となろう。
具体的な執行の排除を求める訴えの場合は、その当該執行の目的物が物の場
合にはその物の価額、目的物が債権の場合にはその債権額が訴額となろう。
執行力の一時的な停止を求める訴えの場合は、和解調書に表示された請求権
の価額を元本としてこれに対する執行停止期間中の年3パーセントの割合に
よる金員が訴額となろう。ただし、執行債権額が限度額となる。継続的な給
付を目的とする債権を内容とする和解調書の執行力の排除を求める訴えの場
合は、給付請求権の不存在または不発生を事由とするときは給付請求権の始
期から訴え提起時までの請求額と訴え提起時から12カ月間の請求額との合計
額が訴額となろう。消滅を事由とするときは、原告主張の額が訴額となろ
う。

(3)　当事者

　原告は、和解調書に債務者として表示された者、あるいは和解調書に表示
された債務を承継した者である。被告は、和解調書に債権者として表示され
た者、あるいは和解調書に表示された債権を承継した者である。

(4)　請求の趣旨

　債務名義を特定し、当該債務名義に基づく強制執行の全部または一部の永久的または一時的不許の宣言を求める旨を記載する。【書式18】では、和解調書を作成した裁判所と事件番号で債務名義を特定している。

(5)　請求の原因

　債務名義の存在と債務名義に表示された請求権の内容および異議の主張を記載する。

【書式18】　訴状（請求異議）

```
┌─────┐
│収 入│              訴　　　　状
│印 紙│                          令和○○年○○月○○日
└─────┘
○○地方裁判所　御中
                    原　告　　乙　川　二　郎　㊞
          〒○○○－○○○○　東京都○○区○○４丁目５番６号（送達場所）
                    原　告　　乙　川　二　郎
                    電　話　　○○－○○○○－○○○○
                    ＦＡＸ　　○○－○○○○－○○○○
          〒○○○－○○○○　東京都○○区○○１丁目２番３号
                    被　告　　甲　野　太　郎

          請求異議事件
            訴訟物の価額　　　○○○万○○○○円
            ちょう用印紙額　　　○○○○円
第１　請求の趣旨
１　原告と被告間の○○簡易裁判所令和○○年(イ)第○○号建物明渡請求和
　　解申立事件について，令和○○年○○月○○日に成立した和解調書に基
　　づく強制執行はこれを許さない。
２　訴訟費用は被告の負担とする。
　　との判決を求める。
第２　請求の原因
１　被告を申立人，原告を相手方とする○○簡易裁判所令和○○年(イ)第○
　　○号建物明渡請求和解申立事件において，令和○○年○○月○○日和解
　　が成立したということで次のような条項を要旨とする和解調書が作成さ
　　れた（甲第２号証）。
                              記
```

(1)　申立人と相手方は，別紙物件目録記載の建物（以下「本件建物」という。）についての賃貸借契約を合意解除する。

(2)　申立人は，相手方に対し，本件建物の明渡しを令和○○年○○月○○日まで猶予する。

(3)　相手方は，申立人に対し，令和○○年○○月○○日限り本件建物を明け渡す。

(4)　相手方は，申立人に対し，令和○○年○○月○○日から本件建物の明渡しに至るまで，賃料相当損害金として1か月29万円の割合による金員を毎月末日限り支払う。

(5)　相手方は，本件建物を第三者に転貸し，又はその権利を譲渡してはならない。

(6)　相手方は，申立人に対し，前項に違背したとき，又は第4項の金員の支払を2か月分以上怠ったときは，第3項の明渡猶予の期限の利益を失い，直ちに本件建物を明け渡す。

2　上記和解申立事件には，原告の許可代理人として丙山三郎が出頭し，被告との間で和解を成立させたものであるが，原告には，全く告知されておらず，原告は上記丙山三郎に対して，和解をすることの代理権を授与したこともない。原告の代理人許可申請書及び委任状（甲3号証）はいずれも偽造されたものである。

3　よって，上記和解は無効であるから，請求の趣旨のとおりの裁判を求めるものである。

証　拠　方　法

1　甲1号証　不動産登記事項証明書

2　甲2号証　和解調書謄本

3　甲3号証　代理人許可申請書及び委任状写し

附　属　書　類

1　訴状副本　　　　　　　　　　　1通

2　甲1から3号証（いずれも写し）　各1通

3　固定資産評価証明書　　　　　　1通

3　和解無効確認の訴え

(1)　無効理由

実体法上の無効または取消事由がある場合には、それを主張して和解無効確認の訴えを提起することもできる。

(2)　管轄裁判所

　和解無効確認の訴えは、前述の請求異議の訴えと異なり、専属管轄の定めがないから、民事訴訟法により事物管轄、土地管轄が定まることになる（名古屋高金沢支判昭和31・12・5下民集7巻12号3562頁）。

4　強制執行停止の申立て

(1)　趣　旨

　請求異議の訴えが提起されても、それだけで当該和解調書の執行力が失われるというものではない。そのため、当該和解調書を債務名義として強制執行手続が開始されたり、開始している強制執行手続の続行を妨げることはできないのである。したがって、債務者としては請求異議の訴訟で勝訴したとしても、それまでに強制執行手続が完了してしまえば、訴訟を提起した目的を達成することができないことになる。そこで、債務者が勝訴の確定判決を得た場合に対する措置として設けられたのが、強制執行停止の規定である（民執法36条）。

(2)　申立書の作成

　債務者は、当該和解調書により強制執行を受けるおそれがある場合には、請求異議の訴えを提起するのと同時に、その受訴裁判所に対して強制執行の停止を求める申立てをする必要がある。

(3)　強制執行停止の手続

　強制執行停止の申立てをした結果、受訴裁判所により強制執行を停止する旨の決定が発令されても、強制執行手続は自動的に停止するものではない。原告が執行手続を進行している執行裁判所または執行官に対し、その強制執行停止決定正本を提出して初めて強制執行手続が停止することになる（民執法39条1項7号）。

【書式19】　強制執行停止決定申立書

```
┌────────────┐
│ 印 紙       │        強制執行停止決定申立書
│ 500円       │                    令和○○年○○月○○日
└────────────┘
　○○地方裁判所　御中
                        申立人　　乙　川　二　郎　㊞
```

東京都○○区○○４丁目５番６号

申　立　人　　　乙　川　二　郎

東京都○○区○○１丁目２番３号

被申立人　　　甲　野　太　郎

第１　申立ての趣旨

　　申立人と被申立人間の○○簡易裁判所令和○○年(イ)第○○号建物明渡請求和解申立事件について，令和○○年○○月○○日に成立した和解調書に基づく強制執行は，○○地方裁判所令和○○年(ワ)第○○号請求異議事件の本案判決があるまで一時これを停止する。との裁判を求める。

第２　申立ての理由

１　被申立人を申立人，申立人を相手方とする○○簡易裁判所令和○○年(イ)第○○号建物明渡請求和解申立事件において，令和○○年○○月○○日和解が成立したということで次のような条項を要旨とする和解調書が作成された。

記

(1)　申立人と相手方は，別紙物件目録記載の建物（以下「本件建物」という。）についての賃貸借契約を合意解除する。

(2)　申立人は，相手方に対し，本件建物の明渡しを令和○○年○○月○○日まで猶予する。

(3)　相手方は，申立人に対し，令和○○年○○月○○日限り本件建物を明け渡す。

(4)　相手方は，申立人に対し，令和○○年○○月○○日から本件建物の明渡しに至るまで，賃料相当損害金として１か月29万円の割合による金員を毎月末日限り支払う。

(5)　相手方は，本件建物を第三者に転貸し，又はその権利を譲渡してはならない。

(6)　相手方は，申立人に対し，前項に違背したとき，又は第４項の金員の支払を２か月分以上怠ったときは，第３項の明渡猶予の期限の利益を失い，直ちに本件建物を明け渡す。

２　上記和解申立事件には，申立人の許可代理人として丙山三郎が出頭し，被申立人との間で和解を成立させたものであるが，申立人は，全く関知しておらず，申立人は上記丙山三郎に対して，和解をすることの代理権を授与したこともない。申立人の代理人許可申請書及び委任状はいずれも偽造されたものである。

３　よって，上記和解は無効であるから，申立人は，本日被申立人を被告として御庁に請求異議の訴えを提起したので，その本案判決あるまで強

制執行を一時停止されたく，本申立てをするものである。

疎 明 書 類

1　和解調書謄本　　　　　1通
2　上申書　　　　　　　　1通

令和〇〇年(モ)第〇〇号

強 制 執 行 停 止 決 定

当事者の表示　別紙当事者目録記載のとおり

申立人は、被申立人から申立人に対する〇〇簡易裁判所令和〇〇年(イ)第〇〇号〇〇請求和解申立事件の執行力のある和解調書正本に基づく強制執行について、請求異議の訴えを提起し、かつ、その執行の停止を申し立てた。

当裁判所は、その申立てを理由があると認め、申立人に〇〇万円の担保を立てさせて、次のとおり決定する。

主　　文

上記債務名義に基づく強制執行は、本案判決において、この決定に対する裁判があるまで、停止する。

令和〇〇年〇〇月〇〇日
〇〇地方裁判所

裁 判 官　　霞 関 判 子　㊞

（別紙省略）

【書式20】　強制執行停止の上申書

令和〇〇年（執ロ）第〇〇号　建物明渡強制執行申立事件
債権者　甲 野 太 郎
債務者　乙 川 二 郎

上　申　書

令和〇〇年〇〇月〇〇日

〇〇地方裁判所執行官　御中

債 務 者　　乙 川 二 郎　㊞

頭書の事件について，強制執行停止決定正本を提出します。

添 付 書 類

1　強制執行停止決定正本　　　1通

121

第2編　民事調停手続

第1章　民事調停事件

第1　民事調停事件の概要

　日常生活をしていて生ずる多くの紛争を、当事者間で円満に解決できないとき、裁判所がその紛争を解決する方法として、訴訟手続と調停手続があり、裁判所の活動を通して公権的に解決されるようになっている。訴訟手続は、裁判所の公開の法廷において紛争当事者の双方が、互いに権利を主張し、争いのある事実関係については証拠を提出し合い、最終的に裁判官がどちらの主張が正しいかを判決で判断を示す手続である。調停手続は、裁判所の非公開の調停室において裁判官と2人以上の調停委員で構成する調停委員会が、紛争当事者双方の言い分を聴いて調停案を示し、当事者双方が互いに譲歩して一定の合意をすることにより、紛争を解決する手続である。調停手続と訴訟手続の本質的な相違点は、調停手続における紛争の解決が調停機関のあっせんの下での当事者の合意によるという点である。この点から、調停手続の特色を挙げると、第1に、紛争の実情に則した柔軟で具体的妥当な解決が図られることである。私人間の権利関係は、当事者の意思によって自由に決めることができるのが原則である。したがって、当事者の合意を前提とする調停手続でも、その解決内容を自由に決めることが可能である。すなわち、当該紛争の実情にあった衡平・妥当な解決を図ることができるのが特色のひとつである。第2に全体的な紛争の解決が図られることである。当事者の合意を求める調停手続は、納得ずくでの解決となるため、当該紛争の解決のみでなく、当事者双方の人間関係をも含めた全体的な解決を図ることにもなる。これは、勝ち負けをはっきりつける訴訟手続ではできないことであ

る。第3に簡易な手続により、迅速に解決が図られることである。訴訟手続は、裁判の内容的な公正を担保するために、手続上の公正も求められることから、複雑で厳格なものになっている。したがって、当事者は自らの主張を法律的に整理し、それを裏付ける証拠を提出しなければ訴訟で勝つことができない。これに対し、調停手続は、訴訟のような厳格な規則もなく、自らの主張は調停委員会に対し、自由に述べることができるので、手続について特別な法律知識がない者でも調停を進めることが可能である。また、事実の調査なども調停委員会が必要と認めると職権で行うこともできることになっている。なお、調停事件においても、必要に応じ鑑定等の証拠調べがされることがあるが、これによって事実認定をするだけでなく、紛争解決のための妥当な解決案を導き出すことを主目的としているものである。第4に個人のプライバシーが守られることである。訴訟手続は公開の法廷で行うことが原則であるが、調停手続は非公開が原則であるので紛争の内容が他人に知られることもなく、個人のプライバシーが守られる。第5に手続費用が安いことである。申立手数料は、訴訟に比べると少額である。以上から比較的簡易な紛争の解決方法として、当事者間の対立がそれほど深刻でない場合には、この調停手続を活用することが考えられよう。調停手続は、その紛争の内容により「家事調停」と「民事調停」とに分けられる。家事調停は、離婚などの夫婦関係や相続財産の分割など主に家庭内で生じる紛争を対象とするもので、これらに関する調停手続は家庭裁判所で行われる。これに対して、民事調停は、「借家人が家賃を払ってくれない」、「家が古くなったので建て替えたいが借家人が明渡しに応じてくれない」、「交通事故で怪我をしたが、加害者と損害賠償の話合いができなくて困っている」などといった民事上の紛争を対象とするもので、これらに関する調停手続は、簡易裁判所または地方裁判所で行われる（民調法2条・3条）。

　調停の申立てから終了まで、民事調停手続の流れを図に示すと【図表1】のようになる。

【図表1】　民事調停手続の流れ（法は民事調停法を、規は民事調停規則を表す）

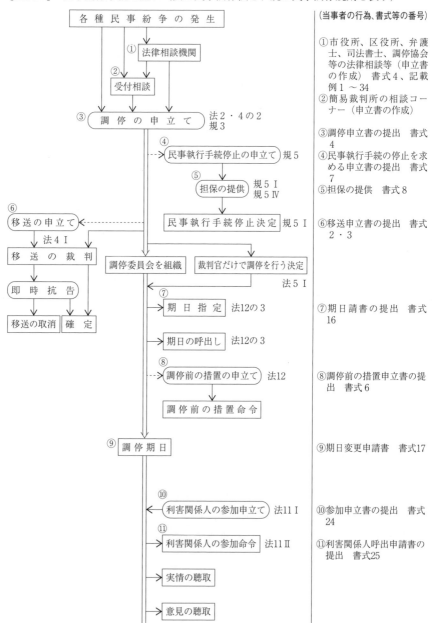

(当事者の行為、書式等の番号)

①市役所、区役所、弁護士、司法書士、調停協会等の法律相談等（申立書の作成）書式4、記載例1～34
②簡易裁判所の相談コーナー（申立書の作成）
③調停申立書の提出　書式4
④民事執行手続の停止を求める申立書の提出　書式7
⑤担保の提供　書式8
⑥移送申立書の提出　書式2・3
⑦期日請書の提出　書式16
⑧調停前の措置申立書の提出　書式6
⑨期日変更申請書　書式17
⑩参加申立書の提出　書式24
⑪利害関係人呼出申請書の提出　書式25

124

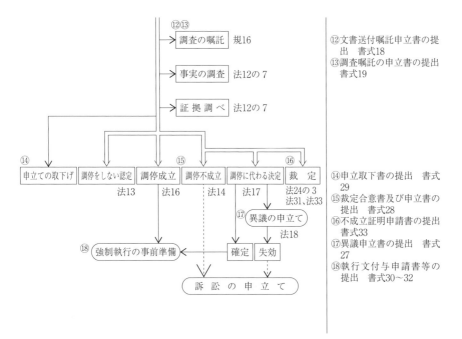

第2　民事調停の種類

　民事調停は、紛争の内容により次の8種類に区別されている。民事調停が
どの種類に当たるかにより、管轄などの点につき違いが生じるので、留意が
必要である。

1　民事一般調停

　以下において説明する、後記2～8の調停以外の民事上のすべての紛争に
関する調停が、この民事一般調停である（民調法2条）。たとえば、貸金・売
買代金などに関する紛争（ただし、商事調停に該当しないもの）、損害賠償・
慰謝料に関する紛争（ただし、交通調停等に該当しないもの）、未払賃料・解
雇予告手当に関する紛争、賃貸住宅の敷金返還・修繕費に関する紛争、土地
や建物の所有権確認・共有物分割などの紛争、債務弁済協定についての紛争
などである。記録符号は「ノ」である。なお、民事一般調停事件にかかわら

ず、調停事件が受け付けられると、たとえば、「令和2年(ノ)第100号」のように記録符号と事件番号で特定されることになる。そこで、調停申立て後、当該事件について裁判所に照会する際には、冒頭、これを申し出てから行うことになる。なお、労働審判事件との関係で、民事調停事件の方がふさわしいとされている事件としては、①相手方も賃金等につき支払義務を認めているが、その具体的な支払方法をめぐって争いとなっているような場合、②労働審判においては、事実関係および法律関係についての主張や立証活動が必要となるところ、このような活動に不慣れな場合や法律知識のある人からの援助を得られないような場合、③当事者が調停委員会からじっくりと話を聴いてもらうことを望んでいる場合などが挙げられている。

2　宅地建物調停

　宅地建物調停とは、宅地または建物の貸借その他の利用関係の紛争に関する調停である（民調法24条）。記録符号は「ユ」である。この調停であるための第1の要件は、まず「宅地または建物」に関する紛争であることである。したがって、「建物」であれば、住宅に限らず、店舗、事務所などもこの調停に含まれるが、「宅地」以外の農地、山林、原野などの土地に関する紛争（たとえば、資材置場としての賃貸借に関する紛争など）はこの調停には含まれない。現況が宅地であれば足り、地目は問わない。農地に関する紛争は、後記3の農事調停であり、その他の紛争は前記1の民事一般調停である。第2の要件は、「貸借その他の利用関係」の紛争であることである。たとえば、賃貸借、使用貸借、占有権、地上権、相隣関係、地役権などに関する紛争であることが前提となる。したがって、その紛争が利用関係に当たらない売買や贈与といった所有権自体の紛争（たとえば、所有権の確認など）、登記関係の紛争、不法占有者に対する紛争などは、前記1の民事一般調停であり、宅地建物調停ではない。

　なお、民事調停法24条の2により、地代もしくは土地の借賃の額の増減の請求（借地借家法11条）または建物の借賃の額の増減の請求（借地借家法32条）に関する事件について、調停前置主義が採られている。

3　農事調停

　農地または農業経営に付随する土地、建物その他の農業用資産の貸借その他の利用関係の紛争に関する調停事件である（民調法25条）。農地は現況が農地であればよい。小作関係の成立、終了に関する紛争、農作物の貯蔵倉庫や家畜小屋などに関する紛争なども農事調停事件である。農地等の所有権に関する紛争も、農地等の利用関係の紛争といえるから、農事調停に該当する。記録符号は「セ」である。調停委員会が調停をしようとするときは、小作官（農林水産省に所属する国家公務員）または小作主事（都道府県に置かれている地方公務員）の意見を聴かなければならない。

4　商事調停

　商事の紛争に関する調停事件である（民調法31条）。商事の紛争とは、商法501条の絶対的商行為、同法502条の営業的商行為、同法503条の附属的商行為に関する紛争や、会社に関する紛争、手形小切手に関する紛争をいう。たとえば、商人との間の売買代金や運送代金、請負代金などの請求事件、商行為により発生した債務についての債務弁済協定事件や債務不存在確認事件、株券引渡請求事件、手形金請求事件、退職金請求事件などである。記録符号は「メ」である。商事調停には、調停条項の裁定という特別の仲裁制度がある（民調法31条）。当事者の一方が商人である債務額確定、債務弁済協定事件（いわゆるサラ金調停）については、商事調停として立件する庁と民事一般調停として立件する庁に取扱いが分かれている。

5　鉱害調停

　鉱業法に定める鉱害の賠償の紛争に関する調停事件である（民調法32条）。記録符号は「ス」である。調停委員会が調停をしようとするときは、経済産業局長の意見を聴かなければならない。

6　交通調停

　自動車の運行によって、人の生命または身体が害された場合における損害

賠償の紛争に関する調停事件である（民調法33条の２）。いわゆる人身事故に関する紛争を対象とするもので、物損事故のみの紛争は前記１の民事一般調停であり、交通調停には含まれない。もっとも、人身事故の際の物損を含めた紛争は交通調停である。自転車（原動機付自転車を除く）による事故は、前記１の民事一般調停に当たる。記録符号は「交」である。

7　公害等調停

公害または日照、通風等の生活上の利益の侵害により生ずる被害に係る紛争に関する調停事件である（民調法33条の３）。たとえば、大気の汚染、水質汚濁、土壌の汚染、騒音、振動、地盤の沈下、悪臭などによる被害や、高層建築物などによる日照範囲の減少や電波障害の発生などの被害に係る紛争である。記録符号は「公」である。

8　特定調停

特定債務者（金銭債務を負っている者で経済的に破綻するおそれのある法人・個人）の救済を目的として制定された特定調停法による調停事件である。同法は、民調法を前提として、その特則規定を設けたものであり、それまで債務弁済協定調停事件として申し立てられていた事件の多くが吸収されることとなっている。記録符号は「特ノ」である。なお、特定調停は、通常の民事調停を前提として、その特則規定を設ける構造となっているため、民事調停手続とは、別に章を設けて説明する。

第3　民事調停事件の管轄

1　原則的管轄

調停事件は特別の規定がある場合を除いて、相手方の住所、居所、営業所もしくは事務所の所在地を管轄する簡易裁判所が管轄裁判所となる（民調法３条１項前段）。訴訟事件で認められる義務履行他の管轄（民訴法５条１号）の定めがないことに注意されたい。なお、調停事件においては、管轄につい

て比較的柔軟な運用がされており、また、自庁調停の規定等も活用しながら、当事者の実情に合った運用がされている。

2　合意管轄

　当事者があらかじめ特定の簡易裁判所または地方裁判所を当該調停事件の管轄裁判所とすることに合意したときは、その裁判所も管轄裁判所となる（民調法3条1項後段）。訴訟事件につき管轄の合意があれば、当該裁判所は調停事件についても管轄権があると解される。管轄の合意は、調停事件の場合、訴訟事件のように書面（ないしは電磁的記録）によるとの規定（民訴法11条）はないものの、後日の紛争予防の観点からも、口頭ではなく、書面によることが相当であろう。なお、管轄の合意は、宅地建物調停および農事調停においては、事物管轄についてだけ認められ、土地管轄については認められず（民調法24条・26条）、また、鉱害調停においては、いずれも認められない（民調法32条）。

【書式1】　管轄合意書

```
　申立人　　甲　野　太　郎
　相手方　　乙　川　花　子
　　　　　　　　　　　管　轄　合　意　書
　　　　　　　　　　　　　　　　　　　令和○○年○○月○○日
　　上記当事者間の令和○○年○○月○○日に○○県○○市○○1丁目2番
　3号先交差点付近で発生した交通事故における損害賠償請求調停事件（相
　当な損害賠償額を定める調停事件を含む。）を申し立てる裁判所を○○簡
　易裁判所とすることに合意する。
　　　　　　東京都○○区○○1丁目2番3号
　　　　　　　　　　　　　　申　立　人　　甲　野　太　郎　㊞
　　　　　　東京都○○区○○4丁目5番6号
　　　　　　　　　　　　　　相　手　方　　乙　川　花　子　㊞
```

3　日本国内に相手方の住所等がない場合等についての管轄

日本国内に相手方（自然人の場合、法人その他の社団または財団を除く）の

住所および居所がないとき、または住所および居所が知れないときは、その最後の住所地を管轄する簡易裁判所の管轄に属するとされ（民調法3条2項）、相手方が法人その他の社団または財団（外国の社団または財団は除く）である場合において、日本国内にその事務所もしくは営業所がないとき、またはその事務所もしくは営業所の所在地が知れないときは、代表者その他の主たる業務担当者の住所地を管轄する簡易裁判所の管轄に属するとされている（民調法3条3項）。また、相手方が外国の社団または財団である場合において、日本国内にその事務所または営業所がないときは、日本における代表者その他の主たる業務担当者の住所地を管轄する簡易裁判所に属するとされている（民調法3条4項）。

4　特別管轄

(1)　宅地建物調停

　管轄裁判所は、紛争の対象となる宅地または建物の所在地を管轄する簡易裁判所である（民調法24条前段）。ただし、当事者が合意管轄裁判所として、紛争の対象となる宅地建物の所在地を管轄する地方裁判所を定めたときは、その裁判所が管轄裁判所となる（民調法24条後段）。

(2)　農事調停

　管轄裁判所は、紛争の目的である農地等の所在地を管轄する地方裁判所である（民調法26条前段）。ただし、当事者が合意管轄裁判所として、紛争の目的である農地等の所在地を管轄する簡易裁判所を定めたときは、その裁判所が管轄裁判所となる（民調法26条後段）。

(3)　鉱害調停

　管轄裁判所は、損害の発生地を管轄する地方裁判所だけである（民調法32条）。この調停事件だけは、当事者による合意管轄は認められていない。

(4)　交通調停

　前記1の原則的な管轄裁判所のほか、損害賠償を請求する者の住所また居所の所在地を管轄する簡易裁判所が管轄裁判所となる（民調法33条の2）。

(5)　公害等調停

　前記1の原則的な管轄裁判所のほか、損害賠償の発生地または損害が発生

するおそれのある地を管轄する簡易裁判所が管轄裁判所となる（民調法33条の３）。

　以上の管轄裁判所を一覧表にすると【図表２】のようになる。

【図表２】　事件の種類別による管轄一覧表（法は民事調停法を表す）

事件の種類	原則的管轄	特別管轄	合意管轄
一般調停 （ノ）	相手方の住所・居所・営業所・事務所の所在地を管轄する簡易裁判所 　　（法３条前段）	なし	当事者の合意した簡易裁判所または地方裁判所 　　（法３条後段）
宅地建物調停 （ユ）	法３条の適用なし	紛争の目的である宅地建物の所在地を管轄する簡易裁判所 　　（法24条前段）	紛争の目的である宅地建物の所在地を管轄する地方裁判所 　　（法24条後段）
農事調停 （セ）	法３条の適用なし	紛争の目的である農地等の所在地を管轄する地方裁判所 　　（法26条前段）	紛争の目的である農地等の所在地を管轄する簡易裁判所 　　（法26条後段）
商事調停 （メ）	相手方の住所・居所・営業所・事務所の所在地を管轄する簡易裁判所 　　（法３条前段）	なし	当事者の合意した簡易裁判所または地方裁判所 　　（法３条後段）
鉱害調停 （ス）	法３条の適用なし	損害の発生地を管轄する地方裁判所 　　（法32）	法３条の適用なし
交通調停 （交）	相手方の住所・居所・営業所・事務所の所在地を管轄する簡易裁判所 　　（法３条前段）	被害者の住所または居所を管轄する簡易裁判所 　　（法33条の２）	当事者の合意した簡易裁判所または地方裁判所 　　（法３条後段）

公害等調停（公）	相手方の住所・居所・営業所・事務所の所在地を管轄する簡易裁判所 （法3条前段）	損害の発生地または損害が発生するおそれのある地を管轄する簡易裁判所 （法33条の3）	当事者の合意した簡易裁判所または地方裁判所 （法3条後段）

第4　調停事件の移送

1　管轄権のない裁判所に申立てがされた場合の措置

(1)　管轄違いによる移送

　調停事件が管轄権のない裁判所に申し立てられたときは、その申立ては、（却下されるのではなく）管轄権を有する裁判所に移送されることになる（民調法4条1項本文）。仮に、却下すべきものとされると、申立てに際して納めた手数料（印紙）が無駄になってしまうことや調停申立てによる効果の点を考慮したものである。もっとも、土地管轄については、ある程度、管轄の融通性が認められており、土地管轄のない裁判所への移送や自庁処理（自ら処理すること）といった裁判所の裁量による緩和規定が置かれている。なお、事物管轄については、融通性が認められていないので、簡易裁判所が鉱害調停事件を自庁処理したり、地方裁判所が鉱害調停事件を簡易裁判所に移送するといったことは認められない。

　移送は、申立て（手数料は不要）または職権により、決定の形式で行われる（民調法22条、非訟法17条）。移送すべき裁判所は、管轄のある簡易裁判所、地方裁判所または家庭裁判所である。仮に管轄を有する裁判所が複数あるという場合には、いずれの裁判所に対しても移送することはできるが、実務上は、当事者の意見を踏まえて、最も相当であると考えられる裁判所に移送されることになると考えられる。

【書式2】　移送の申立書

令和〇〇年(ノ)第〇〇号　〇〇請求調停申立事件

申立人　　甲　野　太　郎
相手方　　乙　川　二　郎

移　送　申　立　書

令和○○年○○月○○日

○○簡易裁判所　御中

申　立　人　　甲　野　太　郎　㊞

申立ての趣旨

　頭書の事件について，○○簡易裁判所に移送する旨の決定を求める。

申立ての理由

1　本件は，相手方の住所地を管轄する御庁に申立てをしたが，相手方の事実上の営業所は東京都○○区内にある。
2　移送するについて相手方の同意も得たので，本件を○○簡易裁判所に移送されたく申し立てる。

決　　　　定

○○県○○市○○1丁目2番3号
申　立　人　　○○株式会社
代表者代表取締役　　○　○　○　○
○○市○区○2丁目3番4号
相　手　方　　○　○　○　○

　上記当事者間の当庁令和○○年(ノ)第○○号○○請求調停申立事件について，当裁判所は，民事調停法4条3項により，次のとおり決定する。

主　　　　文

本件を○○簡易裁判所に移送する。
令和○○年○○月○○日
○○簡易裁判所
裁　判　官　　○　　○　　○　　○

決　　　　定

○○県○○市○○1丁目2番3号
申　立　人　　○○株式会社
代表者代表取締役　　○　○　○　○

〇〇市〇区〇2丁目3番4号

相　　手　　方　　〇　〇　〇　〇

　上記当事者間の当庁令和〇〇年(ノ)第〇〇号〇〇請求調停申立事件について，当裁判所は，次のとおり決定する。

主　　　　　文

　本件を〇〇簡易裁判所に移送する。

理　　　　　由

　相手方は，申立人の住所地が〇〇市であること，相手方の住所地は△△市であるが，勤務先が〇〇市であり，また時間の都合をつけやすいということもあって，本件調停を〇〇簡易裁判所において審理されたい旨の申立てをした。

　上記申立てには，相当な理由があるものと認められ，また申立人への意見聴取の結果，申立人も〇〇簡易裁判所への移送につき異議がない旨の申出がなされた。

　よって，民事調停法4条3項により主文のとおり決定する。

令和〇〇年〇〇月〇〇日

〇〇簡易裁判所

裁　判　官　　〇　　〇　　〇　　〇

(2) 家庭裁判所が調停を行うことができる事件

　申し立てられた調停事件が家事事件手続法244条の規定により家庭裁判所が調停を行うことができる事件であるときは、職権で（したがって、当事者に移送の申立権は認められていないから、家庭裁判所への移送を希望する場合には、職権発動を促す上申書を提出することが考えられよう）、当該事件を管轄権のある家庭裁判所に移送しなければならないとされている（民調法4条2項本文）。もっとも、事件を処理するために特に必要があると認めるときは、職権で、土地管轄の規定にかかわらず、当該事件の全部または一部を他の家庭裁判所に移送することができる（民調法4条2項ただし書）。この場合の移送をするに当たっては、裁判所が、当事者の意見を聴くことができるとされている（民調規則2条）。現行民調法以前の民調法4条では、単に、その管轄に属しない事件について申立てを受けた場合には、家庭裁判所に移送しなければならないと規定されている一方で、親族ないし親族に準ずる者との間で生じた紛争であっても、民事紛争の対象となる紛争類型に属し、人間関係調

整の必要性が一般の民事事件の場合と同質・同程度であるものについては、民事紛争に含め、その解決を民事調停によることも許されると考えられていた。そのため、事案によっては、民事調停と家事調停の競合管轄が生じる余地があった。現行法においても、親族間の貸金事件のように、民事調停にも家事調停にもなりうる事件があるものの、この場合でも、改正により、移送の対象事件が「家庭裁判所が調停を行うことができる事件」と明記されたのであるから、家事紛争と考えられる場合には、移送の手続をとることになると考えられよう。

2　自庁処理

　自庁処理とは、土地管轄権のない事件を受け付けた裁判所が、費用や時間等につき、当事者に過重な負担を強いる等、特にその事件を処理する必要があると認めるときは、（土地管轄の規定にかかわらず）事件の全部または一部を自ら処理することができるということである（民調法4条1項ただし書）。ここで、自庁処理の要件である「事件を処理するために特に必要があると認めるとき」とは、土地管轄の原則を緩和することが事件の迅速適正な処理のために必要と認められる場合をいうとされており、その具体的な例としては、その他にも、たとえば、①債務弁済協定調停事件において、債権者が多数いる場合に、土地管轄権のない債権者に対する事件も同一裁判所で調停を行う場合、②本来の土地管轄に従うならば、当事者の経済力等を比較して、その一方に不当に著しい負担を強いる結果となる場合、③身体の故障などの理由で相手方の住所地の裁判所に出頭し難い事情がある場合（申立人が老齢かつ高血圧症のため長距離の移動が困難であり、相手方の住所地まで出頭することが難しいと考えられる場合等）、あるいは④関係人の住所や係争物の所在地等の関係から、事件処理に多くの時間と費用を要する場合等が挙げられている。自庁処理をするに際しては、裁判所が、当事者の意見を聴くことができる（民調規則2条）。聴取の方法は、申立人の場合には、電話か書面（裁判所から意見書用紙が送付されることも考えられよう）により、相手方の場合には、書面（調停申立書副本の送付に際して、意見書用紙が同封され、これによることも考えられよう）によることが考えられる。

135

相手方に対する事務連絡の例

事件番号　令和○○年(ノ)第○○号　○○請求調停事件
申立人　○○○○
相手方　○○○○

事　務　連　絡

令和○○年○○月○○日

相手方　○○○○　殿

○○簡易裁判所調停係
裁判所書記官　○○○○
電　話　○○○－○○○－○○○○
ＦＡＸ　○○○－○○○－○○○○

　あなたに対して、同封の調停申立書副本記載のとおり、申立人から当庁に調停の申立てがされました。本来、当庁は、この調停事件の管轄裁判所ではありませんが、調停申立ての趣旨を踏まえて、当庁において本件の調停手続を進めることが相当であると考えています。

　ついては、本件を当庁で進めることにつきまして、ご意見をうかがいたいと思いますので、同封の「意見書」を作成の上、本書面受領後、７日以内に当係宛てにご返送ください（ファクシミリ送信可）。

以　上

事件番号　令和○○年(ノ)第○○号　○○請求調停事件
申立人　○○○○
相手方　○○○○

意　見　書

1　当庁で手続を進めることについて
　□　異議がない。
　□　異議がある。
2　その他の意見

令和　　年　　月　　日
氏　名　＿＿＿＿＿＿＿＿　印

また、地方裁判所特有の自庁処理として、地方裁判所に事物管轄のない事

件が申し立てられた場合でも、その事件が当該地方裁判所の管轄区域内の簡易裁判所の土地管轄および事物管轄に属するものであり、かつ、相当と認めるときは、申立てによりまたは職権で、事件の全部または一部を自ら処理することができる（民調法22条、非訟法10条1項、民訴法16条2項本文）。

　自庁処理をすることになった場合、自庁処理の判断が当該裁判所に管轄権を生じさせる効果を有する裁判であることから（このため、自庁処理の判断がされた後に、管轄違いを理由とする移送の申立てがされても、その申立ては却下されることになろう）、その旨の決定が必要になるものと考えられる。もっとも、実務上は、前記のように当事者の意見聴取を行う規定が活用されていること、自庁処理の決定に対しては、不服申立てが認められていないことから、比較的簡略な理由を付した決定がされる例が多いものと考えられよう。

3　裁量移送

(1)　土地管轄違いの場合の裁量移送

　土地管轄権のない事件を受け付けた裁判所は、その事件を処理するために特に必要があると認めたときは、職権により本来の管轄裁判所ではなく、土地管轄権のない他の（事物管轄）裁判所に事件の全部または一部を移送することができる（民調法4条1項ただし書）。裁量移送の要件である「事件を処理するために特に必要があると認めるとき」については、自庁処理の要件と同じであるから、前記2の説明を参照されたい。この移送をするに当たっては、裁判所は、当事者の意見を聴くことができる（民調規則2条）。

(2)　土地管轄がある場合の裁量移送

　申立てが管轄権のある裁判所にされた場合でも、その裁判所が、その事件を処理するについて適当であると認めたときには、職権で、土地管轄の規定にかかわらず、その事件の全部または一部を他の管轄裁判所（土地管轄のない他の事物管轄裁判所）に移送することができる（民調法4条3項）。この移送をするに当たっては、裁判所は、当事者の意見を聴くことができる（民調規則2条）。裁量移送の要件である「事件を処理するために適当であると認めるとき」については、実務においては、従前から、「事件を処理するために特に必要があると認めるとき」とほぼ同様であって、ただ、この場合には、

本来の管轄権のある裁判所の裁量によって行われるために、やや緩やかな表現を用いただけであるとされており、この点は、移送に関する規定の改正によっても変更されていないと考えられよう。

(3)　地方裁判所への裁量移送

　簡易裁判所が、その管轄に属する事件の申立てを受けた場合でも、相当と認めるときは、申立てまたは職権により、事件の全部または一部をその所在地を管轄する地方裁判所（当該簡易裁判所の所在地を管轄する地方裁判所のことで、事物管轄を有しない裁判所のことである）に移送することができる（民調法22条、非訟法10条1項、民訴法18条）。移送の検討対象とされることが想定される事件としては、医療事故や薬害等の専門性の高い特殊損害賠償事件、集団的労働関係紛争が内在していると思われるような事件といったものが挙げられよう。この移送をするに当たっては、裁判所は、申立てによる場合には、当事者（および利害関係参加人）の意見を聴いて決定することになり、職権による場合には、上記の者の意見を聴くことができる（民調規則24条、非訟規則5条）。

4　移送決定等に対する不服申立て

　移送の決定または移送申立てに対する却下決定に対して、当事者は、決定の告知を受けた日から1週間以内に即時抗告をすることができる（民調法22条、非訟法10条1項、民訴法21条）。これらの決定は、終局決定以外の裁判に当たるため、即時抗告期間が1週間となる（民調法22条、非訟法81条）。この即時抗告には、執行停止の効力があり（民調法22条、非訟法10条2項）、即時抗告期間を経過しなければ確定しない。このため、この期間は、調停手続を進行させることができない。もっとも、当事者双方が、決定内容に不服がなく、調停手続を速やかに進行させたい場合には、即時抗告権を放棄することができる。双方が、即時抗告権を放棄することにより、移送決定は即時に確定し、調停手続を速やかに進行させることができることになる。移送を受けた裁判所は、移送決定に拘束され、再度事件を他の裁判所に移送することは許されないと解するのが相当であろう。

　なお、自庁処理の裁判に対しては、不服申立てが認められていないが、実

務上、自庁処理をするに際しては、あらかじめ当事者の意見を聴取することになると考えられ、また、当事者の管轄の利益の保護という観点から、当事者が明確に欠席することを表明している場合や、管轄違いによる移送の申立てをしている場合にまで自庁処理の判断をすることは稀であろうと考えられる。

【書式3】　移送決定に対する即時抗告権放棄書

令和○○年(ノ)第○○号　　○○請求調停申立事件
申立人　　甲　野　太　郎
相手方　　乙　川　二　郎

即　時　抗　告　権　放　棄　書

令和○○年○○月○○日

○○簡易裁判所　御中

申　立　人　　甲　野　太　郎　㊞

　頭書の事件について，令和○○年○○月○○日になされた移送決定に対する即時抗告権を放棄する。

第5　賃料改定事件の調停前置主義

　民事訴訟事件については、当事者は調停手続を経由しなくても初めから訴訟を申し立てることができるのが原則である。しかし、地代もしくは土地の借賃の額の増減請求（借地借家法11条）、または建物の借賃の額の増減請求（借地借家法32条）に関する事件については、調停による解決に適していることから訴訟を提起しようとする者は、まず調停の申立てをしなければならず、調停の申立てをしないで訴訟を提起した場合には、受訴裁判所は、原則としてその事件を調停に付さなければならないとされている（民調法24条の2）。これが調停前置主義と呼ばれているものである。調停前置主義が採られている事件について訴訟を提起する場合には、すでに調停手続を経ていることを証明するために調停不成立証明書（【書式33】参照）を提出する必要が

ある。調停前置主義が採られている事件について、調停の申立てをすることなく訴えの提起をした場合には、受訴裁判所はその事件を管轄のある裁判所の調停に付さなければならないとされている（民調法24条の２第２項）。もっとも、事件の内容から見て調停に付すことが適当でないと認められるときは、そのまま訴訟を進行させることも可能である（民調法24条の２第２項ただし書）。

第6　付調停と訴訟手続の中止

1　付調停

　訴訟が係属している裁判所が職権で当該事件を調停に付する場合がある（以下、「付調停」という）。裁判所が調停に付する前提として、当事者から調停に付することの申立てがされる場合もあるが、当事者には申立権はないので裁判所に職権発動を求める趣旨と解されることになる。付調停には、必要的なものと任意的なものとがある。前記のように調停前置主義が採られている事件は必要的に付調停にしなければならない。また、裁判所は、必要的な場合でなくとも、適当であると認めるときは、職権で訴訟事件を付調停にすることができる（民調法20条１項）。なお、訴訟事件を任意的に付調停にする場合、当該事件について争点および証拠の整理が完了している場合には、当事者の合意がなければ付調停にすることができない（民調法20条１項ただし書）。付調停にする決定に対しては、当事者および利害関係人が抗告できないという考え方と抗告できるとする考え方に分かれている。

2　訴訟手続の中止

　受訴裁判所は、調停の申立てがあった事件についてすでに訴訟が係属している場合や訴訟事件を職権で付調停にした場合には、調停が終了するまで訴訟手続を中止することができる（民調法20条の３第１項）。なお、当該事件について争点および証拠の整理が完了している場合には、当事者の合意がなければ中止にすることができない（民調法20条の３第１項ただし書）。付調停に

した場合、当然に中止の決定をするのではなく、中止をするかどうかは裁判所の裁量によることになる。もっとも、裁判所に中止決定をするように促す申立ては可能である。

令和○○年(ハ)第○○号　○○請求事件
　1　本件を当庁の民事一般調停に付する。
　2　前記調停事件の終了まで本件訴訟手続を中止する。
　　　　　　令和○○年○○月○○日
　　　　　　○○簡易裁判所
　　　　　　　裁　判　官　　○　○　○　○

　　　　　　　　上記は当事者双方に対し即日口頭により告知済み
　　　　　　　　　　　　　　　　　　　　　　　　裁判所書記官

第7　民事調停の申立て

1　申立書の作成等

　民事調停の申立ては、申立書を管轄裁判所に提出して行わなければならない（民調法4条の2）。具体的には、受付係に持参するかまたは郵送して提出する。もっとも、民事調停は、比較的簡便な手続で円満に紛争を解決することが主眼とされていることから、当事者にとって、より一層利用しやすいものとなるよう、各簡易裁判所で受付相談センター等を設けて、受付相談を実施しているので、これを利用するのも1つの方法である（なお、受付相談は、手続の概要説明、申立てに要する費用に関する事項、管轄・当事者・代理人に関する事項、申立ての趣旨および紛争の実情といった記載項目、必要な添付書類など、受付事務あるいはそれに付随するものにとどまることになるから、相談を受けた事項について法律的な意見や判断を求めることができないことにも留意する必要がある）。相談窓口には、各種の定型申立書用紙が用意されており、その記載方法について教示を受けながら必要事項を記載することで、比較的容

易かつ効率的に申立書を作成することができる。

【書式4】　調停申立書

調　停　申　立　書

収入 印紙

令和○○年○○月○○日

○○簡易裁判所　御中

申立人　甲　野　太　郎　㊞

〒　○○○−○○○○　　東京都○○区○○1丁目2番3号

申　立　人　甲　野　太　郎

電　話　03−○○○○−○○○○

ＦＡＸ　03−○○○○−○○○○

〒　○○○−○○○○　　東京都○○区○○4丁目5番6号

相　手　方　乙　川　二　郎

電　話　03−○○○○−○○○○

立替金請求調停申立事件

　　調停を求める事項の価額　　150万円

　　ちょう用印紙額　　　　　　6500円

　　予納郵便切手　　　　　　　○○○○円

申立ての趣旨

　相手方は，申立人に対し，150万円及びこれに対する令和○○年○○月○○日から支払済みまで年○パーセントの割合による金員を支払えとの調停を求める。

紛争の要点

1　申立人は，相手方の要請により，令和○○年○○月○○日，相手方の申立外○○信用金庫に対する借受金債務150万円を全額立替弁済した。

2　その後，申立人は，相手方に対し，再三，上記立替金の支払を求めたが，いっこうに支払ってくれない。

3　よって，相手方は，申立人に対し，150万円及びこれに対する立替日の翌日である令和○○年○○月○○日から支払済みまで民法所定の年○パーセントの割合による遅延損害金の支払を求める。

2　申立書の記載事項

　申立書に記載しなければならない事項は、次のとおりである（民調法4条の2第2項、民調規則3条・24条、非訟規則1条1項）。

(1)　当事者および法定代理人の表示

　当事者の表示は、申立人および相手方の住所（送達場所）、氏名を記載する。当事者が法人のときは、本店その他の営業所の所在地、法人の名称、代表者の氏名を記載する。当事者が未成年者、成年被後見人等のときは、その法定代理人の住所、氏名も記載する。住所や所在地は、都道府県名から記載するのが原則である（政令指定都市については、都道府県名の省略ができるが、東京都の特別区については東京都を省略しないこととされている）。

　犯罪被害者やいわゆるDV被害者からの申立てのように、申立人が現実に居住している場所が相手方に知られることにより、申立人の生命または身体に危害が加えられることが予想される場合など、やむを得ないと認められる理由がある場合には、申立人の住所を記載しないことも認められる。もっとも、調停手続を進めるに当たっては、申立人に連絡することも必要になるため、別途、申立人の住所を秘匿する理由を記載した上申書および連絡先の届出が必要になろう（市民と法46号45頁以下も参照されたい）。なお、住所等の秘匿は、令和5年2月20日以降、民調法21条の2、民調規則23条の2により、民訴法・民訴規則が準用される。

　本人に代わって、委任を受けた代理人が申立てをする場合には、当事者の表示に加えて、代理人の住所、氏名の記載も必要である。調停事件は、法人の代表者のように、法令により代理人となることができる場合のほか、弁護士、法務大臣の認定を受けた司法書士、調停委員会の許可を得た者（いわゆる許可代理人。民調法22条、非訟法22条1項）も代理人となることができる。法務大臣の認定を受けた司法書士は、調停を求める事項の価額が、裁判所法33条1項1号に定める額を超えないもの（140万を超えない請求）について、民事調停事件の代理人となることができる（司法書士法3条1項6号ニ）。基本となる民事調停手続だけでなく、これに付随する手続、たとえば、調停前の措置、調停に代わる決定に対する異議申立てなども代理することができる。司法書士代理による調停申立ての場合には、前記のように代理できる事件に制限があることから、代理権があることが申立書から容易に判明するように「調停を求める事項の価額」を明示するのが実務の取扱いである。なお、民事調停では、「相当額の損害賠償金の支払を求める」といった申立て

143

も認められているが、この場合、申立書とともに提出された資料等から調停を求める事項の価額が140万円を超えないことが認められる場合には、司法書士による代理が認められるが、調停を求める事項の価額が140万円を超えるものと認められる場合、あるいは、算定することができないか、算定することが極めて困難な場合に当たると判断された場合には、その代理権が認められないことに留意が必要である。

　また、公害等調停事件において、代表当事者が選任されているときは（民調規則37条）、代表当事者の氏名を記載することになる。

【記載例1】　当事者の表示——基本型

```
〒　○○○-○○○○　東京都○○区○○1丁目2番3号
　　　　　　　　　　　申　立　人　　甲　野　太　郎
　　　　　　　　　　　電　話　　○○-○○○○-○○○○
　　　　　　　　　　　ＦＡＸ　　○○-○○○○-○○○○
〒　○○○-○○○○　東京都△△区△△4丁目5番6号
　　　　　　　　　　　相　手　方　　乙　川　二　郎
```

　（注）　以下の記載にあたっては、電話番号およびファクシミリ番号をすべて省略した。

【記載例2】　当事者の表示——法人の場合

```
〒　○○○-○○○○　東京都○○区○○1丁目2番3号
　　　（商業登記記録上の所在地　東京都○○区○○4丁目5番6号）
　　　　　　　　　　　申　立　人　　甲　山　商　事　株式会社
　　　　　　　　　　　代表者代表取締役　　山　川　甲　一
〒　○○○-○○○○　東京都○○区○○4丁目5番6号
　　　（支店所在地　東京都△△区△△7丁目8番9号）
　　　　　　　　　　　相　手　方　　乙　川　信　販　株式会社
　　　　　　　　　　　代表者代表取締役　　乙　川　次　郎
```

　（注）　法人および代表者の表示は、商業登記事項証明書の記載と一致するのが原則である。現在の所在地と商業登記事項証明書記載上の所在地とが異なる場合には併記する。申立人と相手方支店または営業所間の取引に関する調停事件の管轄は、相手方支店等の所在地を管轄する簡易裁判所も管轄裁判所となるので、そのような場合には相手方支店等の所在地も併記する。

144

【記載例3】　当事者の表示——未成年者の場合

```
〒　○○○－○○○○　東京都○○区○○1丁目2番3号
　　　　　　相　手　方　　甲　野　太　郎
〒　○○○－○○○○　同所
　　　　　　相手方法定代理人
　　　　　　親　権　者　父　　甲　野　一　郎
　　　　　　　　　　　　母　　甲　野　花　子
```

（注）　当事者本人が未成年者の場合は、法定代理人も記載する（民訴法31）。
　　　通常は、親が法定代理人であり、親権は共同行使が原則となっているので
　　　（民法818条）、父母の氏名を記載することになる。法定代理権を証明する
　　　文書として、戸籍謄（抄）本あるいは住民票を添付する。共同親権者は、
　　　その全員が出頭しなければ調停手続を進めることができない。もっとも、
　　　実務上は、親権者の一方が他方を代理（許可代理）する形で手続を進める
　　　例も多い。

　　(2)　申立ての趣旨

　紛争となっている法律関係について、申立人がどのような解決を求めよう
としているのか、その結論を記載する。たとえば、「相手方は、申立人に対
し、○○円を支払え」とか「相手方は、申立人に対し、別紙物件目録記載の
建物を明け渡せ」というように記載する。申立人の方で希望する調停条項案
を示せるときは、「別紙調停条項案のとおりの調停を求める」などと記載し
て調停条項案を添付する方法もあろう。交通事故による損害賠償を求める調
停事件で、希望する損害額を具体的に記載することが困難であるときは、
「紛争の要点」を明確にしたうえで、「相当額の支払を求める」という程度の
記載でもよい。あるいは賃料増額調停事件で増額すべき額が定まらないとき
には、紛争の要点を明確にしたうえで、「相当額に増額することを求める」
という程度でもよい。ここで注意が必要なのは、申立人側にとってあまりに
有利な結論を記載しないことである（たとえば、「申立人に対する債務をすべて
免除するよう調停を求める。」などといった記載）。なぜなら、その申立書を見
た相手方の感情をいたずらに刺激し、その後の調停手続の進行に影響するこ
とも考えられるからである（最高裁判所事務総局民事局編「民事調停法規の解
説」民事裁判資料25号62頁）。

(3) 紛争の要点

　当事者間で紛争になっている実情（調停の対象となっている法律関係、その法律関係についてどのような紛争があり、それをどのように解決してほしいのか等）を簡略に要領よくまとめて記載する。文章体で記載しても、項目ごとに箇条書きしてもよい。訴状の記載要件である請求の原因よりも幅の広い内容を指しており、その意味では、請求の特定や請求を理由づける事実（いわゆる要件事実）といったことを意識することは必要であるが、あまり細かく神経質に考える必要まではないと考えられよう。詳細な事情は、調停期日の席上、調停委員に口頭で説明をすることで足りる例が多いと思われる。紛争の実情についてあまりに詳細な記載をすることは、上記申立ての趣旨に記載したのと同様、調停の成立にも悪影響を及ぼすことがあるから注意が必要であろう。

(4) 年月日

　調停申立書の作成年月日を記載する。

(5) 申立人の署名押印等

　申立人またはその代理人は、申立書に署名または記名押印をし、さらに、申立書が 2 枚以上にわたるときは各葉間に契印をするかまたは契印に代えてページ数を付けるなど、文書の連続性が容易に認識できる措置をしなければならない。

(6) 裁判所の表示

　前記管轄裁判所を調停事件の申立先裁判所として記載する。

　このほか、事件の表示や附属書類の表示も記載する。

3　各種申立ての趣旨および紛争の要点の記載例

【記載例 4】　貸金返還

> （申立ての趣旨）
> 　相手方らは、申立人に対し、連帯して118万円及びうち40万円に対する令和○○年○○月○○日から、うち60万円に対する令和○○年○○月○○日から各支払済みまで年○パーセントの割合による遅延損害金を支払え。
> （紛争の要点）

1　申立人は、相手方乙川二郎に対し、次のとおり金員を貸し渡した。

貸付日	令和○○年○○月○○日	令和○○年○○月○○日
金　額	40万円	60万円
弁済期	令和○○年○○月○○日	令和○○年○○月○○日
利　息	年○パーセント	年○パーセント
損害金	年○パーセント	年○パーセント

2　相手方乙川花子は、申立人に対し、貸付日と同日に上記各債務について書面により連帯保証をした。

3　しかし、相手方らは、上記各貸金の弁済をしないので、申立人は各貸金元金及び利息の合計118万円並びに各弁済期の翌日からの各約定遅延損害金の支払を求める。

【記載例5】　保証債務履行

（申立ての趣旨）
　相手方は、申立人に対し、30万円を支払え。

（紛争の要点）

1　申立人は、令和○○年○○月○○日、申立外丙山三男に対し、弁済期を令和○○年○○月○○日とし、無利息で30万円を貸し渡した。

2　相手方は、申立人に対し、同日、上記債務について保証をした（書面による保証）。

3　しかし、申立外丙山は上記弁済期が過ぎても弁済をしないので、再三支払請求をしたところ、1か月ほど前から連絡が取れなくなった。

4　よって、申立人は保証人である相手方に対し、上記貸金の返還を求める。

【記載例6】　求償金支払

（申立ての趣旨）
　相手方は、申立人に対し、57万5000円を支払え。

（紛争の要点）

1　申立人と相手方は、令和○○年○○月○○日申立外丙山三男から、連帯して100万円を、弁済期令和○○年○○月○○日、利息年○パーセント、期限後の遅延損害金年○パーセントとして借り受けた。

2　申立人は、甲立外丙山三男に対し、上記弁済期に、借受金元金100万

円及び1年間の約定利息15万円の合計115万円を返済した。

3 申立人と相手方間には、上記債務について、その負担に関する特別な約束がなかったので、各人の負担すべき金額は115万円の2分の1の57万5000円となるので、その支払を求める。

（注） 連帯債務者の1人が全額を弁済したので、他の連帯債務者に対し、その負担部分の支払を求める申立てである。

【記載例7】 債務弁済協定

（申立ての趣旨）
　申立人の相手方に対する債務額を確定したうえ、債務支払方法についての協定を求める。

（紛争の要点）
1 申立人は、令和○○年○○月○○日に相手方から500万円を下記条件で借り受けた。
　弁済方法 令和○○年○○月○○日から令和○○年○○月○○日まで毎月末日限り10万円ずつ分割して支払う。
　利　　息 年○パーセント
　特　　約 分割金の支払を1回でも怠れば期限の利益を失う。
2 申立人は分割金の支払をしてきたが、申立人が勤めていた会社が倒産し、収入の手段がなくなったため、支払不能の状態となった。
3 申立人は、本件債務を返済しようと努力しているが、相手方以外にも相当額の負債があり、本件債務を一時に返済することができない状態である。
4 そこで、申立人は相手方との間の上記残債務額の確定とその支払方法について協定するため本申立てをする。

（注） ① 金融業者からお金を借りた申立人が、約束どおりの返済ができず、返済済みの額も不明なため、債務額の確定とその分割弁済の承認を求める申立てである。
　　　 ② 債務弁済協定調停事件と同様、残債務額の確定をその分割弁済の承認を求める調停申立てには、特定調停として申し立てる方法もある。

【記載例8】 売買代金支払

（申立ての趣旨）
　相手方は、申立人に対し、48万円を支払え。

（紛争の要点）
1　申立人は、相手方に対し、令和○○年○○月○○日パーソナルコンピュータ（○○社製）1台を代金50万円、翌月10日払いの約束で売り渡した。
2　しかし、相手方は上記期日に2万円を支払っただけで、残代金を支払わない。

【記載例9】　飲食代金支払

（申立ての趣旨）
　相手方は、申立人に対し、50万円を支払え。
（紛争の要点）
1　申立人は、○○市○○1丁目2番3号において「○○」という名称で飲食店の営業を行っている者である。
2　相手方は、上記飲食店において、次のとおり、合計55万円の飲食をした。
　(1)　令和○○年○○月○○日10万円
　(2)　令和○○年○○月○○日10万円
　(3)　令和○○年○○月○○日20万円
　(4)　令和○○年○○月○○日15万円
3　しかしながら、相手方は、上記代金のうち5万円を支払ったものの、その余については、必ず支払うというのみで、支払をしない。
4　よって、申立人は、相手方に対し、50万円の支払を求める。

【記載例10】　違約金等支払

（申立ての趣旨）
　相手方は、申立人に対し、680万円及びこれに対する令和○○年○○月○○日から支払済みまで年○パーセントの割合による金員を支払え。
（紛争の要点）
1　申立人と相手方は、令和○○年○○月○○日、以下の条件により土地付き建物の売買契約（以下「本件契約」という。）を締結した。
記

　(1)　売主を相手方とし、買主を申立人とする。
　(2)　売買物件　　　別紙物件目録記載の土地及び建物
　(3)　売買代金　　　6800万円

　　(4)　支払方法　　　手付金300万円　　　　令和○○年○○月○○日限り

　　　　　　　　　　　残代金6500万円　　　　令和○○年○○月○○日限り

　　(5)　契約違反による解除

　　　　売主の債務不履行により本件契約が解除された場合、売主は買主に対し、既に受領した手付金を返還し、さらに違約金として売買代金の10パーセント相当の金員を支払う。

2　申立人は、相手方に対し、令和○○年○○月○○日手付金として300万円を支払った。

3　ところが、相手方は、申立人に対し、令和○○年○○月○○日本件契約を解除する旨の意思表示をしてきた。そこで、申立人は、相手方に対し、手付金300万円の返還と売買代金の10パーセント相当である680万円の違約金の支払を求めたが、相手方は手付金300万円を支払ったのみで、違約金の支払をしない。

4　よって、申立人は、相手方に対し、申立ての趣旨記載の調停を求める。

（別紙物件目録省略）

(注)　売買契約を解除された買主から売主に対し、違約金の支払を求める申立てである。

【記載例11】　前渡金返還

（申立ての趣旨）

　　相手方は、申立人に対し、200万円を支払え。

（紛争の争点）

1　申立人は、令和○○年○○月○○日、建築業者である相手方との間で、申立人方の増築工事請負契約を代金1200万円で締結し、右契約時に、前渡金として400万円を支払った。

3　相手方は、申立人に対し、令和○○年○○月○○日、さらに500万円の支払を求めてきたが、その時点での工事の進捗状況が鉄骨工事をしただけであったため、申立人は、出来高に応じた分しか支払えないとして拒絶した。相手方作成の見積書によると、鉄骨工事は200万円である。

4　その後、相手方が工事を中止したため、申立人は、相手方に対し、工事を続行するよう申し入れたがこれに応じないので、申立人は、相手方に対し、令和○○年○○月○○日債務不履行を理由に増築工事請負契約解除の意思表示をした。

5　申立人は、相手方に対し、申立人が相手方に前渡金として支払った

400万円から鉄骨工事に相当する200万円を控除した200万円の返還を求めたが支払わない。

6　よって、申立人は、相手方に対し、申立ての趣旨記載の調停を求める。

（注）　建築請負業者の債務不履行を理由として、請負契約を解除した者から前渡金の返還を求める申立てである。

【記載例12】　請負代金支払

（申立ての趣旨）

　相手方は、申立人に対し、400万円及びこれに対する令和○○年○○月○○日から支払済みまで年○パーセントの割合による金員を支払え。

（紛争の要点）

1　申立人は販売促進に関する企画、情報提供等を業とする法人であり、相手方は薬品の販売等を業とする法人である。

2　申立人は令和○○年○○月ころ、相手方から薬草、薬膳の販売形態開発に関する企画について相談を受け、令和○○年○○月○○日、申立人と相手方との間で、相手方を発注者、申立人を請負人として、以下の業務請負契約を締結した。

　(1)　名　　　　称　　薬草、薬膳の販売形態開発

　(2)　期　　　　間　　令和○○年○○月○○日から令和○○年○○月○○日まで

　(3)　代　　　　金　　500万円

　(4)　支払方法　　令和○○年○○月○○日一括払い

3　申立人は上記契約どおりに業務を完了した。

4　ところが、相手方は、代金支払日に次のとおりの分割払の申出をしてきた。

　(1)　令和○○年○○月○○日限り100万円

　(2)　令和○○年○○月から令和○○年○○月まで毎月5日限り50万円ずつ

5　申立人は止むを得ずその分割払を認めたが、相手方は前記4の(1)の100万円を支払っただけで、その余の支払をしない。

6　よって、申立人は、相手方に対し、業務請負残代金400万円及びこれに対する最終の弁済期日の翌日である令和○○年○○月○○日から支払済みまで年○パーセントの割合による遅延損害金の支払を求める。

【記載例13】　給料支払

（申立ての趣旨）
　相手方会社は、申立人に対し、96万円を支払え。
（紛争の要点）
1　相手方会社は、輸入雑誌の販売等を業とする会社であり、申立人は相手方会社の従業員である。申立人は給料として月額32万円の支給を受けている。
2　ところが、令和○○年○○月ころから会社の資金繰りが悪化したとのことで、給与も遅配がちとなり始め、令和○○年○○月からは全く支払われなくなった。
3　よって、申立人は令和○○年○○月分から令和○○年○○月分までの未払給料合計96万円の支払を求める。

【記載例14】　退職金支払

（申立ての趣旨）
　相手方は、申立人に対し、500万円を支払え。
（紛争の要点）
1　相手方は寿司屋チェーン店を経営する会社であり、申立人は相手方会社の従業員として20年間勤務してきたが、健康上の理由により令和○○年○○月○○日付けで退職した。
2　相手方会社は、当初、退職金規定により500万円の退職金を支払う約束をしたが、その後、申立人の相手方会社に対する借受金残金の支払の有無について紛争が生じたため、現在まで退職金を支払わない。
3　よって、申立ての趣旨記載の金員の支払を求めるため、調停の申立てをする。

【記載例15】　解雇予告手当金支払

（申立ての趣旨）
　相手方は、申立人に対し、○○万円を支払え。
（紛争の要点）
1　申立人は、相手方と令和○○年○○月○○日次の内容の労働契約を結び、令和○○年○○月○○日から勤務した。
　(1)　賃金額　　　　　月給○○万円

　(2)　賃金の支払日　毎月○○日締めで当月○○日限り支払う。
　(3)　労務の内容　　経理
2　相手方は、令和○○年○○月○○日、事前の予告もなく、申立人を即日解雇した。
3　しかし、相手方は、申立人に労働基準法で定める解雇予告手当の支払をしない。
4　申立人は、令和○○年○○月から令和○○年○○月まで勤務したが、平均賃金は30日分で○○万円である。
5　よって、申立人は、相手方に対し、平均賃金の30日分相当の解雇予告手当金の支払を求める。

(注)　使用者が労働者を解雇しようとする場合、労働者の責めに帰すべき事由に基づいて解雇等する場合を除いて、少なくとも30日前にその予告をしなければならず、30日前に予告しない使用者は、30日分以上の平均賃金を支払わなければならない。この30日分以上の平均賃金を解雇予告手当という。労働者が使用者に解雇予告手当を請求する権利があるか否かについて、裁判例（最判昭和35・3・11民集14巻4号403頁参照）は、労働者は、使用者の予告のない解雇通知に対して、即時解雇を承認し、解雇予告手当の請求をすることを選択できるものとし、労働者が解雇予告手当を請求する訴訟を起こしたときは、即時解雇を承認して解雇予告手当請求を選択したと推認する立場を採っている。

【記載例16】　安全配慮義務違反に基づく損害賠償

（申立ての趣旨）
　相手方は、申立人に対し、○○○万円を支払え。
（紛争の要点）
1　申立人は、令和○○年○○月○○日に相手方会社に入社し、塗装の業務に従事していた。
2　令和○○年○○月○○日に、申立人は、高さ○メートルの高所において、落下防止措置がされていない状態で塗装作業に従事させられたため、作業中に誤って転落し、○○○○等の傷害を負ったものである。
3　令和○○年○○月○○日、○○労働基準監督署は、前記事故について労働災害の認定を行った。
4　使用者は、労働者が労務提供のため設置する場所、設備もしくは器具等を使用し又は使用者の指示のもとに労務を提供する過程において、労働者の生命及び身体等を危険から保護するよう配慮すべき義務を負って

いるところ、本件においては、相手方は、申立人を高所において塗装作業に従事させており、申立人が同所から墜落する危険があることは容易に予測できたのであり、墜落防止の措置を講じたり、あるいは、そのような措置がない場合には、高所における作業を禁止するなどの措置を講ずべき義務があったにもかかわらず、漫然と高所作業を黙認していたものである。

　したがって、相手方には、安全配慮義務違反の過失が認められるから、民法415条に基づき、申立人に対して損害を賠償すべきである。

4　申立人に生じた損害は、次のとおりである。

(1)　逸失利益
　　○○万円

(2)　慰謝料
　　○○万円

(3)　合計○○万円

(注)　労災事故にあった労働者は、労災保険給付を受けることができるが、それではカバーできない損害（逸失利益の不足分や慰謝料等）について使用者にその支払を求める調停である。

【記載例17】　交通事故に基づく損害賠償

（申立ての趣旨）
　相手方は、申立人に対し、150万円を支払え。

（紛争の要点）

1　申立人は令和○○年○○月○○日午後 8 時ころ、東京都○○区○○ 1 丁目 2 番 3 号先交差点で、相手方運転の貨物自動車（品川55さ6677）が左折する際、左後輪に巻き込まれて、骨折等の傷害を受けた。

2　申立人は上記事故により、即日○○病院に入院し、令和○○年○○月○○日に退院したが、以後、20回の通院加療を受けた。

3　申立人は、相手方に対し、次の損害賠償を求める。

(1)　慰謝料　　74万円

(2)　休業補償　72万円（ 1 日8000円×90日）

(3)　通院費用　 4 万円（2000円×20回）

(注)　①　交通事故の被害者から加害者に対する損害賠償を請求する申立てである。加害自動車に任意保険が付せられている場合には、損害賠償額が保険金額を超えない限り、被保険者である加害者を相手方とする調

停において、合意が成立すれば、保険会社から損害賠償額の支払いを受けることができるので、通常は、保険会社を相手方に加える必要はない。現実の調停においても、示談交渉等の関係で、事故発生直後から保険会社が関与している例がほとんどであり、調停期日にも、当事者とともに、保険会社の担当者も来庁する例が多いのが実情である。なお、保険会社の担当者は、事実上、調停手続に関与しているだけであって、当事者の（許可）代理人とすることまでは認められていないと考えられよう。

②　交通事故の場合、事故状況をわかりやすく説明するために、次のような「事故発生状況説明図」を添付するとわかりやすい。

（表示例）　四輪車（加害者 ▶　被害者 ▷）　バイク等（加害者 ➡　被害者 ⇨）
　　　　　進行方向〔→〕

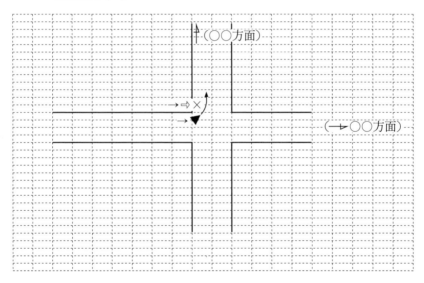

　相手方（▶）は、左折の際、左方をよく確認していなかったので、横断歩道を渡ろうとしていた被害者（⇨）を「×」の時点で巻き込んだものである。

【記載例18】　交通事故による損害賠償額の確定

（申立ての趣旨）
　申立人が、相手方に対して支払うべき損害賠償額を確定する。
（紛争の要点）
1　事故の発生

申立人と相手方との間で、次の交通事故（以下「本件事故」という。）が発生した。
(1) 発生日時　令和○○年○○月○○日午前○○時○○分ころ
(2) 発生場所　○○県○○市○○１丁目２番地先路上
(3) 事故の態様　申立人が運転する普通貨物自動車が、相手方の運転する普通乗用自動車に追突した。
2　損害の発生
　相手方は、本件事故当日に○○病院で頚椎捻挫・腰部打撲等と診断され、同日から令和○○年○○月○○日まで同病院に通院して治療を受けた（実通院日数○○日）。
3　申立人は、本件事故によって相手方に生じた損害について適正な賠償をするつもりであるが、相手方の症状固定時期に関して見解の相違があり、当事者間での解決が困難な状況である。
4　よって、申立人は調停による適正な解決を求め、本申立てをするものである。

（注）　交通事故の加害者から被害者に対して支払うべき損害賠償額の確定を求める申立てである。被害者の側は、加害者に対して不法行為に基づく損害賠償を求めることができるが、加害者の被害者に対する請求というのは実体法上予定されていないので、調停特有の申立てであり、実務上も比較的多い申立てである。

【記載例19】　不法行為に基づく損害賠償(1)

（申立ての趣旨）
　相手方は、申立人に対し、100万円を支払え。
（紛争の要点）
1　申立人は、令和○○年○○月○○日申立人の庭内に入り込んできた相手方の飼っている秋田犬に右足を噛まれ、歩行にも困難な状態になった。
2　上記事故により、申立人が支出した治療費60万円及び精神的苦痛を受けた慰謝料として40万円の合計100万円の支払を求める。

（注）　飼犬に噛まれた者が、その飼主に対して治療費と慰謝料を求める申立てである。

【記載例20】　不法行為に基づく損害賠償(2)

（申立ての趣旨）

　相手方らは、申立人に対し、連帯して、100万円を支払え。

（紛争の要点）

1　申立人は、令和○○年○○月○○日生まれであり、相手方○○は、相手方△△及び相手方▽▽の長男として令和○○年○○月○○日に生まれ、ともに中学校の○年生である。

2　申立人は、令和○○年○○月○○日午後○時ころ、○○線の上りホームにおいて、相手方○○から顔面を殴られたことにより、右頬骨の骨折などの傷害を受け、現在も物が二重に見えるといった後遺症に苦しんでいる。

3　申立人がこれまでに支払った治療費等は、別紙記載のとおり50万円である。

　また、申立人が相手方から受けた障害による苦痛や後遺障害による精神的損害は、50万円を下ることはない。

4　よって、申立人は、相手方らに対し、合計100万円の支払を求める。

（別紙省略）

（注）　子供から傷害を受けた被害者が、当該子供本人とその両親に対し損害賠償を求める申立てである。加害行為をした未成年者が、行為の当時責任能力を有しないときは不法行為責任を負わないとされている（民法712条）。裁判例は平均すると12歳前後で責任能力の有無を分けているようである。不法行為を行った未成年者に責任能力がない場合、監督義務者（親権者・成年後見人等）に責任を問うことは可能である（民法714条）。したがって、民法714条に基づいて監督義務者の責任を求めていく場合には、未成年者に不法行為責任（民法709条）が成立していないことが要件となっている。また、裁判例によれば、未成年者について不法行為責任が認められる場合でも、民法709条により監督義務者の不法行為責任を問うことは可能である。

　　調停は、訴訟と異なって紛争の要点で足りるとしていること、訴訟物等につき訴訟ほど厳格な運用がされていないこと、本人による申立ての多い簡易裁判所の調停事件においては、未成年者の責任能力の有無の判断を当事者に求めることが相当でない場合も多いこと、手続を進めていく中で柔軟な解決方法を探ることも可能であること等もあり、未成年者の両親を相手方とする調停の申立てについて、民法709条と民法714条の両方を根拠と

する場合であっても、そのまま手続を進めている事例が多いと思われる。

【記載例21】　日照権に基づく損害賠償

（申立ての趣旨）

　相手方は、申立人に対し、500万円及び本申立書送達の日の翌日から年○パーセントの割合による金員を支払え。

（紛争の要点）

1　申立人は、肩書地に先代の平成年代から居住しているものであり、相手方は、申立人居住地の南側に隣接して「乙川ビル」を建築して所有しているものである。

2　申立人居住建物は、相手方の上記ビルが建築されるまでは日照に恵まれていたが、相手方がビルを建築したため、日照がほとんど当たらなくなり将来にわたって半永久的に太陽から閉ざされた生活を余儀なくされ、また、冬期間の光熱費が飛躍的に増えるなど精神的にも経済的にも多大な被害を受けている。

3　居住地域に高層ビルを建築しようとする場合には、先住者の日照を損なうことのないように最大限の配慮をすべきであるのに、相手方は申立人と話し合うこともなく、建築を強行し、申立人の日照を奪ったことは正当な権利行使の範囲を逸脱した違法な行為といわざるを得ない。

4　申立人が被った財産的、精神的損害は500万円を下らない。

（注）　①　日照被害を理由に損害賠償を請求する申立てである。

　　　　②　調停申立書は、期日呼出状とともに、普通郵便で相手方に送付するのが通例であるが、この事例のように遅延損害金の起算日を「申立書送達日の翌日から」としている場合には、相手方に対して送達する必要が出てくるため、送達に要する期間を見越した事件進行が図られることになる。

【記載例22】　近隣関係紛争における建物の補強工事

（申立ての趣旨）

　相手方は、申立人に対し、別紙物件目録記載1の土地上に駐車している申立人の自動車に損害を与えないために、別紙物件目録記載2の建物の補強工事をせよ。

（紛争の要点）

1　相手方は、別紙物件目録記載3の土地（以下「相手方土地」という。）、及び同土地上の別紙物件目録記載2の建物（以下「本件建物」と

いう。）を所有している。
2　申立人は、相手方土地の隣接地である別紙物件目録記載1の土地（以下「申立人土地」という。）を所有し、相手方土地と隣接する部分を申立人の自動車の駐車場として利用している。
3　本件建物は、昭和〇〇年〇〇月〇〇日に建築後、すでに〇〇年を経過しており、建物全体がかなり老朽化している。特に、本件建物の屋根部分は、傷みがひどく、瓦が落ちてきている状態である。
4　申立人は、近年、大型化している台風や暴風雨などにより、本件建物の瓦が申立人土地の方に飛来したり、本件建物が倒壊するなどして、申立人土地上に駐車している申立人の自動車に損傷を与える可能性が高いと考え、これを危惧している。
　　そこで、申立人は、相手方に対し、申立人土地上に駐車している申立人の自動車に損害を与えないよう、本件建物の補強工事をすることを求める。
5　なお、本件の調停申立てに先立って、申立人は、何度か、相手方と交渉を試みたが、補強工事の時期や程度等をめぐって、合意に至らなかったため、本申立てに及んだ次第である。
（別紙物件目録省略）

（注）　妨害予防請求としての建物の補強工事を求める申立てである。

【記載例23】　動産引渡し

（申立ての趣旨）
　相手方は、申立人に対し、別紙物件目録記載の物件を引き渡せ。
（紛争の要点）
　申立人は、相手方から、令和〇〇年〇〇月〇〇日、別紙物件目録記載の物件を代金〇〇万円で買い受け、同日、代金を相手方の指定する銀行口座に振り込んだ。
　しかしながら、相手方は、入金額が違うなどと主張して、前記物件を引き渡そうとはしない。

（別紙）
物　件　目　録

1　液晶テレビ　　　〇〇会社製　型名〇〇〇〇　1台

```
  2  テレビ台        ○○会社製　型名○○○○　1台
  3  DVDプレーヤー  ○○会社製　型名○○○○　1台
```

（注）　動産を買い受けた者が、その引渡しを受ける申立てである。物件数が多
　　　い場合には、別紙としてまとめて記載するのが通例である。動産類は、品
　　　目、形状、制作者名、製造番号、数量等によって特定する。

【記載例24】　敷金返還

（申立ての趣旨）
　　相手方は、申立人に対し、40万円を支払え。
（紛争の要点）
1　申立人は、相手方から別紙物件目録記載の建物（以下「本件建物」と
　いう。）を以下の約定で借り受けた。
　⑴　賃借日　令和○○年○○月○○日
　⑵　期　　間　2年間。ただし、更新することができる。
　⑶　賃　　料　1か月20万円。毎月末日限り翌月分を支払う。
　⑷　特　　約　入居時に敷金40万円を支払う。
2　申立人は、令和○○年○○月○○日本件建物に入居する際、敷金40万
　円を相手方に支払った。
3　申立人は、相手方に対し、本件建物を令和○○年○○月○○日明け渡
　し、敷金の返還を求めたが支払ってくれない。
4　よって、申立人は、相手方に対し、申立ての趣旨記載の調停を求め
　る。
（別紙物件目録省略）

（注）　賃貸人に対し、敷金の返還を求める申立てである。敷金は賃貸借契約上
　　　の債務を担保するため、賃借人から賃貸人に差し入れるものである。賃料
　　　の不払や賃貸物件が破損された場合の担保をその目的とするものであるか
　　　ら、賃貸借契約終了時に、賃借人に債務不履行がなければ、全額が返還さ
　　　れる。

【記載例25】　賃料支払

（申立ての趣旨）
　　相手方は、申立人に対し、60万円及びこれに対する令和○○年○○月○
○日から支払済みまで年○パーセントの割合による金員を支払え。
（紛争の要点）

1　申立人は、相手方に対し、別紙物件目録記載の建物（以下「本件建物」という。）を以下の約束で賃貸した。
　(1)　目的　事務所
　(2)　期間　2年間。ただし、更新することができる。
　(3)　賃料・支払方法　1か月30万円。毎月末日限り翌月分を支払う。
2　しかし、相手方は、令和○○年○○月分から令和○○年○○月分までの賃料合計60万円の支払をしない。
3　よって、申立人は、相手方に対し、60万円及びこれに対する令和○○年○○月○○日から支払済みまで民法所定の年○パーセントの割合による遅延損害金の支払を求める。
（別紙物件目録省略）

【記載例26】　賃料増額

（申立ての趣旨）
　申立人が、相手方に賃貸中の別紙物件目録記載の建物について、相手方は令和○○年○○月分からの賃料につき、相当額の値上げに応ずることを求める。
（紛争の要点）
1　申立人は、相手方に対し、令和○○年○○月○○日別紙物件目録記載の建物（以下「本件建物」という。）を賃料1か月10万円で賃貸し、その後令和○○年○○月から賃料を1か月12万円に改定した。
2　相手方は、本件建物の1階部分を店舗として喫茶店を経営し、2階部分を居室として使用している。
3　本件建物は、JR○○駅から徒歩5分の場所に位置し、近隣貸店舗の賃料は3・3平方メートル当り○○万円であり、また居室の賃料は3・3平方メートル当り○○万円で、本件建物の賃料はこれらに比較しても極めて安い。
4　最近の諸物価の高騰や本件建物に対する公租公課の増加など経済事情の変動もあり、更に上記の近隣貸店舗等の賃料と比較して本件建物の賃料が著しく低額であるから、適正妥当な賃料額に値上げすることを求める。
（別紙物件目録省略）

（注）　家主から相当額の賃料値上げを求める申立てである。地代等の増減請求（借地借家法11条）、または建物賃料の増減請求（借地借家法32条）に関す

　る事件については、訴訟を提起する前に、まず調停の申立てをしなければ
　ならない（民調法24条の２・調停前置主義）。賃料増額請求権は、一方か
　ら他方への意思表示により行使され、その到達により効力を生じる（最判
　昭和32・９・３民集11巻９号1467頁）。その行使方法については制限がな
　いが、調停においては、増額請求権の行使とその日時、内容を明確にする
　必要があり、通常は配達証明付内容証明郵便によっている。なお、増額請
　求権の意思表示を含むものであれば、調停申立書の送達によってもよい。

【記載例27】　賃料減額

（申立ての趣旨）
　申立人が、相手方から賃借中の別紙物件目録記載の土地について、相手
方は令和○○年○○月分以降の賃料につき、相当額の値下げに応ずること
を求める。
（紛争の要点）
１　別紙物件目録記載の土地（以下「本件土地」という。）は、申立外甲
　野鶴男の所有であったが、令和○○年○○月○○日同人の死亡により、
　相手方が相続し、賃貸人の地位を承継したものである。
２　申立人と申立外甲野鶴男は、令和○○年○○月○○日、別紙物件目録
　記載の建物所有目的で本件土地について賃貸借契約を締結した。
３　当初の賃料は、適正なものであったが、相手方が賃貸人の地位を承継
　した後は、賃料は２年ごとに大幅に増額され、現在では近隣相場の約５
　倍となっている（近隣単価比較表参照）。
４　この近隣相場との格差は、あまりにも極端であり、更に土地の価格が
　下落している現時点においては、ますます高額なものとなっている。
５　よって、申立人は、相手方に対し、申立ての趣旨記載の調停を申し立
　てる。
（別紙物件目録及び近隣単価比較表省略）

【記載例28】　建物明渡し――使用目的違反

（申立ての趣旨）
　相手方は、申立人に対し、別紙物件目録記載の建物を明け渡せ。
（紛争の要点）
１　申立人は、相手方に対し、令和○○年○○月○○日別紙物件目録記載
　の建物（以下「本件建物」という。）を以下の条件で賃貸した。
　(1)　目的　　居住専用

(2)　期間　　2年間。ただし、更新することができる。

(3)　賃料・支払方法　1か月20万円、毎月末日限り翌月分を前払い

2　ところが、相手方は上記目的に反し、本件建物を店舗として使用している。そこで、申立人は、相手方に対し、口頭で令和○○年○○月○○日、相手方の契約違反を理由として上記賃貸借契約を解除する旨の意思表示をした。

3　よって、申立人は、相手方に対し、本件建物の明渡しを求める。

（別紙物件目録省略）

（注）　家主が賃借人に対し、その使用目的違反を理由として賃貸借契約を解除し、建物の明渡しを求める申立てである。

【記載例29】　建物明渡し──老朽化による建替え

（申立ての趣旨）

　　相手方は、申立人に対し、別紙物件目録記載の建物を明け渡せ。

（紛争の要点）

1　申立人は、相手方に対し、令和○○年○○月○○日別紙物件目録記載の建物（以下「本件建物」という。）を賃料1か月3万5000円、毎月末日限り翌月分を支払う約束で、特に期限を定めないで賃貸した。

2　ところが、本件建物は昭和20年の終戦直後に古材で建築したので、その老朽化が著しく、補修するよりも、取り壊して新築するほうが遙かに経済的である。したがって、申立人は、相手方に令和○○年○○月○○日に到達した内容証明郵便で本件建物賃貸借契約の解約の申入れをした。

3　本件建物には相手方以外にも賃借人がいたが、相手方以外の賃借人については話し合いの結果明け渡してもらった。相手方とは数回に渡り交渉をしたが、合意に至らなかった。

4　よって、申立人は、相手方に対し、本件建物の明渡しを求める。

（別紙物件目録省略）

（注）　家主が賃借人に対し、建物の老朽化を理由として賃貸借契約の解約の申入れをしたうえで、建物の明渡しを求める申立てである。

【記載例30】　建物収去土地明渡し

（申立ての趣旨）

1　相手方は、申立人に対し、別紙物件目録記載(1)の建物を収去して、同目録記載(2)の土地を明け渡せ。

（紛争の要点）
1　申立人は、別紙物件目録記載(2)の土地（以下「本件土地」という。）を所有している。
2　申立外亡乙川春男は、令和○○年○○月○○日以降、別紙物件目録記載(1)の建物（以下「本件建物」という。）を所有して本件土地を何らの権原なく占有してきた。
3　相手方は、令和○○年○○月○○日、本件建物の所有権を相続し、現在まで占有使用している。
4　よって、申立人は、相手方に対し、申立ての趣旨記載の調停を求める。

（別紙）

物　件　目　録

(1)　所　　　在　　○○区○○５丁目56番地
　　　家屋番号　　419番
　　　種　　　類　　居宅
　　　構　　　造　　木造瓦葺２階建
　　　床　面　積　　１階　35.53平方メートル
　　　　　　　　　　２階　16.52平方メートル
(2)　所　　　在　　○○区○○５丁目
　　　地　　　番　　56番１
　　　地　　　目　　宅地
　　　地　　　積　　884.09平方メートル
　　　のうち、別紙図面表示のア、イ、ウ、エ、アの各点を順次直線で結んだ範囲の土地84.21平方メートル
（別紙図面省略）

（注）　土地を不法に占有している者に対し、建物を収去して土地明渡しを求める申立てである。土地の一部につき明渡しを求める場合には、範囲の特定には十分注意する。

【記載例31】　土地建物所有権移転登記手続

（申立ての趣旨）
　　相手方は、申立人に対し、申立人から１億円の支払を受けるのと引換えに、別紙物件目録記載の土地建物について所有権移転登記手続をすること

を求める。

（紛争の要点）

1　申立人は、相手方から令和○○年○○月○○日別紙物件目録記載の土
地建物を代金1億3000万円、手付金として内金3000万円を支払う、残金
は所有権移転登記手続終了と同時に支払う、との約束で買い受けた。

2　申立人は、相手方に対し、上記契約成立時に手付金3000万円を支払っ
たが、相手方はその後の所有権移転登記手続に協力しようとしない。

（別紙）

物　件　目　録

1　所　　在　　東京都○○区○○1丁目

　　地　　番　　111番5

　　地　　目　　宅地

　　地　　積　　165.87平方メートル

2　所　　在　　東京都○○区○○1丁目111番5

　　家屋番号　　111番5

　　種　　類　　居宅　車庫

　　構　　造　　木造一部鉄筋コンクリート造亜鉛メッキ鋼板葺2階建

　　床面積　　1階　81.53平方メートル

　　　　　　　2階　74.34平方メートル

（注）　土地建物の買主が売買残代金の支払と引換えに所有権移転登記手続を求
める申立てである。

【記載例32】　抵当権設定登記の抹消登記手続

（申立ての趣旨）

　相手方は、申立人に対し、別紙物件目録記載の土地について、○○地方
法務局△△出張所令和○○年○○月○○日受付第○○○○号抵当権設定登
記の抹消登記手続をすることを求める。

（紛争の要点）

1　申立人は、同人所有の別紙物件目録記載の土地に相手方からの借入金
の担保として抵当権を設定することとし、申立ての趣旨記載の抵当権設
定登記手続をした。

2　その後、申立人は、相手方に対し、令和○○年○○月○○日に借入金
を全額返済したにもかかわらず、相手方は抵当権設定登記の抹消登記手

　　続に応じようとしない。

　3　よって、申立人は、相手方に対し、申立ての趣旨記載の調停を申し立
　　てる。

（別紙物件目録省略）

（注）　抵当権の被担保債権を弁済した担保提供者からその登記抹消手続を求め
　　る申立てである。

【記載例33】　共有物分割

（申立ての趣旨）

　別紙物件目録記載の不動産について、申立人及び相手方らの各持分に応
じて分割することを求める。

（紛争の要点）

1　申立人と相手方らは、別紙物件目録記載の不動産（以下「本件物件」
　という。）を亡甲野太郎から相続し、遺産分割協議を経て、申立人持分
　4分の1、相手方甲野春子持分2分の1、相手方甲野夏子持分4分の1
　にて共有している。

2　本件物件は、専ら相手方らがその住居として使用し占有している。

3　申立人は、本件物件の分割について、円満に解決したいと考え、相手
　方らと誠意協議したが意見の一致を図りがたい状況にある。

4　よって、申立人は、相手方らに対し、申立ての趣旨記載の調停を求め
　る。

（別紙物件目録省略）

（注）　遺産分割協議を経た共有物の分割について、その具体的方法の調整を求
　　める申立てである。分割の具体的方法として、現物分割（たとえば、共有
　　の土地を分割して共有者各人ごとに単独所有者とするもの）、代金分割
　　（共有物を売却してその代金を各共有者の持分に応じて分配するもの）、価
　　格賠償（共有者の1人がすべての共有持分を取得し、他の共有者の持分を
　　価格で賠償するもの）がある。

【記載例34】　建築変更

（申立ての趣旨）

　相手方は、別紙物件目録記載2の土地に建築中の建物について、申立人
所有の同目録記載1の土地との境界線から50センチメートル以内の部分に
ついて収去せよ。

（紛争の要点）

1　申立人は、別紙物件目録記載 1 の土地（以下「申立人土地」という。）及び同土地上の建物の所有者である。

　　また、相手方は、建築の設計施工、販売等を業とする会社である。

2　相手方は、申立人土地の北側に隣接して別紙物件目録記載 2 の土地（以下「相手方土地」という。）を所有し、現在分譲住宅を建築中であるところ、当該建物について、その南側壁面から申立人土地と相手方土地との境界線までの距離が、約20センチメートルしか離されていない。

　　したがって、相手方が建築している上記建物は、民法234条 1 項に違反する違法建築物である。

3　そこで、申立人は、前記建物を建築中の作業員や相手方の従業員に対し、境界線から50センチメートルの距離を置くように要望したが、全く受け入れられることなく、現在も前記建物の建築が続けられているものである。

4　そこで、申立人は、相手方に対し、民法234条 2 項本文に基づき、申立ての趣旨記載のとおりの調停を求める。

（別紙物件目録省略）

（注）　相手方が、申立人の所有地との境界線に接して建物の建築をしているので、その一部撤去を求める申立てである。この事例は、現に建築工事を実施している場合の例であるが、工事着工前であれば、設計の変更を求める申立てとなろう。また、工事がある程度進んでしまった場合には、収去ということになると、相手方に多大な損害が発生することも考えられるので、申立人の建物と向かい合う部分について目隠しを設置することを求めることも考えられるであろう。

4　附属書類

(1)　資格証明書

　当事者が法人の場合には、商業登記事項証明書が必要である。調停の申立てをしようとする前に当該法人の所在地を管轄する法務局（登記所）から商業登記事項証明書の交付を受ける必要がある。なお、この商業登記事項証明書は、少なくとも交付後 3 カ月以内のものを添付するのが実務の取扱いであろう。なお、債務弁済協定事件等で、多数の債権者を相手方とする場合には、相手方の資格証明書の提出を省略できる場合がある。

(2)　委任状等

　代理人が申立てをする場合には委任状を必要とし、当事者が未成年者の場合には、法定代理人の代理権を証明するための戸籍謄（抄）本等が必要である。

(3)　その他証拠書類

　紛争に関する証拠書類（たとえば、契約書、領収書、警察の事故証明書、医師の診断書など）がある場合には、申立てと同時にその写しを提出しなければならない（民調規則3条）。もっとも、実務では、申立て時以後にも証拠書類の提出が許されているので、必要に応じて調停期日に原本等を持参して調停委員会に示すなどの取扱いも許されている。

5　申立手数料等の納付

(1)　申立手数料

　申立書には、手数料として、調停を求める事項の価額に応じた収入印紙を貼って納めなければならない（民訴費用法3条・別表第1の14・8条。なお、手続上の救助の申立ても認められている（非訟法29条））。この手数料として納める収入印紙は、（貼用印紙が不法に再使用されたものと認められない限り、申立人の印で消印しても無効ではないとされているが）裁判所が申立書を受理した後に消印することになっているので、申立人は自らの印章などで絶対に消印してはならない。なお、高額な手数料を納付するための手間等を考慮して平成16年4月1日以降、納付する手数料の額が100万円を超える場合について、現金納付をすることが可能とされた（民訴費用規則4条の2）。

　調停を求める事項の価額とは、訴訟の場合の訴えによって受ける利益と同じ考え方によるのが相当であり、したがって申立人が申し立てた事項がすべて認められた場合に申立人が受ける経済的利益を金銭に評価した価額である。なお、調停を求める事項の価額を算定することが不能、あるいは、調停申立ての時点で調停を求める事項の価額が明示できず、「相当額」として申立てをするときは、その価額は160万円とみなされ、手数料として6500円を収入印紙で納めることになる（民訴費用法4条2項・7項）。そして、調停進行中に価額が明らかになった場合、その時点で手数料を追納等することにな

ろう。さらに、賃料改定事件の場合には、増（減）額後の賃料額と従前の賃料額の 1 カ月当たりの差額に、増（減）額の始期から調停申立て時までの期間と12カ月を合計した期間を乗じて得た額を調停で求める価額とするが、この額より目的物の価額の 2 分の 1 の額の方が低額であることを調停申立て時に申立人が疎明した場合には、目的物の価額の 2 分の 1 を調停を求める事項の価額とすることになろう。

(2)　郵便切手

申立人は、申立手数料の他に、手続費用として郵便切手も納めなければならない（民訴費用法11条・12条・13条）。この郵便切手は期日呼出状などの書類を送付したり、成立した調停調書正本を当事者に送達するために使用される。納付すべき郵便切手の種類・枚数等は、申立てをする際、指示された種類、枚数を納めることになるので、事前に管轄裁判所に照会しておくとよいであろう。

6　申立書副本の通数

実務上の取扱いとして、申立書の副本を相手方の人数分だけ提出している（民調規則24条、非訟規則24条）。これは、この申立書副本を調停期日呼出状と共に相手方に送達または送付することにより、あらかじめ申立ての内容を相手方に知らせておくことが、調停の円滑な進行に役立つからである。なお、申立書の送付は事案によってはされないこともあろう。

7　調停申立ての効果

調停申立てにより時効完成猶予の効力を生じ、成立により更新の効力を生ずる（民法147条）。調停が不成立または調停に代わる決定に対し適法な異議申立てがあって失効したとの通知を受けた時から、 2 週間以内に訴訟を提起した場合には、調停申立て時に訴えを提起したものとみなされる（民調法19条）。また、調停申立て後、不成立等となった場合でも、 6 カ月を経過するまでは時効が完成しない（民法147条）。

なお、調停不成立等から 2 週間以内に訴えを提起した場合には、訴状に貼付する印紙（訴訟提起の手数料）について、調停の申立て時に納めた手数料

の額に相当する額は、納めたものとみなされるという点（民訴費用法5条）にも留意されたい。

8　申立書の受理

　調停申立書が裁判所に提出されると、受付係の書記官は、申立書の形式的記載事項の有無、管轄の有無、添付書類の有無、申立手数料および費用の納付の有無等を確認したうえで、申立書を受理することになる。仮に、申立書に不備がある場合には、書記官は受付窓口で、申立人に対し、任意の補正を促したりすることになるが（民調規則10条）、調停手続の性質上、訴状の審査よりも緩やかにされるのが通常である。調停手続に必要な書類が添付されていない場合も、同様であり、本来的には申立て時に必要な書類が添付されていることが望ましいことは間違いないが、調停手続の性質上、早急に追完するように促したうえで、申立書を受理することになろう。

　なお、裁判所が、調停事件の申立てを受けたときは、書記官は、遅滞なく関係官署に対して受理通知をしなければならないとされている場合があり（ただし、管轄違いを理由として移送すべき場合を除く）、具体的には、農事調停の申立ての場合には、小作官または小作主事に対し受理通知をする（民調規則28条1項）。鉱害調停の申立ての場合には、経済産業局長に対し受理通知をする（民調規則35条）。

9　申立書の補正等

　受理された申立書は、記録符号（【図表3】を参照）および事件番号を付けられ（たとえば、「令和2年(ノ)第1号」のように付けられる）、担当裁判官に配てんされる。事件の配てんを受けた裁判官は、申立書に基づいて実質的な要件審査を行うことになるが、調停手続の場合は、申立書の記載内容に不備があるときでも、一応期日を指定したうえで、調停期日において補正させる取扱いも多いことから、事前に補正命令を発しない取扱いも多いと考えられる。もっとも、申立書の記載内容の不備に気が付いた申立人が自主的に、あるいは書記官からの任意補正に応じて、補正書等を提出しておくことは、調停手続をスムーズに進めるという意味でも有益であろう。

【書式5】　調停申立書の補正書

令和○○年㈦第○○号　○○請求調停申立事件

申立人　甲　野　太　郎

相手方　乙　川　二　郎

補　　　　正　　　　書

令和○○年○○月○○日

○○簡易裁判所　御中

申立人　甲　野　太　郎　㊞

　頭書の事件につき，申立人は，次のとおり調停申立書を訂正する。

1　申立ての趣旨中，「○○万円」とあるのを，「△△万円」と訂正する。

2　紛争の要点第1項中，「毎月末日限り翌月分を支払う」とあるのを「毎月28日限り翌月分を支払う」と訂正する。

第8　各種定型申立書

1　定型申立書

　民事調停を利用する方々の利便も考慮して、簡易裁判所の窓口には、所定の欄に必要事項を記載するだけで、誰でも簡便に申立書を作成することができる申立用紙を用意しているのが一般的である。なお、申立人の送達場所等の届出欄は省略した。

2　定型申立書（記載例）

【記載例35】　売買代金

調停事項の価額	円
ちょう用印紙	円
予納郵便切手	円

印紙欄
（割印はしないでください）

民事一般

受付印

（売買代金）

調　停　申　立　書

〇〇　簡易裁判所　御中

作成年月日	令和〇〇年〇〇月〇〇日
申　立　人	（郵便番号〇〇〇-〇〇〇〇） 住所　（所在地） 　東京都〇〇区〇〇１丁目２番３号 氏名　（会社名） 　甲　野　太　郎　　　　㊞ （電話番号　03　-　〇〇〇〇　-　〇〇〇〇） （ＦＡＸ　　03　-　〇〇〇〇　-　〇〇〇〇）
相　手　方	（郵便番号〇〇〇-〇〇〇〇） 住所　（所在地） 　東京都〇〇区〇〇４丁目５番６号 氏名　（会社名） 　乙　川　次　郎 （電話番号　03　-　〇〇〇〇　-　〇〇〇〇）
申　立　て の　趣　旨	相手方は，申立人に対して，次の金員を支払うこと ① 売買代金　　　35万 円 2 残代金　　　　　　　円 3 損害金　　令和〇〇年〇〇月〇日から 　　　　　　年　割　〇分　　厘の割合の金員
紛争の要点	後記記載のとおり

上記のとおり調停を求めます。

紛争の要点（下記のとおり）

1　申立人の職業・営業
　　電気製品小売販売業

2　申立人が売り渡した物件

品　目	数　量	代　金	売　渡　日
パーソナル コンピュータ	1台	35万円	○○・○・○
			・　・
			・　・
			・　・

（特約）　**支払期日は、売渡日から1か月後の令和○○年○月○日である。**

3　代金支払状況
　　㋐　全額未払
　　イ　代金のうち金　　　　　　　円未払

4　その他参考事項（相手方が代金を支払ってくれない事情等）
　　相手方は購入したパーソナルコンピュータの調子が悪く，他の同種の商品と取り替えてもらえるまで支払をしないと言っている。

添付書類		
売 買 契 約 書（写し）	1	通
		通
		通

【記載例36】　貸　金

調停事項の価額	円	印紙欄	民 事 一 般
ちょう用印紙	円	（割印はしないでください）	
予納郵便切手	円		

（貸　　金）	受 付 印
調 停 申 立 書　　　　○○　簡易裁判所　御中	

作成年月日	令和○○年○○月○○日

申 立 人	（郵便番号○○○-○○○○） 住所　（所在地） 　　**東京都○○区○○2丁目3番4号** 氏名　（会社名） 　　　　丙　　　山　　　三　　　郎　　　㊞ （電話番号　03 - ○○○○ - ○○○○） （ＦＡＸ　　03 - ○○○○ - ○○○○）

相 手 方	（郵便番号○○○-○○○○） 住所　（所在地） 　　**東京都○○区○○5丁目6番7号** 氏名　（会社名） 　　**乙　野　商　事　有　限　会　社** 　　　　**代表者取締役　乙　　　野　　　花　　　子** （電話番号　03 - ○○○○ - ○○○○）

支払を求める金額 （申立ての趣旨）	残債務の額	金　100万　円	
	附帯請求 （利息・損害金）	☑上記金額に対する □うち金　　　　円に対する 令和○年4月1日から 支払済みまで	☑年○割○分　厘 □月　　分 □日歩　　銭

紛争の要点	後記記載のとおり

上記のとおり調停を求めます。

紛争の要点（下記のとおり）
1　相手方（又は相手方が保証人になっている第三者）に対する貸付の内容

貸付年月日	貸付金額 (円)	返済の期限	利　息	損害金	借　主
① ○・○・○	200万	☑○・○・○まで □なし □その他(備考欄)	☑年○割○分○厘 □月　　分 □日歩　　銭	☑年○割○分○厘 □月　　分 □日歩　　銭	☑相手方 □その他 (　　　)
② ・　・		□　・・　まで □なし □その他(備考欄)	□年　割　分　厘 □月　　分 □日歩　　銭	□年　割　分　厘 □月　　分 □日歩　　銭	□相手方 □その他 (　　　)
③ ・　・		□　　　まで □なし □その他(備考欄)	□年　割　分　厘 □月　　分 □日歩　　銭	□年　割　分　厘 □月　　分 □日歩　　銭	□相手方 □その他 (　　　)

2　返済状況　下表のとおり

返済年月日	返済金額(円)	元利の別
○・○・○	500:000	ⓔ・利
○・○・○	500:000	ⓔ・利
・　・		元・利
・　・		元・利
・　・		元・利
・　・		元・利
・　・		元・利
・　・		元・利
・　・		元・利
・　・		元・利
・　・		元・利
・　・		元・利
・　・		元・利

3　貸金の残額

①の貸金	元　本	1,000,000円
	利息・損害金	令和○年4月1日から
②の貸金	元　本	
	利息・損害金	
③の貸金	元　本	
	利息・損害金	

4　調停申立ての理由

☑支払が延び延びになっている。
□相手方が借りたこと(保証をしたこと)を争っている。
□残っている貸金の額に争いがある。
□その他(　　　　　　　　　　　　　　　　)

備考	相手方は会社の経営状況が苦しいことを理由として,残額の支払をしない。話し合いには応じる姿勢を見せている。
添付書類	金銭借用証書(写し)　　　　　　　1通 商業登記事項証明書　　　　　　　1通 　　　　　　　　　　　　　　　　通

【記載例37】　債務弁済協定・債務不存在

調停事項の価額	円
ちょう用印紙	円
予納郵便切手	円

印紙欄
(割印はしないでください)

民事一般

受付印

(債務弁済協定・債務不存在)

調　停　申　立　書

○○　簡易裁判所　御中

作成年月日	令和○○年○○月○○日
申　立　人	住所（所在地）（〒○○○-○○○○） 　　東京都○○区○○1丁目2番3号 氏名（会社名・代表者名）（☎　03-○○○○-○○○○） 　　　　　　　　　　　　　（FAX 03-○○○○-○○○○） 　　　　　　　○　　　○　　　○　　　○　　　㊞
相　手　方	住所（所在地）（〒○○○-○○○○） 　　東京都○○区○○2丁目3番4号 氏名（会社名・代表者名）（☎ 03-○○○○-○○○○） 　　株式会社　○○クレジット 　　代表者代表取締役　○　　○　　○　　○ （送付先）（〒○○○-○○○○）（☎03-○○○○-○○○○） 　　株式会社　○○クレジット○○営業所 　　東京都○○区○○3丁目4番5号
申　立　て の　趣　旨	（どちらかに○を付けてください。） ①　債務額を確定したうえ債務支払方法を協定したい 2　後記債務を負っていないことの確認をしたい との調停を求める。

紛争の要点（下記のとおり）	返済年月日	返済金額（円）		元利の別
1　債務の種類 　①借受金 　ロ立替金	○○・○・○	10	000	元　・　利
	○○・○・○	10	000	元　・　利

ハ　保証債務	・　・			元　・　利	
（借受人氏名　　　　　　　　）					
2　借受金額（借り受けた金額）	・　・			元　・　利	

借受年月日	借受金額（円）				
			・　・	元　・　利	
○○・○・○	1000 | 000		・　・	元　・　利	
			・　・	元　・　利	
○○・○・○	1000 | 000	切替（増額）	・　・	元　・　利	
			・　・	元　・　利	
○○・○・○	1000 | 000	切替（増額）	・　・	元　・　利	
			・　・	元　・　利	

（利息）　　　　（損害金）			
年　○割○分　　年　○割○分	・　・	元　・　利	
月　　　分　　　月　　　分			
日歩　　　銭　　日歩　　　銭	・　・	元　・　利	

3　返済状況右表のとおり	備	返済は上記以外にも行っているが，時期と金額については不明確である。
（現在の元本残額　**不明**　円）	考	
4　調停申立ての理由		
㋑　申立人は，他にも債務があり，残債務額を一時に返済できない。	添付書類	
ロ　申立人は債務を負っていないのに，相手方から支払を請求されている。	金銭借用証書（写し）　　　　1通 領収証（写し）　　　　　　　2通 商業登記事項証明書　　　　　1通	

【記載例38】　給　料

調停事項の価額	円	印紙欄	民　事　一　般
ちょう用印紙	円	（割印はしないでください）	
予納郵便切手	円		受　付　印

（給　料）	
調　停　申　立　書 ○○　簡易裁判所　御中	
作成年月日　　令和○○年○○月○○日	

177

申　立　人	（郵便番号〇〇〇-〇〇〇〇） 住所 　　**東京都〇〇区〇〇1丁目2番3号** 氏名　（会社名） 　　　　　　　　〇　　〇　　〇　　〇　　㊞ （電話番号　03　-　〇〇〇〇　-　〇〇〇〇） （ＦＡＸ　　03　-　〇〇〇〇　-　〇〇〇〇）
相　手　方	（郵便番号〇〇〇-〇〇〇〇） 住所 　　**東京都〇〇区〇〇4丁目5番6号** 氏名　（会社名） 　　**株式会社　〇　　〇** 　　**代表者　代表取締役　〇　　〇　　〇　　〇** （電話番号　03　-　〇〇〇〇　-　〇〇〇〇）
申　立　て の　趣　旨	相手方は，申立人に対して金〇〇万〇〇〇〇円を支払うこと
紛争の要点	後記記載のとおり
	上記のとおり調停を求めます。

紛争の要点（下記のとおり）

1　あなたの働いていた期間

　　令和〇年〇月〇日から同〇年〇月〇日まで

2　していた仕事

　　経理事務

3　どんな形で雇われていましたか（いずれかに✔を付けてください。）。

　　☐　一般の従業員（正社員）　　☐　臨時の従業員、臨時工

　　☑　パートタイマー　　　　　　☐　アルバイト

　　☐　その他具体的には（　　　　　　　　　　　　　　　）

4　あなたの給料（いずれかに✔を付けてください。）。

- ☐　1か月
- ☐　　週　　｝金　〇〇〇円
- ☐　1　日
- ✔　1時間

5　支払を求める賃金（いずれかに✔を付けてください。）。

✔　給　　　料

- ☐　令和　　年　　月分から同　　年　　月　分
  　　　　　　　　　　　　　　合計金　　　　　円……①

- ✔　令和〇年〇月〇日から
  　　同〇年〇月〇日までの〇〇日分合計金〇〇万〇〇〇〇円……②

- ☐　令和　　年　　月　　日から
  　　　　同　　年　　月　　日までの　　時間分
  　　　　　　　　　　　　　　合計金　　　　　円……③

- ☐　賞　　　与　　金　　　　円……④
- ☐　退　職　金　　金　　　　円……⑤
- ☐　解雇予告手当　　金　　　　円……⑥　総計金〇〇万〇〇〇〇円
  　　　　　　　　　　　　　　（①＋②＋③＋④＋⑤＋⑥）

6　相手方が支払をしない事情等

経理事務に不正な処理があったという一方的な理由で支払を拒否している。

添付書類		
商業登記事項証明書	1	通
		通
		通

【記載例39】　建物明渡し

調停事項の価額	円	印紙欄	宅 地 建 物
ちょう用印紙	円	（割印はしないでください）	
予納郵便切手	円		

（建物明渡し―賃料不払等による契約解除の場合）　　受　付　印

調　停　申　立　書

〇〇　簡易裁判所　御中

作成年月日	令和〇〇年〇〇月〇〇日

申　立　人	（郵便番号○○○-○○○○） 住所　（所在地） 　　**東京都○○区○○１丁目２番３号** 氏名　（会社名） 　　　　　　　　　　　　　○　　○　　○　　○　　　㊞ （電話番号　03　-　○○○○　-　○○○○） （ＦＡＸ　　03　-　○○○○　-　○○○○）
相　手　方	（郵便番号○○○-○○○○） 住所　（所在地） 　　**東京都○○区○○４丁目５番６号** 氏名　（会社名） 　　　　　　　　　　　　　　○　　○　　○　　○ （電話番号　03　-　○○○○　-　○○○○）
申　立　て の　趣　旨	相手方は，申立人に対して（該当する番号に○を付けてください。） ①　別紙物件目録記載の建物（部屋）を明け渡すこと ②　令和○○年○○月○○日から前記明渡しまで 　　１か月金**○万円**の割合による金員を支払うこと
紛争の要点	後記記載のとおり

上記のとおり調停を求めます。

紛争の要点（下記のとおり）

1　賃貸借契約の内容

　(1)　賃貸日　　　　　令和○○年○○月○○日

　(2)　期　　間　　　　**2年**

　(3)　賃　　料　　　　令和○○年○月から１か月金　**○万**　円
　　　　　　　　　　　　毎月**末**日限り**翌月**分を支払う。

　(4)　特　　約　　　　**2か月分以上の賃料の支払を怠ったときは何ら**
　　　　　　　　　　　　の催告をしないで，直ちに契約を解除すること
　　　　　　　　　　　　ができる。

2　建物の所有者の氏名
　　　申　立　人

3　明渡しを求める理由

　(1)　契約解除の日　　　令和○○年○月○日

(2) 契約解除の理由

　　イ　賃料不払（令和○○年○月　　日分から○か月分）
　　ロ　無断譲渡・転貸
　　ハ　無断増改築
　　ニ　その他

4　その他の紛争の要点

添付書類	
固定資産評価証明書	1 通
賃貸借契約書（写し）	1 通
内容証明郵便（写し）	1 通
配達証明書（写し）	1 通

（別紙）

物　件　目　録

所　　在	東京都○○区○○１丁目２番地
家屋番号	○○番○
種類居宅	居　宅
構　　造	木造　瓦葺　２階建
床 面 積	1 階　　90平方メートル
	2 階　　90平方メートル

前記建物のうち　　2 階201号室
　床面積　　　　　30　平方メートル

〔略　図〕

【記載例40】　賃料増額・減額

調停事項の価額	円	
ちょう用印紙	円	
予納郵便切手	円	

印紙欄
（割印はしないでください）

宅 地 ・ 建 物

（賃 料 等）

調　停　申　立　書

〇〇　簡易裁判所　御中

受　付　印

作成年月日	令和〇〇年〇〇月〇〇日
申　立　人	住所（所在地）　（〒〇〇〇-〇〇〇〇） 　東京都〇〇区〇〇1丁目2番3号 氏名（会社名・代表者名）　（☎　03-〇〇〇〇-〇〇〇〇） 　（FAX 03-〇〇〇〇-〇〇〇〇） 　　〇　　〇　　〇　　〇　　㊞
相　手　方	住所（所在地）　（〒〇〇〇-〇〇〇〇） 　東京都〇〇区〇〇2丁目3番4号 氏名（会社名・代表者名）　（☎　03-〇〇〇〇-〇〇〇〇） 　　〇　　〇　　〇　　〇
相　手　方	住所（所在地）　（〒　　　-　　　） 氏名（会社名・代表者名）　（☎　　-　　-　　）

申　立　て の　趣　旨	（該当する数字を○印で囲んでください。） 相手方　は申立人に対して 　1　賃料を，令和　　年　　月分から 　　〔(1)　月額金　　　　　　　円　(2)　相当額〕に増額する 　②　賃料を，令和○○年　○　月分から 　　〔(1)　月額金　　　　　　　円　②　相当額〕に減額する 　3　未払賃料金　　　　　　　円を支払うこと との調停を求める。

紛争の要点

1　賃貸借契約の内容

(1)	契約当事者氏名	賃貸人	○　○　○　○	賃借人	○　○　○　○
(2)	賃　貸（借）物　件	別紙物件目録記載のとおり			
(3)	賃　貸（借）日	令和○年○月○日			
(4)	期　　　　　間	○年			
(5)	賃　　　　　料	1か月金　　○万　円 （令和○年○月○日から）			
(6)	連帯保証人氏名	△△△△			
(7)	特　　　　　約				

2　賃料改定の理由（該当する数字及び箇所を○印で囲んでください。）

(1)	（土地・建物）に対する税金が（上・下）がった。
②	（土地・建物）の価格が（上・下）がった。
③	近隣の（土地・建物）と比較して賃料が（低・高）額である。
(4)	その他（具体的に書いてください。）

3　未払賃料
　令和　　年　　月分から令和　　年　　月分まで合計金　　　円
　　なし

183

```
 4　供託の有無（該当する箇所を○印で囲んでください。）
 　（相手方　　・申立人）は，令和　　年　　月分から毎月金
 　　　　円を　　　　　　法務局　　　　　　　に供託している。
 5　その他
```

添付書類	賃貸借契約書写し　○通　不動産登記事項証明書　1通 評 価 証 明 書　1通

別　　　　紙	

物　件　目　録

```
土　　　　地
　所　　在
　地　　番
　地　　目
　地　　積
　上記土地のうち　　　　　　の部分　　　　　平方メートル
```

```
建　　　　物
　所　　在　　東京都○○区○○1丁目2番地
　家 屋 番 号　　○○番○
　種　　類　　居　宅
　構　　造　　　　鉄骨造　　陸屋根　3階建
　床 面 積　　1階　　　○○平方メートル
　　　　　　　　2階　　　○○平方メートル
　　　　　　　　3階　　　○○平方メートル
　上記建物のうち　3階301号室　○○平方メートル
```

┌───┐
│   │
│   │
│   │
│   │
│   │
│   │
│   │
└───┘

【記載例41】　交通事故に基づく損害賠償

調停事項の価額	円	印紙欄	交通・民事一般
ちょう用印紙	円	（割印はしないでください）	
予納郵便切手	円		

（交　通）		受　付　印
調　停　申　立　書		
○○　簡易裁判所　御中		

作成年月日	令和○○年○○月○○日
申　立　人	（〒○○○-○○○○）（☎ 03-○○○○-○○○○） 住所・氏名（氏名の横に押印してください。） 　　　　　　　　　　　　　　（FAX 03-○○○○-○○○○） 　**東京都○○区○○１丁目２番３号** 　　　　　　　　○　　○　　○　　○　　　㊞
申　立　人	（〒　　-　　　）（☎　　-　　-　　　） 住所・氏名（氏名の横に押印してください。） 　　　　　　　　　　　　　　　　　　　　　　　㊞
相　手　方	（〒○○○-○○○○）（☎ 03-○○○○-○○○○） 住所・氏名 　**東京都○○区○○４丁目５番６号** 　　　　　　　　○　　○　　○　　○　　　㊞
相　手　方	（〒　　-　　　）（☎　　-　　-　　　） 住所・氏名（氏名の横に押印してください。）

申立ての趣旨	（該当する数字を〇印で囲んでください。） 相手方　は申立人に対して 1　金　　　　　円を支払うこと ②　相当額の金銭を支払うこと との調停を求める。

紛 争 の 要 点

<table>
<tr><td rowspan="13">交 通 事 故 の 内 容</td><td>発 生 年 月 日</td><td colspan="5">令和〇〇年〇月〇日午⑪・後　　〇時　　〇分</td></tr>
<tr><td>発 生 場 所</td><td colspan="5">東京　㊰道
　　　府県　〇〇　郡村　市　町〇丁目〇番地　先道路
　　　　　　　　　Ⓧ　（道路名〇〇通り　　　　　）</td></tr>
<tr><td>加害車の種類</td><td colspan="5">（該当する数字を〇印で囲んでください。）
1　自動車　　　　②　原動機付自転車
3　その他</td></tr>
<tr><td>加害車運転者氏名</td><td>氏名</td><td colspan="4">相手方</td></tr>
<tr><td>加害車運転者と
相手方との関係</td><td>関係</td><td colspan="4">本 人</td></tr>
<tr><td rowspan="2">被害者の氏名・
年 齢・職 業</td><td>氏名</td><td>申 立 人</td><td>〇〇歳</td><td>氏名</td><td>歳</td></tr>
<tr><td>職業</td><td colspan="2">会 社 員</td><td>職業</td><td></td></tr>
<tr><td>被害者と申立人
と の 関 係</td><td>関係</td><td colspan="2">本 人</td><td>関係</td><td></td></tr>
<tr><td>被 害 の 程 度</td><td colspan="5">（該当する数字を〇印で囲んでください。）
1　死亡　　②　負傷　　3　物損</td></tr>
<tr><td>後 遺 症</td><td colspan="5">（該当する数字を〇印で囲んでください。）
1　有　　　2　無　　③　不明</td></tr>
</table>

損 害 額	治 療 費	〇〇 円	修 理 費	円
	休 業 損 害	〇〇 円		円
	慰 謝 料	〇〇 円		円
		円		円
	合 　　 計	金　〇〇円（内金　〇〇　円支払ずみ）		
添 付 書 類	交通事故証明書　1通　　診断書写し　1通			

（注）　事故発生状況報告書は省略した。

第9　付属事件の申立て

1　調停前の措置の申立て

(1)　意　義

　調停の申立てをした後、相手方その他の事件の関係人が調停の目的物を他の人に譲ったりあるいは廃棄しようとする場合でも、調停の申立自体には法律上あるいは事実上の処分を禁止する効力が認められていないので、それらを阻止することはできない。しかし、調停の成否が決まる前に調停の目的物を処分されては、せっかく調停の申立てをしても意味のないものになる。そこで調停の申立て後、調停の成否が決まるまでの間に、相手方その他の事件の関係人が調停の成立を不能または困難にする目的で、調停の目的物を処分することが予想される場合には、当事者の申立てにより、調停委員会は調停の成否が決まるまでの間の一時的な処分として、相手方その他の事件の関係人に対し、現状の変更または目的物の処分禁止その他調停の内容である事項の実現を不能にし、または著しく困難にする行為の排除を命ずることができる。これが調停前の措置である（民調法12条1項）。この措置は当該調停の相手方だけではなく、その他の利害関係人に対しても命ずることができる。利害関係人については、調停前の措置発令前に調停手続に参加させておくのが相当である。

(2)　申立てに対する担当機関

　事件を担当し、措置を命ずるのは、原則として、調停委員会である。しかし、調停委員会が成立する前の段階においては、受調停裁判所が行うことになる。実務上は調停申立てとともになされることも多く、裁判所（裁判官）が担当するのが通例である。

(3)　要　件

　この措置がとられるための要件としては、第1に「調停事件が係属していること」（調停事件申立て前にこの措置を求めることはできない）、第2に「当

事者から措置の申立てがあること」（措置の必要性を調停委員会が認めても当事者からの申立てがなければ職権で命ずることはできない。なお、相手方も申立てができることに注意されたい）、第3として「調停のために特に必要があると認められるとき」が必要である。これらの要件を満たすために必要な疎明資料を添付する。

(4) 審　理

法文上は、申立人に申立ての理由につき疎明資料を提出させたり、関係者の審尋を行うことが規定されていないが、実務上の運用としては、申立人に疎明資料を提出してもらい、またそれを補充するための面接を行っている。さらに必要に応じて、関係者の審尋を行ったり、事実の調査を行うこともある。

(5) 担保の提供

明文の規定がないこと、またこの措置命令には執行力がないことなどから、この措置の申立てには担保を立てる必要がないこととされている。

(6) 調停前の措置命令の形式と内容

調停前の措置命令は決定に準じて作成される。措置命令書の末尾には、過料に処せられることがある旨を記載する（民調法35条、民調規則6条）。これは、利害関係人に対して命ずる場合も同様である。具体的な調停前の措置の内容としては、調停の内容たる事項の実現を不能にしまたは著しく困難ならしめる行為の排除を命ずることになる。不能にするとは、たとえば、動産の引渡しを求める調停において措置対象者が当該動産を毀滅したりすることであり、著しく困難ならしめる行為とは、たとえば、建物の明渡しを求める調停において措置対象者が当該建物の一部を第三者に転貸したりすることなどを指す。行為の排除命令には、不作為の処分だけでなく、作為の処分を含む。措置対処者の権利行使の暫定的阻止または義務の一時的不履行を命ずることができる。なお、民事執行手続については、調停前の措置によって停止を命ずることができない。

(7) 効　力

この措置命令には、民事保全法による保全処分命令（仮差押え、仮処分）と異なり、執行力が認められていない（民調法12条2項）。したがって、この

措置命令が相手方その他の事件の関係人に告知されても、強制的に従わせることはできず、相手方その他の事件の関係人が任意に従うことを期待するに過ぎない手続である。したがって、相手方その他の事件の関係人を強制的に従わせる必要のある事例においては、民事保全法による保全処分の申立てをしなければならないであろう。ただし、間接的な強制として、措置命令を受けた者が正当な事由もないのにこれに従わないときには、裁判所が10万円以下の過料に処することができることになっている（民調法35条）。なお、この措置命令に対して、不服の申立てをすることはできない。

【書式6】 調停前の措置申立書

調停前の措置申立書

令和○○年○○月○○日

○○簡易裁判所　御中

申　立　人　　甲　野　太　郎　㊞

東京都○○区○○1丁目2番3号

申立人　　甲　野　太　郎
電　話　　○○-○○○○-○○○○
ＦＡＸ　　○○-○○○○-○○○○

東京都△△区△△4丁目5番6号

相手方　　乙　川　二　郎

申立ての趣旨

　相手方は，御庁令和○○年(ユ)第○○号宅地建物調停申立事件の終了に至るまで，相手方が現在占有している別紙物件目録記載の建物の現状の変更，占有の移転その他一切の処分をしてはならない，との措置命令を求める。

申立ての理由

1　申立人は，申立人と相手方間の建物明渡しに関する紛争について，令和○○年○○月○○日御庁に対し，調停を申し立て現在係属中である。
2　本件紛争の実情は調停申立書に記載したとおりであるが，相手方は申立人の承諾を得ないまま，本件建物内部の大改造工事を始め，更には第三者に転貸しようとしている。
3　申立人は再三，工事の中止を申し入れたが，相手方はなお工事を続けようとしているので，本申立てをする次第である。

添　付　書　類

```
　　　1　賃貸借契約書（写し）　　1通
　　　2　○○○○作成の証明書　　1通
　　　3　写真　　　　　　　　　　○枚
（別紙物件目録省略）
```

```
令和○○年(ユ)第○○号○○請求調停申立事件
　　　　　　　　　調　停　前　の　措　置
　　　　当事者の表示　　　別紙当事者目録記載のとおり
　当調停委員会は、調停のため特に必要があると認め、民事調停法12条に
基づき、次のとおり命ずる。
　　　　　　　　　　主　　　　　　　文
　　・・・・・
　　　　令和○○年○○月○○日
　　　　　　○○簡易裁判所民事調停委員会
　　　　　　　調停主任裁判官　○　○　○　○
　　　　　　　民 事 調 停 委 員　○　○　○　○
　　　　　　　民 事 調 停 委 員　○　○　○　○
（注意）　相手方が正当な理由がなくこの措置に従わないときは、10万円以
　　　　　下の過料に処せられることがある。
（別紙目録省略）
```

2　民事執行手続停止の申立て

(1)　執行停止が可能なまたは不可能な民事執行手続

　調停の目的となっている権利に対して民事執行手続が進行している場合、
その民事執行手続が調停の成立を不能にし、または著しく困難にするおそれ
があるときには、調停の申立人は、調停が終了するまでの間その民事執行手
続を停止するよう調停裁判所に申し立てることができる（民調規則5条1項
本文）。この申立てがあると、調停裁判所は停止すべき要件を認めた場合に
は、申立人に担保を立てさせて、民事執行手続の停止を命ずることができる。
ただし、停止できる民事執行手続は、公正証書に基づく手続と担保権実行に
基づく手続などであって、裁判所で作成された確定判決、仮執行宣言付判

決、仮執行宣言付支払督促、和解調書、調停調書などの執行力ある債務名義に基づく民事執行手続を停止することはできない（民調規則5条1項ただし書）。

(2)　執行停止の要件

執行停止がとられるための要件としては、①調停事件が係属していること、②申立人（債務者）からの申立てがあること（申立人は、調停事件の当事者であり、かつ、民事執行手続における受動的当事者（主債務者・連帯保証人・物上保証人）であることが通常である。被申立人は、調停事件の当事者であり、かつ、民事執行手続における能動的当事者（債権者・担保権者）である。なお、不動産執行について二重開始決定がされている場合には、先行の競売手続が停止となっても、後行の差押債権者が手続続行の申立てをすることができ、その結果、手続が続行されることも考えられる。したがって、誰を相手方として調停の申立ておよび執行停止の申立てをするのかについては、事前に十分な検討が必要である）、③紛争の実情により事件を調停により解決することが相当であること（たとえば、債務者に誠実に義務を履行する意思があり、将来その履行がされる可能性が認められるにもかかわらず、民事執行手続が進んでしまうと、申立人（債務者）の生活を破壊するおそれがあるような場合である）、④競売手続が進行してしまうと、調停成立を不能にしたり、著しく困難にするおそれがあること（調停の目的となっている権利について、民事執行手続が進められている場合には、この要件に該当するとされる場合が多いであろう）、⑤担保を立てること（担保は必要的なものである）が必要になる。

(3)　申立てから執行停止までの手続の流れ

(A)　申立書の提出

申立人は、民事執行手続停止決定の申立書を作成し、調停裁判所に提出する。申立書には、申立ての趣旨（たとえば、「債権者を本件の被申立人とし、債務者兼所有者を本件の申立人とする別紙物件目録記載の不動産に対する○○地方裁判所令和○○年(ケ)第○○号担保不動産競売事件の競売手続は、○○簡易裁判所令和○○年(ノ)第○○号債務弁済協定調停申立事件が終了するまで停止する、との決定を求める。」などとする）および申立ての理由（民事執行がされていること、調停によって解決することが相当であることなどを記載する）を記載する。申立手数料は500円である（民訴費用法3条1項・別表第1の17のト、民訴費用規則

４条１号）。職権で執行停止を命ずることはできない。この執行停止を求める手続は、調停事件の係属を前提とする手続である。したがって、調停の申立書と同時に民事執行停止の申立書を提出することは許されるが、調停の申立てをしないでこの執行停止の申立てだけをすることは許されない。申立ての時期は、前記のように調停の申立て後から調停が終了するまでであるが、民事執行手続が終了してしまえば、申立ての利益がなくなることになる（もっとも、この場合には、調停申立てを維持する利益もないのが通常であろう）。

(B)　理由の疎明

執行停止を求める者は、その理由を疎明しなければならない（民調規則５条３項）。その代表的なものは、弁済計画書や弁済領収書である。法文上の規定はないが、実務上は申立人につき面接を行い、口頭あるいは書面により必要な補充を求めている例が多いと思われる。疎明資料の中心は、調停によって解決することが相当であるという点に関することであるから、それを明らかにできるような、弁済方法や自己資金に関する申立人の上申書や陳述書、第三者から融資を受けられるという場合や競売対象物件以外にも不動産があり、その売却による返済が可能であるというような場合には、第三者作成の上申書や申立人が第三者から聴取した内容をまとめた報告書といったものを提出することが考えられよう。弁済計画については、単に毎月分割によりいくらぐらいを支払っていきたいというだけでは不十分であり、その原資が判明する資料や毎月の生活状況といった裏付けとなる資料に基づいて作成することが必要である。他に売却物件があるという場合も、単に、当該物件についての登記事項証明書や不動産の媒介の依頼に関する書類を提出するだけでなく、具体的な売却の可能性が判明するような報告をするよう努力すべきであろう。

(C)　担保の提供

調停裁判所は、申立書と疎明資料等から、当該調停事件を調停手続によって解決することが相当であり、かつ調停の目的となっている権利に関する民事執行手続の進行が調停の成立を不能にし、または著しく困難にするおそれがあると認めた場合、申立人に対しまず担保を立てることを命ずる。具体的な担保金額および立担保期間は、調停裁判所が定めて申立人に告知する（通

常は口頭告知される）。この期間内に申立人が担保を立てないときは、執行停止の申立てが却下されることになる。

　　(D)　供託書正本（写し）等の提出

　担保を立てることを命じられた申立人は、発令裁判所の所在地を管轄する供託所（金銭または有価証券の供託については、法務局、地方法務局、またはそれらの支局および法務大臣の指定する出張所が供託所となる（供託法1条））に担保として命じられた金額または裁判所が相当と認めた有価証券を供託し（民調規則5条4項、民訴法76条）、供託書正本を調停裁判所に示したうえ、その写しを提出する。この金銭による供託に代え、裁判所の許可を得て、担保を供すべきことを命じられた申立人と銀行等（銀行、保険会社、農林中央金庫、商工組合中央金庫、全国を地区とする信用金庫連合会、信用金庫、労働金庫）との間で支払保証委託契約を締結する方法によって担保を供することもできる（民訴規則29条1項）。

　民事保全法14条2項に定める管外供託（遅滞なく民事保全法4条1項の供託所に供託することが困難な事由があるときは、迅速に担保を供託することができるよう、裁判所の許可を得て、債権者の住所地または事務所の所在地その他裁判所が相当と認める地を管轄する地方裁判所の管轄区域内の供託所に供託することができる）については適用されない。したがって、仮に管外供託をしても無効な供託とされるので注意されたい。なお、第三者供託は可能である。

　　(E)　民事執行手続停止決定

　申立人が担保を立てたことを確認した調停裁判所は、民事執行手続停止決定をし、その決定正本を申立人と相手方に送達する。

　　(F)　執行機関への提出

　申立人が、上記決定正本を執行裁判所または執行官に提出することにより、民事執行手続は停止する（民執法39条1項7号）。決定がされても、自動的に執行手続が停止されるわけではないことに留意されたい。なお、執行手続の進行の段階によっては、停止の効力が生じない場合がある（民執法72条2項・84条4項）。

　　(4)　**民事執行手続の続行**

　上記の執行停止決定正本が執行機関に提出されると、進行していた民事執

行手続は停止することになる。相手方（債権者）がその決定に対して即時抗告をしても執行停止の効力がないので（民調規則5条5項、民調法22、非訟法82条・72条1項本文）、執行停止決定の執行を止めることはできない。しかし、相手方（債権者）は、調停事件の進行状態と申立人（債務者）の態度などから考え、停止された民事執行手続を再開すべきだと思えば、調停裁判所に対し、民事執行手続続行の申立てをすることができる（民調規則5条2項）。申立手数料は500円である（民訴費用法3条1項・別表第1の17のト、民訴費用規則4条1号）。調停裁判所が、その申立てに対し、その必要性を認める場合には、担保を立てさせまたは立てさせないで民事執行手続の続行を命ずることになる（民調規則5条2項）。

【書式7】　強制執行停止の申立書

| 印　紙 |
| 500円 |

強制執行停止決定申立書

令和○○年○○月○○日

○○簡易裁判所　御中

申　立　人　　甲　野　太　郎　㊞

東京都○○区○○1丁目2番3号

申立人　　甲　野　太　郎

東京都△△区△△4丁目5番6号

被申立人　　乙　川　二　郎

申立ての趣旨

　○○地方法務局所属公証人何某作成令和○○年第○○号として執行認諾文言のついた金銭消費貸借公正証書に基づく○○地方裁判所令和○○年(ヌ)第○○号不動産強制競売事件の強制執行手続は，御庁令和○○年(ノ)第○○号債務不存在確認調停申立事件が終了するまで停止する。
との裁判を求める。

申立ての理由

1　現在御庁において申立人と被申立人との間の債務不存在確認請求調停事件が係属中である。
2　上記調停で申立人は，債務不存在を主張し，被申立人の執行を争っている。しかし，調停成立前に被申立人が申立人の財産に対して強制執行を行うと，調停は無意味となる。
3　よって，申立ての趣旨どおりの裁判を求める。

添　付　書　類

```
1  強制競売開始決定正本     1通
2  不動産登記事項証明書     1通
3  固定資産評価額証明書     1通
4  領収書               1通
```

【書式8】　支払保証委託契約による立担保の許可申請書

令和○○年(ノ)第○○号　○○請求調停申立事件

申立人　　甲　野　太　郎

相手方　　乙　川　二　郎

支払保証委託契約による立担保の許可申請書

令和○○年○○月○○日

○○簡易裁判所　御中

申請人（申立人）　甲　野　太　郎　㊞

　　上記当事者間の強制執行停止決定申立てについて，○○円の担保を立てることを命じられた。よって民事調停規則5条4項，民事訴訟法76条，民事訴訟規則29条により，前記担保を下記銀行と支払保証委託契約を締結する方法によって立てることの許可を求める。

記

東京都○○区1丁目2番3号

株式会社○○銀行○○支店

【書式9】　期間延長の許可申請書

令和○○年(ノ)第○○号　○○請求調停申立事件

申立人　○　○　○　○

被申立人　○　○　○　○

許　可　申　請　書

令和○○年○○月○○日

○○簡易裁判所　御中

申請人（申立人）　○　○　○　○　㊞

　　上記当事者間の強制執行停止決定申立てについて、担保の提供期限を令和○○年○○月○○日と定められましたが、下記理由により、令和○○年○○月○○日まで期限の延期を許可されたく申請します。

記

（延期を必要とする理由）

　担保提供を命ぜられた○○万円のうち、○万円は自己資金を用意しており、その余の○万円については、親戚から借りる予定でいたところ、その借入れができるのが○○月○○日であるため

令和○○年(ノ)第○○号　債務不存在確認調停申立事件

強制執行停止決定

東京都○○区○○１丁目２番３号
　　　　　申　立　人　甲　野　太　郎
東京都△△区△△４丁目５番６号
　　　　　被申立人　乙　川　二　郎

　上記当事者間の強制執行停止申立てについて、当裁判所は、申立人の申立てを相当と認め、担保として○○万円を供託させたうえで、次のとおり決定する。

主　　　文

　被申立人が、申立人に対し、別紙物件目録記載の不動産についてなした○○地方裁判所令和○○年(ヌ)第○○号不動産強制競売事件の強制競売手続は、上記当事者間の当庁令和○○年(ノ)第○○号債務不存在確認調停申立事件の終了に至るまで停止する。

　　　　　令和○○年○○月○○日
　　　　　○○簡易裁判所
　　　　　裁判官　○　○　○　○　㊞

（別紙省略）

【書式10】　執行停止の上申書

令和○○年(ヌ)第○○号　不動産強制競売事件
債権者　　乙　川　二　郎
債務者　　甲　野　太　郎

上　申　書

　　　　　　　　　　　令和○○年○○月○○日
○○地方裁判所民事第○部　御中

　　　　　債　務　者　甲　野　太　郎　㊞

　頭書の事件について，強制執行停止決定正本を提出します。

添　付　書　類

1　強制執行停止決定正本　　　1通

【書式11】　執行手続続行の申立書

印　紙
500円

強制執行手続続行決定の申立書

令和○○年○○月○○日

○○簡易裁判所　御中

申立人　乙　川　二　郎　㊞

東京都△△区△△４丁目５番６号

申立人　乙　川　二　郎

東京都○○区○○１丁目２番３号

被申立人　甲　野　太　郎

申立ての趣旨

　申立人から被申立人に対する○○地方裁判所令和○○年(ヌ)第○○号不動産強制競売事件の強制競売手続はこれを続行する。
との裁判を求める。

申立ての理由

1　被申立人は，令和○○年○○月○○日御庁に債務不存在確認の調停申立てをし同時に，申立人から○○地方法務局所属公証人何某作成平成○○年第○○号の執行認諾文言のついた金銭消費貸借公正証書に基づく強制執行のため○○地方裁判所がなした強制競売開始決定の執行停止を求め，御庁は令和○○年○○月○○日執行停止決定をなし，執行手続は停止されたままである。

2　しかし，本日までの調停の経過をみると，被申立人は第１回期日に出頭したのみで，第２回期日以後一度も出頭しない。この事からも被申立人には調停を進める誠意がなく，もっぱら執行手続の遅延を図っているものとしか思われない。

3　よって，申立ての趣旨どおりの裁判を求める。

添　付　書　類

1　強制執行停止決定正本　　　1通

2　不動産登記事項証明書　　　1通

3　報告書　　　　　　　　　　1通

【書式12】　強制執行手続続行の上申書

令和○○年(ヌ)第○○号　不動産強制競売事件

債権者　　○　○　○　○

債務者　　○　○　○　○

強制執行手続続行の上申書

令和○○年○○月○○日

○○地方裁判所　御中

債　権　者　○　○　○　○　㊞

　頭書の事件について，強制執行停止決定（○○簡易裁判所令和○○年(ノ)第○○号○○請求調停申立事件）により手続停止中のところ，調停不成立により終了したので，不動産強制競売手続を続行されるよう上申します。

添　付　書　類

　1　調停不成立証明書　　　1通

【書式13】　調停不成立証明申請書

令和○○年(ノ)第○○号　　○○請求調停申立事件

申立人　甲　野　太　郎

相手方　乙　川　二　郎

┌─────┐
│印　紙│
│500円│
└─────┘

調停不成立証明申請書

令和○○年○○月○○日

○○簡易裁判所　御中

相手方　乙　川　二　郎　㊞

　頭書の事件について，令和○○年○○月○○日に調停不成立（民事調停法14条）により終了したことを証明してください。

受　　　　　書

令和○○年○○月○○日

○○簡易裁判所　御中

相手方　乙　川　二　郎　㊞

　下記の書類を受領しました。

記

　1　調停不成立証明書　1通

令和○○年(ノ)第○○号　○○請求調停申立事件
申立人　甲　野　太　郎
相手方　乙　川　二　郎

調停不成立証明申請書

　　　　　　　　　　　　　　　　　　　　令和○○年○○月○○日

○○簡易裁判所　御中

　　　　　　　　　　　　　　　相手方　乙　川　二　郎　㊞

　頭書の事件について，令和○○年○○月○○日に調停不成立（民事調停法14条）により終了したことを証明してください。

　上記のとおり証明する。
　　　　令和　　年　　月　　日
　　　　　　○○簡易裁判所
　　　　　　　　裁判所書記官

3　訴訟手続中止の申請

　調停を申し立てた事件について訴訟手続が進行しているときは、その訴訟を担当している裁判所は、その必要性を認めた場合、調停事件が終了するまで訴訟事件の手続を中止することができる（民調法20条の3）。したがって、訴訟手続を中止してもらいたい調停の申立人は、受訴裁判所に対して、訴訟手続中止の申立てをする必要があろう。

【書式14】　訴訟手続中止申請書

令和○○年(ワ)第○○号　○○請求事件
原告　　甲　野　太　郎
被告　　乙　川　二　郎

訴訟手続中止申請書

　　　　　　　　　　　　　　　　　　　　令和○○年○○月○○日

○○地方裁判所　御中

　　　　　　　　　　　　　　被　告　乙　川　二　郎　㊞

　頭書の事件について，被告は令和○○年○○月○○日○○簡易裁判所に調停の申立てをしたので，この調停手続が終了するまで，本件訴訟手続を

中止していただきたく申請します。

添　付　書　類

1　調停申立受理証明書　1通

【書式15】　調停申立受理証明申請書

令和○○年(ノ)第○○号　○○請求調停申立事件

申立人　乙　川　二　郎

相手方　甲　野　太　郎

<table>
<tr><td>印　紙
150円</td><td align="center">**調停申立受理証明申請書**</td></tr>
</table>

令和○○年○○月○○日

○○簡易裁判所　御中

申立人　乙　川　二　郎　㊞

　頭書の事件について、別紙調停申立書写しのとおり、令和○○年○○月○○日に受理され、現在係属中であることを証明してください。

受　　　　　書

令和○○年○○月○○日

○○簡易裁判所　御中

申立人　乙　川　二　郎　㊞

　下記の書類を受領しました。

記

1　調停申立受理証明書　1通

令和○○年(ノ)第○○号　○○請求調停申立事件

申立人　乙　川　二　郎

相手方　甲　野　太　郎

<table>
<tr><td>印　紙
150円</td><td align="center">**調停申立受理証明申請書**</td></tr>
</table>

令和○○年○○月○○日

○○簡易裁判所　御中

申立人　乙　川　二　郎　㊞

　頭書の事件について、別紙調停申立書写しのとおり、令和○○年○○月○○日に受理され、現在係属中であることを証明してください。

上記のとおり証明する。

　　　令和　　　年　　　月　　　日

　　　　　　○○簡易裁判所

　　　　　　裁判所書記官

第10　調停機関等による調停の準備

1　民事調停委員の任命、地位

　民事調停委員は、弁護士となる資格を有するもの、民事の紛争の解決に有用な専門的知識経験を有する者または社会生活のうえで豊富な知識経験を有する者で、人格識見の高い年齢40歳以上70歳未満の者の中から、最高裁判所が任命する（民事調停委員及び家事調停委員規則1条）。その任期は2年で（民事調停委員及び家事調停委員規則3条）、その地位は非常勤の裁判所職員である（民調法8条2項）。民事調停委員は、調停委員会の構成員として直接調停事件の処理にあたるほか、裁判所の命令を受けて、他の調停事件について専門的な知識経験に基づいた意見を述べたり、嘱託に基づいて事件の関係人から紛争の解決に関する意見の聴取をするなどの職務を行う（民調法8条1項）。

2　調停委員会の組織

　調停の申立てがあると原則として、調停主任裁判官1名と民間から選ばれた2名以上（通常は2名であり、専門的知識を要するような複雑な事件については、2名を超えて指定される）の民事調停委員とからなる調停委員会が構成され（民調法6条）、この調停委員会で調停が行われる。例外的に、裁判官だけで調停が行われることもある（民調法5条1項）。調停主任裁判官は、地方裁判所および簡易裁判所ごとに地方裁判所が指定し、調停委員会を組織する民事調停委員は、当該裁判所所属の民事調停委員の中から裁判所が各事件ごとに指定する（民調法7条）。指定のあったことおよび民事調停委員の氏名は、

調停記録上で明確にされる。また、調停事件の処理に必要な職務を行う存在として民事調停官がいる（民調法23条の2）。

3　民事調停委員の指定

具体的な調停事件に対する民事調停委員の指定は、裁判所で行うが、具体的な指定に当たっては、調停事件の内容、各調停委員の専門的な知識や経験等を踏まえて行うことになる。したがって、調停事件における争点が専門的な事項を内容としている場合には、当該専門的な事項に詳しい専門家の委員を調停委員に指定することになる。たとえば、宅地建物調停事件で、不動産の評価や賃料の額が争点になっている場合には、不動産鑑定士の資格を持った調停委員を指定したり、建築関係の紛争では建築士の調停委員が、医療関係が問題となっている場合には、医師の資格を持った調停委員が指定されたりすることになろう。なお、事件数等の関係から、専門家の委員を調停事件の最初から指定できない場合には、当該調停委員会を構成していない専門家の調停委員の意見を聴取する方法もありうる（民調規則18条1項）。また、事案によっては調停委員を追加指定することも考えられる。また、調停事件を受け付けた簡易裁判所に適任の専門家の委員が所属していない場合には、当該簡易裁判所は、その所在地を管轄する地方裁判所に対し、その地方裁判所またはその管轄区域内の他の簡易裁判所に所属する専門家の委員について、当該簡易裁判所の調停委員の職務代行を命ずる旨を要請することになろう（民事調停委員及び家事調停委員規則5条）。

4　期日の指定、呼出し

調停委員会が組織されるとその調停委員会は、調停を行う日時を指定し、当事者等を呼び出すために調停期日呼出状、申立書副本を送付する（民調法12条の3、民調規則7条。なお、送達と要する場合には送達手続をとることになる）。なお、実務上、事件の迅速処理の観点から第1回調停期日は、調停委員会を代表する形で調停主任裁判官が指定している。呼出状には調停期日、たとえば「令和○○年○○月○○日午前○時」と、調停を行う場所、たとえば「○○簡易裁判所第○号調停室」および出頭すべき旨が記載される。調停

を行う場所は、通常、調停裁判所の調停室であるが、事件の実情によっては裁判所外の適当な場所で行われることもある（これを現地調停という。民調法12条の4）。期日の呼出しには、民事訴訟法の規定が準用されるので、呼出状の送達、その他相当と認める方法によってする（民調法22条、非訟法34条4項、民訴法94条1項）。実務においては、申立人に代理人として弁護士がついている場合には、調停期日呼出状を送達する代わりに電話による簡易呼出しをしたうえで（民訴法94条）、期日請書【書式16】の提出を求めたり、普通郵便で送付している例が多い（なお、不出頭者に対し、過料の制裁を科すためには、期日の呼出しは送達手続によるものでなければならないと解されるところ、実務における運用を前提とする限り、過料の裁判をすることはおよそないということになろう。もっとも、これは、過料の制裁から逃れるために調停期日に出頭しても実質的な話合いができないということを実務が重視したためであることにも留意されたい）。なお、相手方に対しては、あらかじめ代理人がついている場合でも、調停期日呼出状と申立書副本を本人に対し、郵便で送付することもある。公害等調停で、代表当事者が選任されているときは、期日の呼出しは代表当事者だけに行われることになる（民調規則37条4項）。また、農事調停事件と鉱害調停事件については、受理通知の際に期日の呼出しも行われる（民調法27条・28条・33条）。

【書式16】　期日請書

令和○○年(ノ)第○○号　○○請求調停申立事件
申立人　甲　野　太　郎
相手方　乙　川　二　郎

調　停　期　日　請　書

令和○○年○○月○○日

○○簡易裁判所　御中

申立人代理人　甲　山　花　子　㊞

　頭書の事件について，調停期日を令和○○年○○月○○日午前10時と指定告知されたから，同日時に出頭いたします。

事件番号　令和〇〇年（〇）第〇〇号　〇〇請求調停申立事件
申立人　〇　〇　〇　〇
相手方　〇　〇　〇　〇

調 停 期 日 呼 出 状

令和〇〇年〇〇月〇〇日

相手方　〇〇〇〇　殿
　　　　〇〇簡易裁判所民事調停係
　　　　　裁判所書記官　〇　〇　〇　〇
　　　　　　電話番号　　　〇〇〇－〇〇〇－〇〇〇〇（内線〇〇）
　　　　　　ファクシミリ　〇〇〇－〇〇〇－〇〇〇〇

　頭書の事件について，当裁判所に出頭する期日及び場所が，次のとおり定められましたので，出頭してください。
　　期日　令和〇〇年〇〇月〇〇日（〇曜日）　午前〇時
　　場所　当裁判所第〇調停室（〇階）
（注意事項）
　　〇　出頭の際には，簡易裁判所受付（1階）へお越しください。
　　〇　調停の開始に際し，この呼出状を調停委員に提示してください。
　　〇　やむを得ない場合を除き，必ず本人が出頭してください。正当な理由がなく出頭しない場合には，調停が打ち切りとなる場合があります。病気やその他やむを得ない事情により期日に出頭できない場合は，当係にご連絡ください。
　　〇　弁護士や代理人となる資格のある司法書士以外の人（例えば，親族や担当社員など）を代理人にしたいという場合には，調停委員会の許可が必要ですので，当係にお問い合わせください。
　　〇　この事件に関係があると思われる書類等をお持ちでしたら，期日当日に持参してください。

（照会書・回答書）

事件番号　令和〇〇年（〇）第〇〇号
相手方　〇〇〇〇　殿
　　　　令和〇〇年〇〇月〇〇日
　　　　　〇〇簡易裁判所民事調停係
　　　　　　裁判所書記官　〇　〇　〇　〇

　　　　電話番号　　　〇〇〇－〇〇〇－〇〇〇〇（内線〇〇）
　　　　ファクシミリ　〇〇〇－〇〇〇－〇〇〇〇
　頭書の事件の手続を円滑に進めるために必要ですので，お手数ですが，次の照会事項について記載の上，郵便又はファクシミリにより，この回答書を令和〇〇年〇〇月〇〇日までに，当係宛に提出してください。

- -

照会書・回答書

1　第1回調停期日に出席することができますか。
　　□　出席します。
　　□　代理の者が出席します（代理人の氏名　　　　　続柄　　　）。
　　※　弁護士や代理人となる資格のある司法書士以外の人が代理人になる場合には，所定の手続が必要となります。
　　□　欠席します。
　　(1)　理由を記載してください。

　　(2)　次回の調停期日を決めるについて、都合の悪い日及び時間帯があれば記入してください（調停を行うのは，〇曜日又は〇曜日の午前10時から午後5時までの間になります。）。

2　話合いによる解決を希望しますか。
　　□　希望する。
　　□　希望しない（理由を記載してください。）。

3　その他，何かあれば記入してください。

4　日中，裁判所から電話をかけてもよい電話番号を記載してください。
　　□　自宅
　　□　携帯
　　□　勤務先（勤務先名）
5　4の電話番号を申立人に知らせてもよいですか。
　　□　よい。
　　□　知らせないで欲しい。
6　あなたに電話をかける際には，「簡易裁判所」と名乗ってもよいですか。
　　□　よい。

205

□　「簡易裁判所」ではなく，担当者の個人名でかけて欲しい。
　　　令和　　年　　月　　日
　　　　　氏　名　　　　　　　　　　　　印

（申立てに対する回答書）

事件番号　令和○○年（○）第○○号

　あなたの言い分を事前に把握するため，下記事項について記載の上，郵便又はファクシミリで，この回答書を令和○○年○○月○○日までに，当係宛に提出してください。
　なお，この用紙に記載しきれないときは，別の用紙に記載し添付してください。

- -

申立てに対する回答書

1　調停申立書に記載されている内容について
　□　次の部分が間違っている（該当する部分を具体的に記載してください。）。

　□　知らない部分がある（該当する部分を具体的に記載してください。）。

　□　すべて間違いない。
2　本件申立てに対するあなたの言い分を記載してください。

3　あなたの言い分を裏付ける証拠書類がありますか。
　□　ある（その写しを一緒に提出してください。）。
　□　ない。
4　裁判所からの書類は，どこに宛てて送付すればよいですか（送達場所の届出）。
　□　調停申立書に記載されたとおり
　□　次のとおり（□自宅　□就業場所　□その他）
　　　〒
　□　送達受取人（あなたの自宅，就業場所以外に送付する場合には，受け取られる方の名前を記載してください。）
　　　令和　　年　　月　　日

氏　名　　　　　　　　　印

【書式17】　期日変更申請書

令和○○年(ノ)第○○号　　○○請求調停申立事件
申立人　　甲　野　太　郎
相手方　　乙　川　二　郎

期　日　変　更　申　請　書

令和○○年○○年○○日

○○簡易裁判所　御中

相　手　方　　乙　川　二　郎　㊞

　頭書の事件について，調停期日を平成○○年○○月○○日午前10時と指定告知されましたが，交通事故により入院しましたので，当日は出頭できません。期日を変更されたく申請します。
　なお，入院期間は約３週間の予定です。

第11　調停期日前における手続

　調停委員会は、事件を迅速に処理し、早期に成立に導くために、調停開始前に必要な調査等を行う。

1　期日前の調査の嘱託

　調停委員会は、調停手続を迅速に進めるための資料を得るため、期日前に必要な調査を官庁、公署その他適当であると認められる者に嘱託することができる（民調規則16条）。なお、嘱託の手続は、書記官が行う（民調規則17条）。調査嘱託の具体例としては、①交通調停で、検察庁や警察署に実況見分調書等の送付を求めること、②登記申請が申請人の意思に基づくものか否かが争点となっている場合に登記申請書類の送付を求めること、③宅地建物調停事件で、係争建物が建築基準法上の規制等に該当するか否かにつき調査を嘱託をすることなどが考えられる。

2　期日前の調査その他必要な資料の入手

　調停委員会は、調停事件を迅速に処理するために、調停の開始前の段階で当事者の主張の把握や整理をするために必要な調査を行う（民調法12条の7第1項）。なお、これらの調査は書記官に行わせることができるとされている（民調規則13条2項）。この場合の具体例としては、①交通調停事件の当事者に、事故状況、損害の項目や金額、被害程度等についての、より詳細な主張を求めること、②賃料改定調停事件について、不動産の所有者に固定資産税、都市計画税関係の証明書の提出を求めるといったことなどが考えられる。

3　期日外の準備

　調停に関与する者（調停事件の関係者のほか、調停主任、調停委員、書記官も含まれる）は、調停が適正かつ迅速に行われるように、調停期日外で十分な準備をしなければならないとされている（民調規則9条）。ここで、当事者における十分な準備というのは、期日で紛争の実相を踏まえた協議ができるように、事実関係を把握・整理したうえで、主張等を記載した書面を準備したり、関係資料を整理し、その写しを準備したりといったことを指すことになる。また、当事者が直送しなければならない書類または裁判所が当事者に送付しなければならない書類の直送を受けた当事者は、受領書面を直送するとともに、これを裁判所に提出しなければならないとされていることにも留意が必要である（民調規則24条、非訟規則36条5項）。

第12　調停期日の実施

1　調停期日の開始

　調停期日には、調停主任・調停委員が列席し、書記官が立ち会うのが建前である。しかし、実務においては、調停事件の種類にもよるが、担当する事件の全期日に列席しているのが調停委員のみであることも多く、これは、調

停主任が多数の事件を担当するため、やむを得ないという考え方（この場合、調停主任と調停委員の意思疎通は、期日前や期日後の評議等により、補われることになろう）もされている。もっとも、このような考え方に立った場合でも、事件が長期化し調停の進行を促す場合や、期日において調停主任の判断を求める必要がある場合などには、調停主任が列席することになろう。また、書記官も、調停主任の指示がある場合に立ち会うとするのが実務の考え方であろう。なお、調停の成立時、不成立時には、調停主任の列席と書記官の立会いが必要となるのは、当然の前提である。

2　期日の非公開

　調停期日は、非公開で行われる（民調法22条、非訟法30条）。ただし、調停委員会が相当であると認めた者については傍聴（発言権はない）が許されよう（実務上は、当事者の不安を和らげるなどといった点も考慮して、その親族の傍聴を許すこともあろう）。

3　電話会議の方法による期日の実施

　裁判所は、当事者が遠隔の地に居住しているときその他相当と認めるときは、当事者の意見を聴いて、裁判所および当事者双方が音声の送受信により同時に通話することができる方法（いわゆる電話会議装置）によって、調停期日を実施することができる（民調法22条、非訟法47条）。この場合、当事者が1人も現実に裁判所に出頭していない場合であっても、調停期日の手続を実施することが可能であるが、調停が話合いの手続であることや本人の出頭義務が定められていることに照らしても（民調規則8条）、双方不出頭による進行というのは、例外的な場合ということになろうか。なお、当事者が電話会議による進行を希望する場合には、その旨の上申書（電話会議システムの利用を求める理由、通話先の電話番号、通話先の場所等を記載する）を提出して、その利用を求めることになろう。

4　調停期日における行為

　調停期日においては、まず、事案の真相を解明するため、調停委員が当事

者双方から紛争の実情を聴取する例が多いと思われる。当事者は、これに応じる形で、当該紛争における権利関係や紛争の実情についての陳述、それぞれの相手方が主張する事実に対する答弁、当該事件を解決するために譲歩できる事項と具体的な内容などを陳述することになろう。もっとも、ここでの陳述は、口頭弁論期日における弁論とは異なり、幅広い内容となることが予定されており、紛争の解決に必要な場合には、申立てに触接かかわることだけでなく、当事者間における他の紛争も取り込むことが可能であると考えられている。なお、申立人は、調停期日において、申立ての取下げ（一部取下げを含む）、申立ての拡張や変更等の申立てをすることができるが、調停の申立てに際して、紛争の要点を明らかにすればよいとされていることや話合いを続ける中で当事者の考え方も変わってくることも踏まえて、このような行為をその都度明示的に行うことなく、手続が進められる例もあろう（この場合には、調停を終局する時点で、申立ての内容が確定されることになろう）。

5　事実の調査

民事訴訟では、証拠は当事者の責任において提出しなければならないとされており、調停手続でも基本的には同様である。証拠の多くは当事者が持っていることを踏まえると、当事者が進んで資料を提出することが望ましく、現実の調停においても、資料の多くが当事者から提出されている。もっとも、調停手続においては条理にかなった解決を図るという目的を達成するために、職権調査主義が採用され、調停委員会が職権で事実の調査を行うことができることを定めている（民調規則13条1項）。事実の調査は、特別の方式によらず、かつ、強制力を用いる方法によらないで資料を収集することをいい、訴訟手続のように厳格な証拠調べ手続によらないで、当事者が持参した契約書類を調べたり、参考人から事情を聴くなどの方法で行うことになる。そこで、調停委員会は、前記の実情を聴取したうえで、必要に応じて、証拠書類を調べ、参考人から事情を聴取し、不動産その他の物の状況を見分するなど、種々の方法により事実の調査を行うのである。事実の調査は、調停委員会が自ら行うのが原則であるが、必要に応じ、調停主任裁判官、調停委員会を組織する調停委員、担当書記官が行ったり、あるいは他の地方裁判所、

簡易裁判所に嘱託することもできる（民調規則13条 1 項・2 項・14条）。担当書記官が行う事実の調査の例としては、当事者等から紛争の内容等につき事情を聴取し書面（陳述録取書等）にまとめたり、紛争となっている建物や土地の写真や交通事故に基づく損害賠償を求める調停において、事故現場の写真を撮って撮影報告書として提出するといったことが考えられる。

6　証拠調べ、調査の嘱託

(1)　証拠調べ

調停手続においても、証人尋問、鑑定、検証、文書提出命令（非訟法53条 3 項により、不提出の場合の過料の制裁も定められている）、書証の取調べなどの証拠調べを行うことができる（民調法22条、非訟法53条）。この場合には、基本的には、民事訴訟法に定める方式によることになる。たとえば、不動産の賃料増減額請求事件において、適正賃料額の鑑定を必要とするような場合がある。このようなときに正式な鑑定を行うには、民事訴訟法の鑑定手続によって行うことになる。すなわち、鑑定を希望する当事者は鑑定の申立書を提出し、鑑定費用を裁判所に予納する。その後、鑑定人調べ期日を指定したうえ、鑑定人を呼び出し、宣誓させたうえで鑑定を命じるか、または、書面宣誓の方法（民訴規則131条 2 項）により鑑定を命じることになる（なお、実務においては、鑑定費用等の関係もあり、不動産鑑定士の資格のある調停委員が当事者の提出する資料等を踏まえて、調停委員会としての意見にまとめたうえで、当事者に提出するといった方法もとられている）。なお、調停手続における証拠調べは、妥当な調停を導くための資料を得ることが主眼とされているので、民事訴訟法の規定に従って行うとはいっても、立証責任や自由心証主義といったような問題は生じない。

(2)　調査の嘱託

調停委員会が必要とするときは、官庁、公署またはその他の団体に対して、文書の送付を求めたり、調査の嘱託をすることができる（民調規則16条）。嘱託先は、個人、法人、公的機関、私人を問わない。

【図表3】　第1回調停期日以降の手続の流れ（概要）

1　当事者双方が出席した場合	
(1)　合意が成立したとき	調停成立
(2)　合意が成立する見込みがあるが、当該期日中に合意が成立しなかったとき	期日続行 ※　この場合、当事者双方には次回期日までに検討すべき事項等が調停委員会より伝えられる。
(3)　概ね双方の意見が一致しているものの、わずかな部分で合意成立に至らなかったとき	調停に代わる決定（17条決定）あるいは期日続行 ※　期日続行の場合、当事者双方には次回期日までに検討すべき調停案等が調停委員会より伝えられる。
(4)　合意に達する見込みがないとき	調停不成立（もしくは取下げ） ※　なお、申立人が不成立ではなく、申立ての取下げを希望する場合には、その意向が尊重される。
(5)　事情聴取の結果、調停を進めることが適当でないと認められるとき	調停をしない
2　当事者双方が欠席した場合	
(1)　当事者の一方もしくは双方から事前に裁判所に連絡があったとき	期日変更（事案によっては調停不成立あるいは調停をしない） ※　調停事件の内容や当事者の事前連絡の内容を踏まえて、合意に達する見込みがないと判断されれば調停不成立とし、調停を進めることが適当でないと認められれば調停をしないという取扱いとすることも考えられる）

(2)　当事者双方から事前に裁判所に連絡がなかったとき	調停をしない
3　申立人が出席し、相手方が欠席した場合	
(1)　申立人からの事情聴取の結果（あるいは相手方からの事前の連絡等により）、相手方が次回期日以降出席する見込みがあるとき	期日続行
(2)　申立人からの事情聴取の結果（加えて相手方からの事前連絡もなく）、相手方が次回期日以降も出席する見込みがないとき	調停不成立（事案によっては調停をしない）あるいは取下げ
(3)　申立人からの事情聴取の結果と相手方からの提出書面や電話による照会等により、調停を成立させるのが相当であると認められるとき	調停に代わる決定
4　申立人が欠席し、相手方だけが出席した場合	
(1)　事前連絡等により、申立人が次回期日以降出席する見込みがあるとき	期日続行（事案によっては調停不成立あるいは調停をしない） ※　調停事件の内容や申立人の事前連絡の内容、相手方の意向等を踏まえて、合意に達する見込みがないと判断されれば調停不成立とし、調停を進めることが適当でないと認められれば調停をしないという取扱いとすることも考えられる）
(2)　事前連絡等もなく、申立人が次回期日以降出席する見込みがないとき	調停不成立（事案によっては調停をしない）
(3)　4(1)、(2)いずれの場合でも、相手方から事情聴取した結果、申立ての趣旨どおりの内容で合意ができるとき	相手方の利益を考慮して、調停に代わる決定をすることも考えられる

【書式18】　文書送付嘱託申立書

令和○○年㈾第○○号　損害賠償請求調停申立事件

申立人　　甲　野　太　郎

相手方　　乙　川　二　郎

文 書 送 付 嘱 託 申 立 書

令和○○年○○月○○日

○○簡易裁判所　御中

相　手　方　　乙　川　二　郎　㊞

　頭書の事件について，本件交通事故の態様を明確にするため，下記の送付嘱託をされたく申し立てます。

記

1　文書の所持者　　○○市○○2丁目3番4号

　　　　　　　　　　○○地方検察庁

2　文書の表示

　　　次の刑事記録のうち，司法警察職員作成の実況見分調書

　　　　　被疑者　乙　川　二　郎

　　　　　検　番　令和○○年検第○○号

　　　　　罪　名　○○被疑事件

　　　　　処　分　不起訴（令和○○年○○月○○日確定）

以　上

令和○○年㈾第○○号　損害賠償請求調停申立事件

申立人　甲　野　太　郎

相手方　乙　川　二　郎

文 書 送 付 嘱 託 書

令和○○年○○月○○日

○○地方検察庁　御中

　　　　　○○簡易裁判所民事調停係

　　　　　　　裁判所書記官　○　○　○　○

　　　　　　　　電話番号　○○○－○○○－○○○○　（内線○○）

　　　　　　　　Ｆ　Ａ　Ｘ　○○○－○○○－○○○○

　頭書の事件について，民事調停法22条，非訟事件手続法53条，民事訴訟法226条により，別紙記載の書類等を送付されるよう嘱託します。

　追って，令和〇〇年〇〇月〇〇日午前〇〇時〇〇分が次回調停期日ですので，同期日の１週間前までに到着するようご配慮ください。
　なお，送付嘱託に係る文書等の送付費用として郵便切手〇〇円分を同封します。
（別紙省略）

【書式19】　調査嘱託申立書

令和〇〇年(ノ)第〇〇号　〇〇請求調停申立事件

申立人　　甲　野　太　郎

相手方　　乙　川　二　郎

調　査　嘱　託　申　立　書

令和〇〇年〇〇月〇〇日

〇〇簡易裁判所　御中

申　立　人　　甲　野　太　郎　㊞

　頭書の事件について、下記の調査嘱託をされたく申し立てます。

記

１　嘱託先

　　東京都〇〇区〇〇４丁目５番６号　〇〇信用金庫

２　調査事項

　　申立人と〇〇信用金庫間の預金取引の有無及び自己宛小切手発行に伴う取引の有無についての調査

以　上

令和〇〇年(ノ)第〇〇号　〇〇請求調停申立事件

申立人　甲　野　太　郎

相手方　乙　川　二　郎

調　査　嘱　託　書

令和〇〇年〇〇月〇〇日

〇〇信用金庫　御中

　　　　〇〇簡易裁判所民事調停係

　　　　　　裁判所書記官　〇　〇　〇　〇

　　　　　　　　電話番号　〇〇〇－〇〇〇－〇〇〇〇　（内線〇〇）

　　　　　　　　ＦＡＸ　〇〇〇－〇〇〇－〇〇〇〇

　　頭書の事件について，民事調停規則16条により，別紙記載の事項について調査の上，書面で回答されるよう嘱託します。

　　追って，令和○○年○○月○○日午前○○時○○分が次回調停期日ですので，同期日の1週間前までに到着するようご配慮ください。

　　なお，回答書の送付費用として郵便切手○○円分を同封します。

（別紙省略）

【書式20】　鑑定申立書

令和○○年(ノ)第○○号　　○○請求調停申立事件

申立人　　甲　野　太　郎

相手方　　乙　川　二　郎

鑑　定　申　立　書

令和○○年○○月○○日

○○簡易裁判所　御中

申　立　人　　甲　野　太　郎　㊞

　頭書の事件について，申立人は次のとおり鑑定の申立てをする。

申立ての内容

1　証すべき事実

　　東京都○○区○○1丁目2番3号の土地300メートルの相続開始時の時価について

2　鑑定事項

　　令和○○年○○月○○日当時の上記土地の時価

3　鑑定人

　　御庁においてしかるべき鑑定人を選任されたい。

以　上

7　意見の聴取

　調停事件の焦点が専門的な事項にわたるとき、調停委員会の構成員でなくても専門的な知識経験を有する他の調停委員から意見を聴くことは、その調停委員の有する専門的な知識経験を有効に活用することができることになる（民調規則18条1項）。たとえば、不動産の賃料増減額請求事件において、適正賃料額が問題となっている場合、不動産鑑定士である調停委員の意見を聴

取することは、紛争の解決には有効な方法である。先に述べた証拠調べとしての鑑定の方法によるときは、鑑定の申立人は申立書を提出すると共に費用の予納も必要となる。それに比べると、この専門調停委員からの意見の聴取は簡易・迅速に行われ費用も不要であるという利点がある。

8　調停期日における経過表の作成

　調停期日が開かれると、書記官が期日ごとに調書を作成するのが原則である（民調法12条の5、民調規則11条・12条）。もっとも、調停主任裁判官が、その必要がないと認めて許可したときは、調書の作成を省略することができる（民調法12条の5ただし書）。実務においては、調停が成立した期日等、調停が終了した期日を除いて調書の作成を省略し、それに代えて各期日の結果の要旨や次回の予定等をメモ的に記載した期日経過表を作成し、手続の進行に役立てるのが通例である。期日経過表は、調停委員が作成する。期日経過表は、調書の作成に代えて作成するもので、調書ではないから、仮に閲覧・謄写の申請があっても応じることはない。なお、期日経過表を作成する場合で、単に調停調書というときは、調停成立に関する合意を記載した調書を指すことになる。

9　調停事件記録の閲覧等

　当事者または利害関係を疎明した第三者は、書記官に対し、調停事件の記録の閲覧もしくは謄写、その正本、謄本もしくは抄本の交付または調停事件に関する証明書の交付を請求することができる（民調法12条の6第1項）。また、調停事件の記録中の録音テープまたはビデオテープ（これらに準ずる方法により一定の事項を記録した物を含む）について、当事者または利害関係を疎明した第三者が、書記官に対し、その複製を求めることができる（民調法12条の6第2項）。ただし、閲覧、謄写、複製の請求について、記録の保存または裁判所の執務に支障があるときは認められない。なお、事件の係属中、当事者または手続に参加している利害関係人がする閲覧等の申請手数料は不要であるが、事件終了後に申請する場合には、手数料（収入印紙150円分）が必要となる（民訴費用法7条・別表第2の1）。申請書の用紙は、裁判所の窓

口に備え付けられている。

第13　本人または代理人の出席

1　本人出頭の原則と代理

　調停は、相手方との話合いによって紛争を解決しようとする手続であるから、当事者本人が調停期日に出頭しなければならない。ただし、やむを得ない事由があるとき、たとえば、本人の病気、公務出張、本人の近親者が重病でその看護のためなどの理由で出頭できない場合には調停委員会の許可を受けて、弁護士以外の者でも代理人として出頭させることができる（民調規則8条2項、民訴費用規則4条1号）。なお、一度代理人を選任しても、本人も代理人とともに出頭することはもちろん可能であるし、調停手続の進行上はなるべく、本人が出頭するのが望ましい。弁護士以外の者を代理人とするときは、代理人許可申請書および委任状が必要であり、また本人と代理人との関係を明らかにする資料を提出しなければならない。弁護士以外の者を代理人として出席させる場合、代理人許可申請をすれば、誰でも許可されるというものではなく、親兄弟等の親族関係にある者や法人の場合の社員など一定の身分関係を必要としているのが実務の取扱いだからである。代理人許可申請書には申立手数料として500円の収入印紙が必要である（民訴費用法3条1項・別表第1の17のト、民訴費用規則4条1号）。代理人としての許・否の裁判は、申請書の余白に記載され、相当な方法（電話・口頭等）で告知される。公害等調停事件で代表当事者が選任されているときは、期日にはその者だけが出頭すれば足りる。ただし、代表当事者には、調停条項案の受諾、調停の申立ての取下げ等の権限がないことに留意されたい（民調規則37条2項）。なお、調停申立ての取下げ、民調法17条による決定に対する異議申立ておよび復代理人の選任などの事項が特別授権事項とされていることに留意されたい（非訟法23条2項）。

2　調停における代理と実務の取扱い

　調停事件における代理には、調停の申立てその他の手続における代理と、調停期日に出頭して意見等を述べることが前提となる出頭代理とがある。もっとも、実務上、弁護士や司法書士を代理人とする場合は、両方を含めた委任状が提出されることになるため、どちらの代理であるのかにつき問題となることはない。また、法律の専門家である弁護士や司法書士を代理人とすることは、当事者にとって有益であるだけでなく、手続の進行上もスムーズであるということもあって、この場合には、民事調停規則8条にいう「やむを得ない事由」があることも必要ではないという考え方もあるが（梶村太市＝深沢利一「和解・調停の実務〔補訂版〕」288頁）、これに対しては、同規則が民事調停において、特に本人出頭主義を定めた趣旨に照らすと、本人の出頭義務を完全に否定するのは相当ではなく、解釈論としては無理があるとの見解もされている（判例タイムズ932号197頁）。実務においては、このあたりの見解も踏まえて、調停を進めるうえで特に支障がないと判断されるような場合には、代理人だけで進行させ（なお、最判昭和36・1・26民集15巻1号175頁は、民調規則8条は、当事者の出頭できる場合に代理人を出頭させることを違法とする趣旨ではないと判断している）、必要が生じた段階で、代理人を通じて本人の出頭を促しているのが実情であろうと思われる。その場合、調停成立の段階は、最終的な当事者の意思確認という意味でも重要な手続となるため、調停成立時に当事者の同行を促す例が多いと思われる。本人出頭主義がとられた趣旨を踏まえると、できる限り、代理人が本人とともに出頭するのが望ましいということにはなろうが、現在、一部の庁で例外的に行われている夜間調停を除けば、調停期日が平日の昼間に行われ、かつ終結に至るまでには、数回の期日が実施されるのが通例であること、債務弁済協定調停事件においては、相手方である債権者が出頭しないまま手続を進めている実情もあることを踏まえると、このような取扱いにはやむを得ない面もあろう。その意味では、これまで以上に少ない回数で、より充実した調停運用を行うなどといった、本人がより出頭しやすい運用を工夫することも必要となろう。

【書式21】　代理人許可申請書

令 ・・	許	否	
調停委員会 （調停主任認印）			収入印紙500円 （消印しない）

調停用

<table>
<tr><td colspan="2" align="center">代　理　人　許　可　申　請　書</td></tr>
<tr><td>事件の
表　示</td><td>平成・(令和) ○ 年 （ ノ ） 第 ○ 号
申立人：　甲野太郎
相手方：　乙川次郎</td></tr>
<tr><td>申請の
理　由
（複数選択可）</td><td>□ 本人が病気で出頭できないため
□ 本人が仕事の都合で出頭できないため
☑ 代理人は事件の内容について詳しいため
☑ その他（申請人は高齢で外出するにも不自由なため　）</td></tr>
<tr><td>代理人の
表　示</td><td>住所：（〒○○○-○○○○）
　　　東京都○○区○○1丁目2番3号
氏名：　甲野一太郎　　　　　　　　　　　印
　　　電話番号：○○-○○○○-○○○○
申請人との関係：　長男</td></tr>
<tr><td colspan="2">上記の者を申請人の代理人とすることを許可してください。
　　○○簡易裁判所　御中
　令和 ○ 年 ○ 月 ○ 日
　　申請人　☑　申立人
　　　　　　□　相手方　　　　　甲　野　太　郎　印</td></tr>
<tr><td>添付書類</td><td>☑ 戸籍謄（抄）本 □ 住民票写し □ 社員証明書
□ その他（　　　　　　　　　　　　　　　　）</td></tr>
<tr><td colspan="2" align="center">委　任　状</td></tr>
<tr><td colspan="2">　私は，上記「代理人の表示」欄記載の者を代理人と定め，上記調停事件について次の権限を委任します。
　1　本件調停に関する一切の手続行為を行うこと
　2　次の手続行為を行うこと
　(1) 調停の申立ての取下げ
　(2) 最終決定に対する抗告若しくは異議又は民事調停法第22条で準用する非訟事件手続法第77条第2項の申立て
　(3) (2)の抗告，異議又は申立ての取下げ
　(4) 代理人の選任</td></tr>
</table>

```
　令和　○　年　○　月　○　日
　　　　　　住所　東京都○○区○○１丁目２番３号
　　　　　　申請人　　甲　野　太　郎　　印
```

	貼用印紙 500円	係印	受付印

※　上の太い黒枠内について記入してください。
※　項目を選択する場合には，□欄に「✓」を付してください。

第14　補佐人の出席

　補佐人とは、当事者とともに調停期日に出頭して、当事者の意見陳述を補佐する者である。弁護士でない者が補佐人となるためには、調停委員会の許可を受けなければならない（非訟法25条、民訴法60条）。調停手続において補佐人が出席する場合には、当事者が外国人で通訳を必要とする場合や当事者が難聴や盲目の場合で調停委員会との適切なコミュニケーションをはかる必要があるといった場合も多い。なお、補佐人で足りる場合であるのに、代理人として許可を求める例があるので、どちらに当たる場合なのか、十分に留意する必要があろう。

【書式22】　補佐人許可申請書

```
令和○○年(ノ)第○○号　　○○請求調停申立事件
申立人　　甲　野　太　郎
相手方　　乙　川　次　郎
　　　　　　　　補 佐 人 許 可 申 請 書
　　　　　　　　　　　　　　　令和○○年○○月○○日
○○簡易裁判所　御中
　　　　　　　　　　　　　申　請　人　　甲　野　太　郎　㊞

　頭書の事件につき，下記の者を申請人の補佐人とすることを許可されたく申請します。
```

221

```
                              記
   1　補佐人の表示
        住　　所　　東京都○○区○○１丁目２番３号
        氏　　名　　丙　山　三　夫
   2　補佐人を必要とする理由
     本件紛争は，建物の構造上の問題であり，建築士である上記の者を申
   請人の補佐人として調停に出席させたい。
                                           以　上
```

第15　受　継

　民事調停事件の係属中に当事者の一方が死亡したり、法人が合併するなどにより手続を続行できなくなった場合には、申立てまたは職権により、受継の要件を審査してその許否を命ずることになる（民調法22条、非訟法36条、民調規則24条、非訟規則33条）。申立ては、たとえば申立人から相手方相続人に対して受継を求めても【書式23】参照）、その相続人の方から受継を求めてもどちらでもよい。手続の受継を許した場合には、以後承継人を当事者として手続を進行させることになる。受継を許すときは、受継決定書を別に作成するか、あるいは申立書の余白に受継を認める旨の記載をして調停主任裁判官が押印することになる。当事者および承継人に対しては、相当な方法で告知される。申立ての理由がないと認めたときは、決定で却下することになる。この却下決定に対しては、即時抗告が可能である（非訟法36条２項）。なお、前記相続や合併といった当事者の地位の包括承継がある場合だけでなく、いわゆる特定承継（係争物の譲渡などのように当事者の地位が特定的に第三者に移転する場合）についても、受継手続が認められるか否かについては、利害関係人の参加手続（民調法11条）によるのが相当であるという考え方と、受継の手続によっても、どちらでもよいとする考え方があろう。

【書式23】　受継の申立書

```
   令和○○年(ノ)第○○号　　○○請求調停申立事件
   申立人　　　　　甲　野　太　郎
```

相手方　　　　　乙　川　二　太
相手方相続人　　乙　川　信　子
同　　　　　　　乙　川　花　子

調 停 手 続 受 継 申 立 書

令和○○年○○月○○日

○○簡易裁判所　御中

申 立 人　　甲 野 太 郎　㊞

　頭書の事件について，相手方乙川二太は令和○○年○○月○○日死亡し，下記の者が相続し，本件調停手続を承継したので，ここに受継の申立てをします。

記

　　　　東京都○○区○○４丁目５番６号
　　　　　　　　相　続　人　　乙　川　信　子
　　　　同所
　　　　　　　　相　続　人　　乙　川　花　子
　　添付書類　　戸籍謄本　１通

第16　利害関係人の参加

　調停の結果について利害関係を有する者は、調停委員会の許可を受けて調停手続に参加することができる（民調法11条１項）。また、調停委員会は、相当であると認めるときは、調停の結果について利害関係を有する者を調停手続に参加させることができる（民調法11条２項）。自ら参加の申立てをするか、参加を命じられるかの違いにより、前者を任意参加といい、後者を強制参加といっている。たとえば、貸金返還請求調停申立事件における債務者の保証人や両親、建物明渡請求調停申立事件における同居人などが参加する場合が考えられる。

1　任意参加

　利害関係人の申立てにより、調停手続に参加する場合である（民調法11条１項）。申立手数料として収入印紙500円が必要である（民訴費用法３条１項・

別表第1の17のニ）。参加の申立てを調停委員会が許可したときは、以後調停手続に参加することができる。参加人の地位は当事者と変わりがない。許否の判断は、参加申立書の余白や期日調書に記載され、相当な方法で告知される。参加の許否の処分に対しては、不服の申立てをすることができない。

【書式24】　利害関係人参加申請書

令和○○年(ノ)第○○号　　○○請求調停申立事件

申立人　　甲　野　太　郎

相手方　　乙　川　次　郎

```
┌─────┐
│印　紙│
│500円│
└─────┘
```
　　　　　　　　　　利 害 関 係 人 参 加 申 請 書

　　　　　　　　　　　　　　　　　　　　令和○○年○○月○○日

○○簡易裁判所　御中

　　　　　　　　　　　　　　　　東京都○○区○○7丁目8番9号

　　　　　　　　　利 害 関 係 人　　丙 山 一 郎　㊞

　　頭書の事件について，利害関係人として参加したいので許可されたく申請します。

2　強制参加

　調停委員会が相当であると認めるときに、職権で利害関係人を調停手続に参加させる場合である（民調法11条2項）。当事者にはこの強制参加を求める申立権はないが、調停委員会の職権発動を促す申請をすることはできる。この場合、申立手数料は不要である。この参加命令に対しても、不服の申立てはできない。たとえば、家屋明渡調停申立事件で、転借人を参加させたり、貸金調停申立事件で借主の配偶者を参加させるといったことが考えられる。参加命令が発せられたときは、記録上でその旨を明らかにする。参加の必要性が申立書自体から明らかな場合には、第1回期日前でも命じることがある。

【書式25】　利害関係人呼出申請書

令和○○年(ノ)第○○号　　○○請求調停申立事件

申立人　　甲　野　太　郎

相手方　　乙　川　次　郎

利 害 関 係 人 呼 出 申 請 書

令和○○年○○月○○日

○○簡易裁判所　御中

申　請　人　　甲 野 太 郎　㊞

　頭書の事件について，下記の者は本件に関し利害関係を有するので，利害関係人として呼出ししてくださるよう申請します。

記

住　　所　　東京都○○区○○７丁目８番９号

氏　　名　　丙 山 一 郎

第17　調停の終了

　調停の終了事由は、調停成立（裁定による場合を含む）、調停不成立、調停に代わる決定、調停をしない認定、調停申立ての取下げ、調停申立ての却下の６種類である。

1　調停成立
　　調停期日において合意が成立し、当該内容が調書に記載された場合
2　調停の不成立
　⑴　合意が成立する見込みがない場合（通常の不成立）
　⑵　成立した合意の内容が相当でないと認められる場合
3　調停に代わる決定（17条決定）
　⑴　決定を行う要件
　　　①調停が成立する見込みがない場合で、②裁判所が相当と認めるときであること
　⑵　決定の内容等
　　　①調停委員会を構成する調停委員の意見を聴いて、②職権で、③当事者双方のために衡平に考慮し、一切の事情を見て、④当事者双方の申立ての趣旨に反しない限度で、⑤事件解決のために必要な内容の決定をする。
　　※　決定書は、裁判官名で作成する。
4　裁　定
　　合意は成立しないが、調停が成立したものとみなす方法

225

　(1)　地代・借賃増減調停事件における調停委員会が定める調停条項（民
　　　調法24条の 3 ）
　　　ア　借地借家法11条の地代もしくは土地の借賃の額の増減の請求また
　　　　　は借地借家法32条の建物の借賃の額の増減の請求に係る調停事件に
　　　　　ついては、調停委員会は、一定の要件があるときは、申立てによ
　　　　　り、事件の解決のために適当な調停条項を定めることができ、調停
　　　　　条項を調書に記載したときは、調停が成立したものとみなす。
　　　イ　要　件
　　　　　①当事者間に合意が成立する見込みがない場合または成立した合意
　　　　　が相当でないと認める場合、②当事者間に調停委員会の定める調停
　　　　　条項に服する旨の書面による合意があること、③合意が調停申立て
　　　　　後のものであること、④調停委員会が調停条項を定めるについて当
　　　　　事者の申立てがあること
　(2)　商事調停事件における調停委員会が定める調停条項（民調法31条）
　(3)　鉱害調停事件における調停委員会が定める調停条項（民調法33条）
5 　調停をしない場合
　(1)　事件が性質上調停をするのに適当でないと認められるとき
　(2)　当事者が不当な目的でみだりに調停の申立てをしたと認めるとき
6 　調停申立ての取下げ
　　　申立人は、調停が係属している間であれば、いつでも自由に相手方の
　　同意を要することなく、調停の申立てを取り下げることができる。
7 　調停申立ての却下
　　　調停の申立てが不適法な場合

1　調停成立

　調停期日に、紛争の解決について合意が成立した場合には、調停が成立し
たものとして事件は終了する（民調法16条）。ただし、その合意した内容が適
法であって具体的妥当な解決であると認められる場合に限られる（民調法14
条）。また、調停成立の認定をするに際しては、出頭者の確認、特に代理人
出頭の場合には代理権限の有無につき確認が行われる。地方公共団体が当事
者となっていて調停が成立する場合には、議会の議決が必要となる（地方自
治法96条 1 項12号）。なお、事項によっては、議会からの委任により地方公共
団体の長の専決処分（地方自治法180条 1 項）とされている場合もある。

(1)　調停調書の作成、送達

　調停が成立すると、書記官がその内容を記載した調停調書を作成する（民調法16条）。作成された調停調書の正本は、当事者から送達の申立て（送達費用を添付のうえ）があれば、申立人、相手方および利害関係人にそれぞれ送達される（職権による送達はしない）。申立ては口頭によることも認められる（民調規則３条）。当事者全員に対する最初の送達申請の場合にのみ手数料は不要である。

(2)　調停調書（調停成立調書）の記載事項

　調停調書には、「調停調書」という標題、事件の表示、期日の日時および場所、調停主任または民事調停官の氏名、調停委員の氏名、書記官の氏名、出頭した当事者等の氏名を記載したうえで、「手続の要領等」欄に、調停が成立したこと、当事者の表示、申立ての表示、調停条項が記載される。申立ての表示は、調停調書の効力の及ぶ範囲を明らかにするために記載する。したがって、他の請求と識別できる程度の記載がされていればよいことになる。また、調停においては、「相当額の支払を求める」という申立ても認められていることもあり、調停条項について、訴訟上の和解と異なり、「その余の請求を放棄する」旨の条項が設けられない場合も多い。なお、調停が成立した場合において、調停手続に要した費用を申立人と相手方のどちらが負担するかについては、調停条項中で各自の負担とする旨の合意をするのが一般的であるが、仮にこれを定めなかった場合でも、民調法20条の２第１項により、その費用は各自が負担するということになる（調停が成立以外の原因（たとえば、不成立）で終了した場合には、その調停費用は、民調法22条で準用する非訟法26条・28条に基づくことになる）。

	調停主任裁判官認印 ㊞

調　　停　　調　　書	
事 件 の 表 示	令和〇〇年（ノ）第　〇〇　号
期　　　　　　日	令和〇〇年〇〇月〇〇日　午前・午後〇〇時〇〇分

場　　　　　所	○○簡易裁判所調停室		
調停主任裁判官	○	○	○
民 事 調 停 委 員	○	○ ○	○
民 事 調 停 委 員	○	○	○
裁 判 所 書 記 官	○	○ ○	○
出頭した当事者等	申立人　　○　○　○　○ 相手方代理人兼利害関係人代理人 　　　　　○　○　○　○		

手 続 の 要 領 等

当事者間に次のとおり調停成立

第1　当事者の表示

　　　別紙当事者目録記載のとおり

第2　申立ての表示

　　　○○○○○○……

第3　調停条項

　　　別紙調停条項記載のとおり

　　　　　　　　　　裁判所書記官　　○　○　○　○　㊞

当 事 者 目 録

東京都○○区○○4丁目2番5号

　　　　　　　申　　立　　人　　○　○　○　○

東京都○○○区○○○町1丁目1番地

　　　　　　　相　　手　　方　　○○○○株式会社

　　　　　　　代 表 者 代 表 取 締 役　　○　○　○

埼玉県○○市○○5丁目28番4号

　　　　　　　利　害　関　係　人　　○　○　○　○

　　　　　　　上記両名代理人弁護士　　○　○　○

　　　　　　　同　　　　　　　　　　○　○　○　○

同　　　　　　　○　○　○　○

調　停　条　項

1　利害関係人は，申立人に対し，利害関係人が令和○○年○○月○○日，その経営する○○○○○○店で商品「○○○○○○」3個を申立人に販売し，申立人が同日その内の1個を使用中，内部から漏れ出た液体が申立人の左目に入り痛みと炎症を生じさせた事故によって申立人に与えた下記の損害の合計7万3220円の支払義務があることを認める。

記

(1)　治　療　費　　　1900円
(2)　通院交通費　　　1320円
(3)　諸　雑　費　　　1万円
(4)　慰　謝　料　　　6万円

2　利害関係人は，申立人に対し，本日，本調停委員会の席上，前項の金員から既払金2100円を控除した残金7万1120円を支払い，申立人はこれを受領した。

3　当事者双方及び利害関係人は，本件に関し，本調停条項で定めるもののほか，何らの債権債務のないことを相互に確認する。

4　調停費用のうち1230円は利害関係人の負担とし，利害関係人は，申立人に対し本日，本調停委員会の席上これを支払い，申立人はこれを受領した。その余の調停費用は，各自の負担とする。

以　上

調停条項案（貸金）

調　停　条　項

1　申立人は、相手方に対し、申立人が相手方から、令和＿＿年＿＿月＿＿日から令和＿＿年＿＿月＿＿日までの間に＿＿回にわたり借り受けた合計＿＿万＿＿円の残債務＿＿万＿＿円（残元金＿＿万＿＿円、未払利息＿＿万＿＿円、遅延損害金＿＿万＿＿円）の支払義務があることを認める。

2　申立人は、相手方に対し、前項の金員を次のとおり分割して、株式会社＿＿銀行＿＿支店の＿＿名義の普通・当座預金口座（口座番号＿＿）に振り込む方法で支払う。

(1)　令和＿＿＿年＿＿＿月＿＿＿日限り＿＿＿＿＿万＿＿＿＿＿＿円

(2)　令和＿＿＿年＿＿＿月から同＿＿＿年＿＿＿月まで毎月＿＿＿＿日限り＿＿＿＿＿万
＿＿＿＿＿＿円ずつ

(3)　令和＿＿＿年＿＿＿月＿＿＿日限り＿＿＿＿＿万＿＿＿＿＿＿円

3　申立人が前項の分割金の支払を＿＿＿＿回以上怠り、その額が＿＿＿＿＿万
＿＿＿＿＿＿円に達したときは期限の利益を失い、申立人は、相手方に対
し、第1項の金員から既払金を控除した残金及び同項の残元金の残額に
対する期限の利益を喪失した日の翌日から支払済みまで年＿＿＿＿パーセン
トの割合による金員を支払う。

4　当事者双方は、本件に関し、本調停条項に定めるもののほか、何らの
債権債務のないことを相互に確認する。

5　調停費用は各自の負担とする。

調停条項案（交通事故）

調　停　条　項

1　相手方は、申立人に対し、令和＿＿＿年＿＿＿月＿＿＿日午前・午後＿＿＿時
＿＿＿＿分ころ、＿＿＿＿＿＿＿＿＿＿＿＿＿番地先の道路上において発生した交通事
故（以下「本件交通事故」という。）による損害賠償として、＿＿＿＿＿万
＿＿＿＿＿＿円の支払義務があることを認める。

2　相手方は、申立人に対し、前項の金員を次のとおり分割して株式会社
＿＿＿＿＿＿銀行＿＿＿＿＿支店の＿＿＿＿＿＿名義の普通・当座預金口座（口座番号
＿＿＿＿＿＿）に振り込む方法により支払う。

(1)　令和＿＿＿年＿＿＿月から同＿＿＿年＿＿＿月まで毎月＿＿＿日限り＿＿＿万
＿＿＿＿＿円ずつ

(2)　令和＿＿＿年＿＿＿月＿＿＿日限り＿＿＿＿＿万＿＿＿＿＿＿円

3　相手方が前項の分割金の支払を＿＿＿回以上怠り、その額が＿＿＿＿＿万
＿＿＿＿＿＿円に達したときは期限の利益を失い、相手方は、申立人に対し、
第1項の金員から既払金を控除した残金及びこれに対する期限の利益を
喪失した日の翌日から支払済みまで年＿＿＿＿パーセントの割合による金員
を支払う。

4　申立人と相手方は、本件事故に関し、本調停条項に定めるもののほ
か、何らの債権債務のないことを相互に確認する。

ただし、本件事故により申立人に後遺障害が発生し、その後遺障害に
ついて、申立人が自動車損害賠償責任保険の査定により後遺障害等級の

　認定を受けたときは、これによる損害額について、申立人と相手方の間
　で別途協議する。
5　調停費用は各自の負担とする。

調停条項案（建物明渡し）

調　停　条　項

1　申立人と相手方は、当事者間の別紙物件目録記載の建物（以下「本件
　建物」という。）の賃貸借契約を合意解除する。
2　申立人は、相手方に対し、本件建物の明渡しを令和＿＿年＿＿月＿＿
　日まで猶予する。
3　相手方は、申立人に対し、令和＿＿年＿＿月＿＿日限り、第4項の金
　員の支払を受けるのと引換えに本件建物を明け渡す。
4　申立人は、相手方に対し、立退料として、＿＿＿＿万＿＿＿＿円の支払
　義務があることを認め、これを令和＿＿年＿＿月＿＿日限り相手方から
　本件建物の明渡しを受けるのと引換えに支払う。
5　相手方が第3項の本件建物の明渡しを遅滞したときは、相手方は、申
　立人に対し、遅滞の日から明渡済みまで1日＿＿＿＿万＿＿＿＿円の割合
　による使用損害金を支払う。
6　申立人は、相手方に対し、本件建物明渡し後、直ちに、本件建物の賃
　貸借契約の敷金の返還として＿＿＿＿万＿＿＿＿円を支払う。
7　相手方が本件建物を明け渡した後に本件建物内に残置した物件につい
　ては、その所有権を相手方において放棄したものとみなし、相手方は、
　申立人が処分することに異議はない。
8　申立人と相手方は、本件に関し、本調停条項に定めるもののほか、何
　らの債権債務のないことを相互に確認する。
9　調停費用は各自の負担とする。
（別紙省略）

調停条項案（賃貸借契約の存続）

調　停　条　項

1　申立人と相手方は、本件建物についての本件賃貸借契約が引き続き存
　続していることを確認する。
2　相手方は、申立人に対し、令和＿＿年＿＿月分までの未払賃料＿＿＿＿

＿＿円の支払義務があることを認める。

3 相手方は、申立人に対し、前項の金員を次のとおり分割して、申立人
方に持参又は送金して支払う。

(1) 令和＿＿年＿＿月＿＿日限り＿＿＿＿円

(2) 令和＿＿年＿＿月から令和＿＿年＿＿月まで毎月＿＿日限り
＿＿円ずつ

(3) 令和＿＿年＿＿月＿＿日限り＿＿＿円

4 相手方が前項の金員の支払を怠り、その額が＿＿＿＿円に達したとき
は、当然に期限の利益を失い、相手方は、申立人に対し、残金を直ちに
支払う。

5 相手方は、申立人に対し、令和＿＿年＿＿月以降本件賃貸借契約の終
了に至るまで、1か月＿＿＿円の割合による（当月分・翌月分）の本件
建物の賃料を、毎月＿＿日限り、申立人方に持参又は送金して支払う。

6 相手方において、次の各号の一にでも該当したときは、本件賃貸借契
約は当然に解除となり、相手方は、申立人に対し、直ちに本件建物を明
け渡す。

(1) 第4項に該当したとき

(2) 第5項の金員の支払を怠り、その額が＿＿＿＿円に達したとき

7 前項の場合、相手方は、申立人に対し、本件賃貸借契約解除の日の翌
日から本件建物の明渡済みまで、賃料相当損害金として1か月＿＿＿
円の割合による金員を支払う。

8 調停費用は各自の負担とする

□ 申立人と相手方は、本件に関し、本調停条項に定めるほか、他に何ら
の債権債務のないことを相互に確認する。

調停条項案（賃料減額）

調 停 条 項

1 申立人と相手方は、申立人が相手方から賃借している別紙物件目録記
載の土地（以下「本件土地」という。）について、令和＿＿年＿＿月
＿＿日以降の賃料を1か月＿＿＿万円に改定する。

2 申立人は、相手方に対し、令和＿＿年＿＿月＿＿日から、前項の改定
賃料を、毎月＿＿日限り翌月分を、株式会社＿＿＿銀行＿＿＿支店の相
手方名義の普通預金口座（口座番号＿＿＿＿＿＿）に振り込んで支払う。

　　ただし、振込手数料は申立人の負担とする。

　3　申立人と相手方は、申立人が本件土地の賃料として、＿＿＿＿＿法務局
　　に令和＿＿年＿＿月＿＿日から令和＿＿年＿＿月＿＿日まで供託した金
　　員について、相手方が還付請求をするものとし、申立人はこれを承諾す
　　る。

　4　申立人は、相手方に対し、令和＿＿年＿＿月＿＿日から令和＿＿年
　　＿＿月＿＿日までの第1項による改定賃料の合計額と、前項の供託額との
　　差額＿＿万円の支払義務があることを認める。

　5　申立人は、相手方に対し、前項の差額金を次のとおり分割して、第2
　　項と同様な方法により支払う。

　⑴　令和＿＿年＿＿月から令和＿＿年＿＿月まで毎月＿＿日限り＿＿
　　万円ずつ

　⑵　令和＿＿年＿＿月＿＿日限り＿＿＿万円

　6　当事者双方は、本件に関し、本調停条項に定めるほか、他に債権債務
　　がないことを相互に確認する。

　7　調停費用は各自の負担とする。

⑶　調停調書の更正

　調停調書の記載内容について書き誤り（当事者の氏名や土地建物の表示の誤
記など）や計算違いがあることを後日発見した場合、その誤りが明白である
場合には、申立てまたは職権により、裁判所は更正決定をすることができる
（民調法22条、非訟法58条）。当該調停が調停委員会で成立したものであって
も、当該調停事件が係属する裁判所が更正決定を行う。更正決定は、調書原
本に付記する方法もあるが、別に決定書を作成するのが通例である。また、
更正決定は、相当と認める方法で告知すればよいが、調停調書が債務名義と
なることもあり、更正決定正本を送達するのが一般である。訴訟と異なり、
調停調書には、更正を認定するための資料が少ないので、調停条項を付け加
えるような補充的更正は認められにくいであろう。このような場合には、事
件が終了していないとして、調停期日指定を求める上申書を提出し、再度調
停をし直す方法もあろう。

【書式26】　調停調書更正決定の申立書

　令和○○年(ノ)第○○号　○○請求調停申立事件

```
　申立人　　甲　野　太　郎
　相手方　　乙　川　二　郎
　　　　　更　正　決　定　申　立　書
　　　　　　　　　　　　　　令和○○年○○月○○日
○○簡易裁判所　御中
　　　　　　　　　　　申　立　人　　甲　野　太　郎　㊞
```

　頭書の事件について，令和○○年○○月○○日に成立した調停調書の当事者の表示中「相手方乙川二朗」とあるのは「相手方乙川二郎」の誤りである。よって，上記のとおり更正決定されたく本申立てをします。

(4)　調停成立と訴訟事件の擬制取下げ

　訴訟事件を職権で調停に付した場合に、調停が成立したときは、訴訟手続が中止されているかどうかにかかわらず、訴えの取下げがあったものとみなされる（民調法20条2項）。この場合、調停事件の担当書記官は、調停が成立したことについて、調停調書謄本を添付して訴訟裁判所に通知することになる（民調規則23条1項）。なお、この場合の費用については各自負担が原則である（民調法20条の2第2項）。

(5)　調停の効力を争う手続

　調停の効力を争うには、請求異議の訴えによる方法と調停の無効確認による訴えによる方法がある。請求異議の訴えは、調停成立についての行為に錯誤、詐欺、強迫等の意思表示の瑕疵がある場合、あるいは調停成立後において調停条項に定められた給付請求権が消滅したことを争う場合に提起することができる。請求異議の訴えは、調停が成立した裁判所に申し立てる。ただし、簡易裁判所で成立した調停について、訴訟の目的の価額が140万円を超えるときは、その簡易裁判所の所在地を管轄する地方裁判所が管轄裁判所となる（民執法35条3項・33条2項6号）。調停無効確認の訴えは、調停条項の内容に公序良俗違反や代理権の欠缺といった無効事由や取消事由がある場合に提起することができる。無効確認の訴えの管轄は、請求異議の訴えと異なり、民事訴訟法の規定に従って定まることになる。このほか、調停成立後、あまり日数が経過しないうちに無効原因が発見された場合に限り、期日指定の申立てを認め、その申立てがあれば調停期日を定めて、調停の有効・無効

につき判断すべきであるとする考え方もなされているが、当該判断を踏まえて、さらに調停手続を進めるという場合であればともかく、調停手続の中で有効・無効の判断だけを行うということは、手続的にも難しいのではなかろうか。

2　調停不成立

　当事者間の主張が対立していて、調停委員会の説得にも応じようとしないなど、全く調停成立の見込みがない場合や、当事者間に合意が成立していても、その合意内容が違法または不当であり、具体的妥当な解決とは認められず、当事者としても再考慮の余地がなく、裁判所が調停に代わる決定をもしない場合には、調停が成立しないものとして調停事件は終了することになる（民調法14条）。調停委員会が調停事件を調停不成立ということで終了させるときは、調停期日に出頭した当事者には口頭で告知し、不出頭の当事者にはその旨を通知することになる（民調規則22条1項）。期日外で不成立とされた場合には、その旨の通知が当事者にされることになる。また、農事調停については小作官若しくは小作主事に、鉱害調停については、経済産業局長に対しても、書記官が事件終了の旨を通知することになる（民調規則33条・35条）。調停が不成立となった場合にも、書記官によりその旨を記載した調停調書が作成される（民調規則12条）。受訴裁判所が、訴訟事件を職権で調停に付したうえで、訴訟手続を中止としていたような場合には（民調法20条の3）、調停の不成立によって、中止の原因が消滅し、再び訴訟手続が進められることになる。なお、この終了の措置に対しては、その性質が裁判でないことから不服申立てが認められないと解されている（東京地決平成9・4・25判タ971号257頁）。

| | | 調停主任裁判官認印 | 印 |

調　　停　　期　　日　　調　　書　（不成立）		
事 件 の 表 示	令和〇〇年（ユ）第　〇〇　号	

期　　　　　　　日	令和〇〇年〇〇月〇〇日 ⟨午前⟩・午後〇〇時〇〇分
場　　　　　　　所	〇〇簡易裁判所調停室
調 停 主 任 裁 判 官	〇　　　〇　　　〇　　　〇
民 事 調 停 委 員	〇　　　〇　　　〇　　　〇
民 事 調 停 委 員	〇　　　〇　　　〇　　　〇
裁 判 所 書 記 官	〇　　　〇　　　〇　　　〇
出頭した当事者等	**申立人代理人**　〇　〇　〇　〇 **相手方**　　　　　　　〇　〇　〇　〇

手 続 の 要 領 等

調停主任裁判官

　　調停委員会は，当事者間に合意の成立する見込みがないと認め，
　調停は成立しないものとして事件を終了させる。

裁判所書記官　　〇　〇　〇　〇　㊞

（注）　単に「調停が成立しないものとして事件を終了させる。」と記載する例
　　　もある。

3　調停に代わる決定

　当事者双方の意見が大筋で一致していながら、細部についてわずかな相違
があるために完全な合意に至らない場合や、事実の調査などを十分に行い、
紛争の実情を明確にしたにもかかわらず、当事者の一方が自己の主張にのみ
固執するため合意が成立しない場合などに調停を不成立として終了させるこ
とは、調停委員会のそれまでの尽力が徒労に帰すこととなる。そこで、この
ような事情で調停が成立する見込みのない場合において、裁判所が適当と認
める解決の内容を決定という形で示し（当事者からの申立てではなく、職権で
行われる）、これによって条理にかない実情に即した紛争の解決を図ること
ができるものとした。これを調停に代わる決定という（民調法17条）。すなわ

ち、調停に代わる決定は、①調停成立の見込みがなく、一方当該調停事件全体を総合的に判断すれば、調停に代わる決定を行うのが相当であると認められる場合であること、②調停委員の意見を聴取し、調停に現れた当事者の言い分を衡平かつ十分に考慮し、当事者の申立ての趣旨に反しないように配慮すること、③決定の内容は、条理にかない、具体的妥当な解決内容を示したものであることが必要となる。実務上で決定が行われる場合の例としては、①基本的な部分では合意に達しているが、付随的な部分で合意に至っていない場合（たとえば、建物明渡請求の事案で、敷金の返還額や明渡し後の残置動産の処理だけが問題となっている場合）、②当事者の感情的な理由や法律の解釈適用の点から合意に達していない場合（たとえば、損害賠償請求の事案で、賠償額については合意に達しているものの、口頭で謝罪するか否かの点だけが問題となっている場合）、③当事者が、決定を希望するかまたはこれを拒否しない意思表示をしている場合（たとえば、合意による調停成立は希望しないが、裁判所の決定であれば受け入れる余地があるという場合）、④一方当事者が欠席した場合で、欠席した当事者が調停委員会の解決案に同意した場合が挙げられる。この決定は、当事者双方（利害関係人が参加している場合は利害関係人にも）に告知される。告知は、決定正本を送達する方法によって行われるのが実務の取扱いである。仮に、この決定が当事者に送達される前に、決定で定めた分割払いの支払期限の一部がすでに経過してしまっている場合には、期限の利益の喪失事由に当たるか否かをめぐって争いとなることも考えられるため、このような場合には、支払期限の変更をしたうえで、送達手続を行うことになろう（なお、他の調停条項の内容との関係で変更が相当でないと判断された場合には、決定を取り消すことも考えられよう）。調停に代わる決定は、未確定である間は職権により決定の取消・変更が可能であるとされている（民調法22条による非訟法の準用）。なお、決定に誤記その他明白な誤りがあるときは更正決定もなしうる。この決定は強制的なものではなく、当事者または利害関係人のうち1人からでも2週間以内に異議の申立てがあると無条件にその効力を失う（なお、異議申立権の放棄について、東京地判平成5・11・29判タ860号280頁が参考となる）。複数当事者の場合には、そのうちの1人でも異議の申立てがされると、その決定全体の効力が失われると考えるべきであ

る。異議申立ての期間は、決定の告知を受けた日から2週間である。初日は算入しない。異議申立てに異議理由を記載することまでは要しない。異議申立ては、これを受理したときに効力を生ずる。異議申立てがあると、書記官は遅滞なく当事者にその旨の通知をする（民調規則22条1項）。異議申立期間経過後の異議申立てのように、申立てが不適法な場合には、却下の対象となる。異議申立ての却下決定に対しては、異議申立人は、即時抗告をすることができる（民調法18条3項。期間は2週間である）。いったん行った異議申立てを取り下げても、失効の効果に変わりはない。2週間以内に異議の申立てがなければ確定し、裁判上の和解と同一の効力を有することとなる（民調法18条5項）。訴訟事件を職権で調停に付した場合に、調停に代わる決定が確定したときは、訴訟手続が中止されているかどうかにかかわらず、訴えの取下げがあったものとみなされる（民調法20条2項）。この場合、調停事件の担当書記官は、調停に代わる決定正本を添付して、調停に代わる決定の確定により調停が終了したことを訴訟裁判所に通知することになる（民調規則23条1項）。異議の申立てにより決定の効力が失われると、調停の不成立と同様の結果となり、裁判所を介して紛争の解決を求めようとするならば、改めて訴訟を提起しなければならないこととなる。

令和○○年㈲第○○○号　○○請求調停申立事件

決　　　　定

東京都○○区○○○1丁目○○番○号

　　　　　　　　　申　　立　　人　　甲　野　太　郎

東京都○○区○○○二丁目○○番○号

　　　　　　　　　相　　手　　方　　乙川ローン株式会社

　　　　　　　　　代表者代表取締役　　乙　川　二　郎

　　　　　　　　　代　　理　　人　　丙　野　三　郎

　上記当事者間の債務弁済協定調停事件について，当裁判所は，民事調停委員○○○○，同○○○○の意見を聴いたうえ，次のとおり決定する。

主　　　文

1　相手方は，申立人が相手方から令和○○年○○月○○日○○万円を借り受けた債務の存在しないことを確認する。

2　調停費用は各自の負担とする。

理　　　由

1　申立ての要旨

　　申立人は，相手方から主文第１項掲記の金員を借り受け，別紙計算書記載のとおり返済したが，他にも債務があるので，残債務額を確定し，その支払方法を協定する調停を求めるというものである。

2　相手方代理人は，第１回調停期日に出頭したが，その後の調停期日に出頭しない。

3　当裁判所の判断

　　申立人提出の資料及び申立人の陳述によれば，申立人主張の事実を認めることができる。そこで，申立人の返済額中利息制限法所定の年○割○分の割合による制限利息を超過する部分を元金の弁済に充当すると，別表計算書記載のとおり，申立人の債務は令和○○年○○月○○日の弁済をもって完済となっていることが明らかである。

4　よって，民事調停法第17条に基づき主文のとおり調停に代わる決定をする。

　　　　令和○○年○○月○○日

　　　　　　　　○○簡易裁判所

　　　　　　　　　裁　判　官　　○　○　○　○　㊞

（注意事項）　当事者は，この決定正本送達の日から２週間以内に異議の申立てをすることができる。適法な異議の申立てがあったときは，この決定は効力を失う。当事者双方から異議の申立てがなく上記期間を経過したときは，この決定は，裁判上の和解（確定判決）と同一の効力を有することとなる。

（別紙計算書省略）

【書式27】　異議申立書

令和○○年(ノ)第○○号　○○請求調停申立事件

申立人　　甲　野　太　郎

相手方　　有限会社○○商事

異　議　申　立　書

令和○○年○○月○○日

○○簡易裁判所　御中

　　　　　　　　　異議申立人（相手方）有限会社○○商事

　　　　　　　　　代表者代表取締役　　金　山　沢　男　㊞

> 　頭書の事件について，令和○○年○○月○○日になされた調停に代わる決定に対し，不服があるので異議の申立てをする。

4　裁　定

　賃料改定の紛争（宅地建物調停事件）、商事の紛争（商事調停事件）および鉱害による損害賠償の紛争（鉱害調停事件）に関する調停事件は、仲裁的方法による解決に親しむ性質のものである。そこで、これらの事件について、①当事者間に合意が成立する見込みがない場合または成立した合意が相当でないと認める場合であること、②当事者間に調停委員会の定める調停条項に服する旨の書面による合意があること、③合意が調停申立て後のものであること（民調法24条の3・31条・33条）、④調停委員会が調停条項を定めるについて当事者の申立てがあることの要件に該当する場合には、調停委員会が当事者を審尋した後に（民調規則27条・34条・35条）、事件の解決のために適当な調停条項を定めることができ、この調停条項を調書に記載すると、調停が成立したものとみなされることになる。これを調停条項の裁定という。

【書式28】　裁定合意書およびその申立書

令和○○年㈡第○○号　　○○請求調停申立事件

申立人　　　甲　野　太　郎

相手方　　　株式会社○○○○

裁定に服する旨の合意書及びその申立書

令和○○年○○月○○日

○○簡易裁判所　御中

　　　　　　　　　　　申　立　人　　甲　野　太　郎　㊞

　　　　　　　　　　　相　手　方　　株式会社○　○　○　○

　　　　　　　　　　　代表者代表取締役　　　○　○　○　○　㊞

　頭書の事件について，当事者双方は，民事調停法第24条の3第1項による調停委員会の定める調停条項に従いますので，その旨の合意とともに申立てをします。

5　調停をしない認定

　事件が性質上、調停をするのに適当でないと認めるとき（たとえば、賭博金の請求）、不当な目的でみだりに調停を申し立てたと認めるとき（たとえば、単に執行手続を延期させることを目的とする申立て、一度成立した調停事件につき特に事情変更がないにもかかわらず、された再調停の申立て、申立人が調停の申立てをしておきながら病気等正当な事由が認められないにもかかわらず数回にわたって期日に出頭しない場合、不成立で終了した調停事件について同じ内容の調停の申立てを繰り返すような場合）には、調停委員会は調停をしないものとして事件を終了させることができる（民調法13条）。この場合、特に裁判所の調停申立ての却下決定を要しないで事件は終了する。この認定が、調停期日にされたときは、その旨を記載した調停調書が作成され、出頭した当事者には口頭で告知し、不出頭の当事者にはその旨の通知がされる（民調規則22条1項）。また、期日外でされたときにはその旨の通知が当事者にされることになる。この認定に対しては、その性質が裁判でないことから、不服申立ての方法がないと解されている（東京地決平成9・8・28判タ971号257頁、大阪地決平成14・3・12判タ1126号278頁）。

	調停主任裁判官認印　㊞

調　停　期　日　調　書	
事 件 の 表 示	令和〇〇年（ノ）第　〇〇　号
期　　　　　日	令和〇〇年〇〇月〇〇日　午前・午後〇〇時〇〇分
場　　　　　所	〇〇簡易裁判所調停室
調 停 主 任 裁 判 官	〇　　〇　　〇　　〇
民 事 調 停 委 員	〇　　〇　　〇　　〇
民 事 調 停 委 員	〇　　〇　　〇　　〇
裁 判 所 書 記 官	〇　　〇　　〇　　〇

| 出頭した当事者等 | 申　立　人　　○　○　○　○ |
| | 相　手　方　　○　○　○　○ |

手　続　の　要　領　等
調停主任裁判官 　　**調停委員会は，事件が性質上調停をするのに適当でないと認め** **調停をしない。** 　　　　　　　　　　　　　　**裁判所書記官　　○　○　○　○　㊞**

(注)　不当な目的で申立てをしたことを理由として調停をしない認定をしたと
　　きは、「当事者が不当な目的でみだりに調停の申立てをしたと認め」など
　　と記載することになる。

6　調停申立ての取下げ

　調停の申立ては、調停事件が終了するまで、その全部または一部を自由に
取り下げることができ、調停に代わる決定がされた場合を除いて（民調法19
条の2）、相手方の同意を要することなく、調停事件が終了する。申立人が、
調停期日に出頭して、口頭で取り下げた場合には、書記官が、その旨を調書
に記載することになる（民調規則12条）。調停期日外で取り下げるときは、取
下書を裁判所に提出すればよい（なお、代理人が取り下げる場合には、非訟法
23条により、申立人からの特別の授権が必要となる）。なお、一度取り下げた
後、同一の請求について、再び調停の申立てをすることも可能である。もっ
とも、調停の申立てとその取下げを繰り返すような場合には、調停手続を進
めることなく、調停をしない認定がされることもあろう。

【書式29】　調停申立取下書

令和○○年(ノ)第○○号　　○○請求調停申立事件

申立人　　甲　野　太　郎
相手方　　乙　川　次　郎

調 停 取 下 書

令和〇〇年〇〇月〇〇日

〇〇簡易裁判所　御中

申 立 人　　甲　野　太　郎 ㊞

　頭書の事件について，申立人は都合により本件申立てを取り下げます。

7　調停申立ての却下

　調停の申立てに不備がある場合（たとえば、当事者の住所・氏名の記載がない場合、申立手数料に相当する額の収入印紙が貼付されていない場合や貼付されている額が不足する場合、当事者の双方または一方について、当事者能力や当事者適格がない場合などである）には、まず、（不備の事由が補正できる場合には）調停主任裁判官の命により書記官が補正を促すことになろう（民調規則10条）。そのうえで、補正に応じない場合には、裁判官から期間を定めて補正が命じられ（民調法22条、非訟法43条4項）、当該補正期間内に補正されなかった場合には、申立てが却下されることになる。なお、民調法4条の2に規定する必要的記載事項および申立手数料の不備については、調停申立書の却下命令（民調法22条、非訟法43条5項）がされることになるが、これに対しては、即時抗告をすることができる（もっとも、この命令は、終局決定以外の裁判に当たると解されているため、抗告期間は1週間である）。これら以外の理由による場合の却下は、申立ての却下決定によることになり、この場合には、終局決定に当たるため、抗告期間も2週間ということになろう。もっとも、実務上、申立書に記載すべき紛争の要点について、かなり緩やかに解されていることや調停手続を進めていく中で補正することも可能であることなどから、不備により却下される例はほとんどなく、補正の促しをしたうえで、期日が指定されるのが一般的であろう。

第18　調停成立の効果

　調停が成立したことにより、その合意内容が記載された調停調書の効力は、裁判上の和解と同一の効力があり（民調法16条）、その和解は確定判決と同一の効力がある（民訴法267条）ので、調停条項で定められた給付義務が約束どおりに果たされないときは、調停調書を債務名義として強制執行をすることができることになる（民執法22条7号）。

第19　強制執行の事前準備

　調停条項で定められた給付義務のうち、金銭債権を回収する方法としては、債権者が所有する不動産に対する執行手続、動産に対する執行手続、債権・その他の財産権に対する執行手続などがある。これらの強制執行手続をするには、以下に掲げる書類を添付しなければならない（民執規則21条）ので、あらかじめ調停裁判所に対し、交付申請等をして準備しておく必要がある。

1　執行力ある債務名義の正本（調停調書が債務名義となる）

　強制執行をするには執行力ある債務名義の正本を必要とする（民執法22条・25条）ので、強制執行を求める者は、調停裁判所の書記官に対し、執行文付与の申立てをして、執行文の付与を受ける必要がある。

【書式30】　執行文付与申請書

```
令和○○年(ノ)第○○号　○○請求調停申立事件
申立人　甲　野　太　郎
相手方　乙　川　二　郎

┌──────┐
│印　紙│　　　執　行　文　付　与　申　請　書
│300円│
└──────┘　　　　　　　　　　　令和○○年○○月○○日
○○簡易裁判所　御中
　　　　　　　　　　　債権者（申立人）　甲　野　太　郎　㊞
```

　　頭書の事件について，令和○○年○○月○○日成立した調停調書につき
　債権者（申立人）のために債務者（相手方）に対する執行文１通を付与し
　てください。
添　付　書　類
　1　調停調書正本　1通

2　債務名義の送達証明書

　強制執行を開始するためには、債務名義の正本または謄本が、あらかじめ
強制執行をされる者（執行債務者）に送達されていなければならない（民執
法29条）ので、調停裁判所の書記官に対し、調停調書正本送達証明申請をし
て、送達証明書の交付を受ける必要がある。

【書式31】　調停調書正本送達証明申請書

　令和○○年(ノ)第○○号　○○請求調停申立事件
　申立人　甲　野　太　郎
　相手方　乙　川　二　郎

　印紙　　　　　　送　達　証　明　申　請　書
　150円
　　　　　　　　　　　　　　　　　令和○○年○○月○○日
　○○簡易裁判所　御中

　　　　　　　　　　債権者（申立人）　甲　野　太　郎　㊞
　　頭書の事件について，令和○○年○○月○○日に成立した調停の調停調
　書正本が，相手方に対して令和○○年○○月○○日に送達されたことを証
　明してください。

　令和○○年(ノ)第○○号　○○請求調停申立事件
　申立人　甲　野　太　郎
　相手方　乙　川　二　郎

　　　　　　　　　送　達　証　明　申　請　書

　　　　　　　　　　　　　　　　　令和○○年○○月○○日
　○○簡易裁判所　御中

　　　　　　　　　　債権者（申立人）　甲　野　太　郎　㊞
　　頭書の事件について，令和○○年○○月○○日に成立した調停の調停調

書正本が，相手方に対して令和〇〇年〇〇月〇〇日に送達されたことを証
明してください。

　　上記のとおり証明する。
　　　　令和　　年　　月　　日
　　　　　〇〇簡易裁判所
　　　　　　　裁判所書記官

【書式32】　受　書

令和〇〇年(ノ)第〇〇号　　〇〇請求調停申立事件
申立人　甲　野　太　郎
相手方　乙　川　二　郎

受　　　　　書

　　　　　　　　　　　　　　　　令和〇〇年〇〇月〇〇日
〇〇簡易裁判所　御中

　　　　　　　　　　債権者（申立人）　甲　野　太　郎　㊞
　頭書の事件について，下記の書類を受領しました。
　　　　　　　　　　　　　　記
1　執行文付調停調書正本　　　1通
2　調停調書正本送達証明書　　1通

3　執行文等の送達証明書（特に取得が必要な場合）

　いわゆる条件成就執行文または承継執行文が付与された場合には（民執法
27条）、執行文および執行債権者が提出した文書の謄本が、あらかじめ執行
債務者に、送達されていなければ、強制執行を開始できないので（民執法29
条後段）、条件成就執行文または承継執行文により強制執行の申立てをしよ
うとするときは、調停裁判所の書記官に対し、これらの送達申請をしその送
達完了後、送達証明書の交付を受ける必要がある。

第20　調停不成立などで終了した後の訴訟提起

1　訴え提起期間、手数料

　調停事件が不成立や調停に代わる決定が異議の申立てにより効力を失ったときなど、紛争が未解決のまま終了した場合、紛争の解決を望む当事者は改めて訴訟を提起しなければならない。調停の申立人が調停不成立または調停に代わる決定が異議申立てによりその効力を失ったことにより調停事件が終了したことを告知（または通知）された日から2週間以内に調停の目的となった請求について訴訟を提起したときは、調停を申し立てた時に、その訴訟の提起があったものとみなされる（民調法19条）。なお、通知された日は2週間に算入しない。したがって、訴えの提起があったものとみなされる取扱いが認められる場合の要件としては、①調停における申立人が原告、相手方が被告となる訴訟であること、②調停を求める事項（不成立等となった段階における調停事項のことであり、調停において申立ての変更がされた場合には、変更後の最終的に確定した調停事項のことである）と訴訟の対象となった請求が、その全部または一部において同一であること、③調停不成立等の通知を受けてから2週間以内の訴え提起であることということになる。この場合の訴状に貼る収入印紙（訴訟提起の手数料）の額であるが、調停申立て時に納めた収入印紙の額（調停申立ての手数料）が納めたものとみなされるから（民訴費用法5条1項）、それとの差額分の収入印紙を納付すればよいことになる。なお、調停をしないものとして調停委員会が事件を終了させた場合には、このような取扱いは認められていない。

2　調停不成立の証明

　上記の取り扱いを受けるためには「調停事件の不成立時期、調停の目的となった請求内容（紛争の対象）、調停申立時に納めた収入印紙額」について書記官の発行する証明書が必要である。したがって、申立人は調停をした裁判所で調停不成立等の証明申請をして、証明書の交付を受け、訴訟裁判所に訴

状を提出する際に、その証明書を添付すればよい。なお、調停を申し立てた裁判所と訴えを提起した裁判所とが同一の裁判所である場合には、裁判所に顕著な事実として、理論的には、原告において証明することを要しないものとされることになるが、比較的規模の大きい裁判所においては、事件記録等の確認に時間を要する場合もあるので、事前に証明書の要否につき確認しておくとよいであろう。

【書式33】　調停不成立等証明申請書

令和○○年(ノ)第○○号　○○請求調停申立事件

申立人　甲　野　太　郎

相手方　乙　川　次　郎

> 印 紙
> 300円

調停不成立等証明申請書

令和○○年○○月○○日

○○簡易裁判所　御中

債権者（申立人）甲　野　太　郎　㊞

　頭書の事件（申立ての趣旨及び紛争の要点は別紙調停申立書写し記載のとおり）について，下記事項を証明してください。

記

1　令和○○年○○月○○日民事調停法第14条（調停の不成立）により事件終了

2　貼用印紙額○○○○円

受　　　書

令和○○年○○月○○日

○○簡易裁判所　御中

債権者（申立人）甲　野　太　郎　㊞

　下記の書類を受領しました。

記

1　調停不成立等証明書　1通

令和○○年(ノ)第○○号　○○請求調停申立事件

申立人　甲　野　太　郎

相手方　乙　川　次　郎

調停不成立等証明申請書

令和○○年○○月○○日

○○簡易裁判所　御中

債権者（申立人）　甲　野　太　郎　㊞

　頭書の事件（申立ての趣旨及び紛争の要点は別紙調停申立書写し記載のとおり）について，下記事項を証明してください。

記

1　令和○○年○○月○○日民事調停法第14条（調停の不成立）により事件終了

2　貼用印紙額○○○○円

　上記のとおり証明する。

令和　　年　　月　　日

○○簡易裁判所

裁判所書記官

（注）　証明事項としては、①調停事件における当事者の氏名、②調停を求める事項、③調停不成立等の通知等の到達日、④調停事件において納付された申立手数料額の４つということになるが、①、②については、③に含まれると考えて、③、④の２つの証明事項であると考えられよう。

第2章　特定調停事件

第1　はじめに

　特定調停は、支払不能に陥るおそれのある債務者等が負っている金銭債務に関する利害関係の調整を調停手続で行い、債務者等の経済的再生を図るために行われる調停手続である（なお、特定調停については、近年新たな活用の方法として、比較的小規模な企業の再生を支援することを目的として、①「金融円滑化法終了への対応策としての特定調停スキーム利用の手引」（その後、題名を「事業者の事業再生を支援する手法としての特定調停スキーム利用の手引」に改めた）に基づく申立て、②「経営者保証に関するガイドラインに基づく保証債務整

249

理の手法としての特定調停スキーム利用の手引」に基づく申立て、③「事業者の廃業・清算を支援する手法としての特定調停スキーム利用の手引」に基づく申立てが、また、自然災害による被災者の債務整理等に特定調停を活用するスキームとして「自然災害による被災者の債務整理に関するガイドライン」が作成され、これに基づく申立てがされるようになってきた）。この特定調停の基本となる法律は、特定調停法と特定調停規則であるが、これらの規定は、民調法と民調規則を前提とし、その特則として定められたものであり、したがって、特定調停の基本的な構造や手続の進行方法は、通常の民事調停と異なるものではない。

　特定調停の申立てから終了まで、特定調停手続の流れを図に示すと【図表4】のようになる。

【図表4】　特定調停手続の流れ（法は特定調停法を、規は特定調停規則を表す）
㊟　この図表は、特定調停手続のうちポイントとなる部分だけを取り出してまとめたものである。

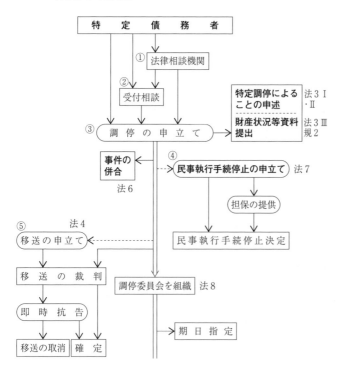

（当事者の行為、書式等の番号）

①市役所、区役所、弁護士、司法書士、調停協会等の法律相談等（申立書の作成）
②簡易裁判所の相談コーナー（申立書の作成）
③調停申立書の提出　書式34
④民事執行手続の停止を求める申立書の提出　書式35・36

⑤移送申立書の提出

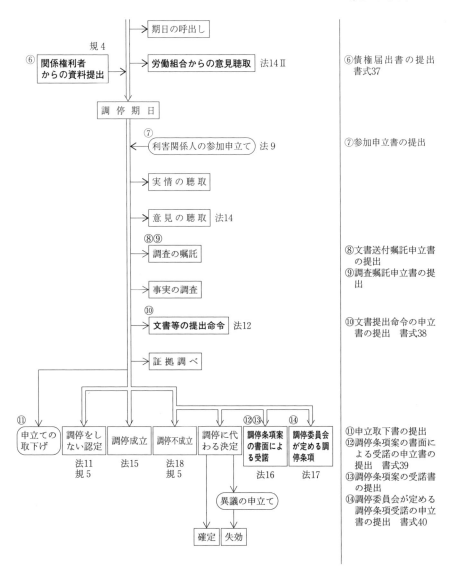

第2　申立てに当たっての留意事項

1　申立ての要件

　特定調停を申し立てる場合の要件としては、①特定債務者が申立人であること、②申立人が、申立て時に特定調停手続による調停を求める旨の申述をすること、③調停の内容が特定債務等の調整に係るものであることが定められている（特定調停法2条3項）。このうち、特定債務者とは、金銭債務を負っている者であって、支払不能に陥るおそれのある個人または法人（「支払不能に陥るおそれ」とは、弁済能力が欠乏し、金銭調達の見込みがなく、債務を弁済していくことができない状態に陥るおそれがあることである）、事業の継続に支障を来すことなく、弁済期にある債務を弁済することが困難である事業者（法人または個人）、債務超過に陥るおそれのある法人（債務が資産を上回る状態に陥るおそれがある法人）であるとされている（特定調停法2条1項）。この要件を満たせば、個人でも法人でも、事業者でも非事業者でも、債務の額や事業の規模を問わず、特定債務者になりうる。すでに経済的に破綻してしまっている者も特定債務者に含まれる。債権者は、一人でも複数でもよい。特定債務者自身の経済的再生を図ることを目的としているため、債権者が特定調停の申立てをすることは認められない。次に、特定調停手続による調停を求める旨の申述については、申立ての際にする必要がある（特定調停法3条2項）。このため、訴訟事件を（職権で）調停に付した場合には、特定調停手続を選択することができない。いったん行った申述を撤回することもできないと解されているので、特定調停から一般の調停に移行することもできない。最後に、特定債務等の調整に係るものであるという点については、特定債務者と関係権利者（特定調停の相手方）について、金銭債務の内容の変更（元本の一部放棄、利息・損害金の減免、返済期間の変更等）、担保関係の変更、その他の金銭債務に係る利害関係の調整を図るものであって、特定債務者の経済的再生に資するものを意味することになる（特定調停法2条2項）。なお、特定調停の相手方とされていない関係権利者は、調停委員会の

許可を受けることなく、自ら調停手続に参加することが認められている（特定調停法 9 条）。

2　申立て

(1)　管　轄

申立ては、相手方の住所、居所、営業所または事務所の所在地を管轄する簡易裁判所に行う（特定調停法22条、民調法 3 条）。なお、特定調停は、同一の申立人についての事件は、（管轄区域外に営業所等を有する関係権利者に対する申立てを含めて）できる限り 1 つの裁判所にまとめて処理するのが基本的な考え方であり（特定調停法 4 条による自庁処理）、実務上も、管轄のない事件も管轄のある事件と同時に申し立てられている。

(2)　申立書

申立書は、一般の調停申立書の記載事項に留意するほか、①申立ての趣旨として「債務額を確定した上で、債務の支払の協定を求める」などと記載すること、②紛争の要点として、債権の種類、借受金額の内容（契約日、金額、利息・損害金の利率等）、返済状況を記載すること、③「特定調停手続により調停を行うことを認める」旨の記載をすること、④申立人が事業者の場合には、申立てと同時に「関係権利者との交渉の経過及び申立人の希望する調停条項の概要」を明らかにすること（特定調停規則 1 条 1 項）、⑤申立てが法人の場合には、労働組合の名称または使用人その他の従業者の過半数を代表する者の氏名を明らかにしなければならないこと（特定調停規則 1 条 2 項）、名称には、事務所の所在地、連絡先等を含むことにも留意が必要である。なお、申立書は、関係権利者ごとに作成・提出される例が多い。また、当該申立人に係るすべての関係権利者を対象として申し立てるのが原則である。

(3)　申立ての際に提出する資料

これには、特定債務者であることを明らかにする資料と、関係権利者の一覧表の 2 つがある。前者は、事業者でない個人の場合には、①申立人の資産、負債、その他の財産状況、②職業、収入その他の生活の状況を具体的に記載し、これを裏付ける資料（負債に係る契約書や請求書、陳述書、家計表等）が考えられ、申立人が事業者の場合には、①申立人の資産、負債その他の財

産の状況、②その事業の内容および損益、資金繰りその他の事業の状況を具体的に記載し、これを裏付ける資料（会計帳簿、貸借対照表といった財務関係書類、資金繰り表、事業計画表、陳述書等）が考えられよう。後者は、特定調停の相手方になっているかどうかにかかわらず、すべての関係権利者の氏名または名称および住所並びにその債権または担保権の発生原因および内容を記載する（特定調停規則2条2項）。なお、公債権（国税、地方税等）は対象外である。

【書式34】　特定調停申立書（事業者でない個人用）

特 定 調 停 申 立 書

令和　　年　　月　　日

○○簡 易 裁 判 所　御中

特定調停手続により調停を行うことを求めます。

申　立　人	住所（〒　　　－　　　） （フリガナ） 氏名　　　　　　　　　　　　　（TEL　　　　　　） 　　　　　　　　　　　　　　　（FAX　　　　　　） 　　　　　　　　　　　　　　　　　　　　　　　印
相　手　方	住所（法人の場合は本店）（〒　　　－　　　） 氏名（法人の場合は会社名・代表者名）（TEL　　　　　） 　　　　　　　　　　　　　　　　　　　（FAX　　　　　） 　　　代表者代表取締役 　（支店・営業所の所在地）（〒　　　－　　　） 　　　　　　　　　　　　　　　（TEL　　　　　　） 　　　　　　　　　　　　　　　（FAX　　　　　　）
申　立　て の　趣　旨	（該当の項目に○を付けてください。） 1　債務額を確定したうえ債務支払方法を協定したい。 2　紛争の要点2の債務を負っていないことを確認する。

	調停事項の価額	円	貼用印紙欄
	手　数　料　　　　　　　円		
	ちょう用印紙　　　　円	印	
受　付　印	予納郵便切手　　　　円		

（一般個人用）

紛争の要点

1　債務の種類

　□　借受金債務

　□　保証債務（借受人氏名　　　　　　　　　　　）

　□　立替金

　□　求償金

　□　その他

2　借受金額等

契　　約　　日	借 受 金 額	利　息 年　　%	損害金 年　%	備　　考

3　返済状況

期　　　間	返済した金額	残　元　本	利息・ 損害金 の残額	備　　考

備考　□契約番号（　　　）□生年月日　大・昭・平　　年　月　日

添付書類

255

□契約書（写）　　　□領収書（写）

□その他

特定債務者の資料等 （一般個人用）

1　申立人の資産等

（1）　資産

（2）　負債

紛争の要点 2 及び関係権利者一覧表記載のとおり

（3）　その他の財産の状況

2　申立人の生活状況

（1）　職業

勤務先の名称　　　　　　　　　TEL　　　　－　　　　－

（2）　月収（手取）

（3）　その他

	氏　　　名	続柄	職　　業	月収(手取)	同・別居
家族の状況					

3　申立人の返済についての希望

毎月　　　　万円位

256

```
関係権利者一覧表
                              申立人
```

番号	氏名又は名称	債権の発生原因・内容			担保権の発生
	住　　　　　所	年 月 日	金　　　額	残　　　高	原因・内容
1					
2					
3					

(4)　受　付

　申立てが受け付けられると、事件番号が付けられることになる。記録符号は「特ノ」である。

(5)　申立手数料

　個人による申立てについては、特定債務者の受ける経済的利益がそれぞれの相手方について10万円の範囲内に収まる例が一般的であることを考慮し、500円を納付すれば足りるとし、一方、事業者による申立てについては、経済的利益が一見して明らかな場合を除いて、160万円（算定が困難な場合の基準額である。民訴費用法4条2項後段）に対応する6500円を納付すれば足りるとする取扱いが多いと思われる。なお、調停終了の時点で、申立て段階の価額を超えることが判明した場合には、追納を求められることになる。

第3　民事執行手続の停止

1　申立書の記載事項および添付書類

　申立書には、①当該民事執行の手続の基礎となっている債権または担保権の内容、②その担保権によって担保される債権の内容（被担保債権）、③当該

民事執行の手続の進行状況、④執行停止の前提としての「事件を特定調停によって解決することが相当であると認める場合」に当たることを示すために、関係権利者の意向や調停の成立する見込みを記載する（特定調停規則3条1項）。また、記載内容を疎明する資料として、担保権実行に基づく競売の場合には、設定契約の写し、不動産登記事項証明書、担保不動産競売開始決定正本の写しなどを提出するほか、調停成立の見込み等を裏付ける陳述書や上申書等を提出することになろう。なお、申立ての時期は、調停申立て後から調停終了までであれば、いつでもよいが（民事執行手続終了後は、申立ての利益がなくなる）、実務上は、調停申立てと同時にされる場合が多いと思われる。

【書式35】 民事執行手続の停止の申立書(1)

印　紙
500円

民事執行手続停止決定申立書

令和○○年○○月○○日

○○簡易裁判所　御中

申立人　○　○　○　○　　　　㊞

東京都○○区○○1丁目2番3号

申立人　○　○　○　○

電話　○○−○○○○−○○○○

東京都○○区○○4丁目5番6号

被申立人　○　○　○　○

代表者代表取締役　○　○　○　○

申立ての趣旨

申立人所有の別紙物件目録記載の建物に対する○○地方裁判所令和○○年(ケ)第○○号担保不動産競売事件の競売手続は，御庁令和○○年（特ノ）第○○号特定調停事件が終了するまで停止する
との決定を求める。

申立ての理由

1　被申立人は金融業を営むものであるが，申立人は令和○○年○○月○○日被申立人から○○万円を利息年○パーセント，弁済期令和○○年○○月○○日の約定で借り受けた。

その際，被申立人は，借入金の担保として別紙物件目録記載の建物（以下「本件建物」という。）につき，抵当権を設定した（○○法務局令和○○年○○月○○日受付第○○号）。

2　上記借入金については，元本○○万円のうち○○万円と令和○○年○
　○月○○日までの約定利息を支払っているが，申立人が病気をしたた
　め，その後の支払が遅滞している。
3　そのため，被申立人は上記抵当権の実行として本件建物に対する競売
　の申立てをし，○○地方裁判所は令和○○年○○月○○日担保不動産競
　売開始決定をした。
　　　本件建物は，申立人の唯一の資産であり，これが売却されることに
　なっては，生活の基盤が失われることになる。
4　申立人は，その後被申立人と交渉したところ，被申立人の方も事情を
　認め，特定調停手続で円満に解決することに異存はないので，調停中は
　競売手続を停止してもよいとの回答を得た。
5　申立人は，現在病気も治り，分割払いであれば残債務履行の見通しも
　立ったので，調停が成立する見込みも高いにもかかわらず，上記執行手
　続が完了すれば特定調停の成立を著しく困難にするかまたは円滑な進行
　が妨げられるおそれがあるので本件執行手続の停止を求めるため，申立
　てに及んだ次第である。

添　付　書　類

1　金銭消費貸借契約書　　1通
2　領収証　　　　　　　　1通
3　競売開始決定正本　　　1通
4　○○○○　　　　　　　1通
（別紙物件目録省略）

【書式36】　民事執行手続の停止の申立書(2)

民事執行手続停止決定申立書

印　紙
500円

　　　　　　　　　　　　　　　令和○○年○○月○○日
○○簡易裁判所　御中
　　　　　　　　　　申立人　○　　○　　○　　○　　　　㊞
　　　　　　　東京都○○区○○1丁目2番3号
　　　　　　　　　　申立人　○　　○　　○　　○
　　　　　　　　　　　　　　電話　○○－○○○○－○○○○
　　　　　　　東京都○○区○○4丁目5番6号
　　　　　　　　　　被申立人　○　　○　　○　　○
　　　　　　　　　　代表者代表取締役　○　　○　　○　　○

申立ての趣旨

　○○地方裁判所令和○○年(ル)第○○号債権差押命令申立事件の民事執行手続は，御庁令和○○年（特ノ）第○○号特定調停事件が終了するまで停止する

との決定を求める。

申立ての理由

1　申立人の債権者は別紙関係権利者一覧表のとおりであるが，同表中の○ないし○の債権者についてはほぼ債務が完済されている。また，○及び○の債権者については現在債務を弁済している。

2　申立人は，同表中の○ないし○の債権者について，債務整理の交渉をするため，御庁に上記各債権者を相手方として，特定調停の申立てをした。

3　しかし，申立人が調停の申立てに先立ち，令和○○年○○月○○日，被申立人に対して債務整理を行う旨通知したところ，被申立人は，令和○○年○○月○○日，○○地方裁判所に対し，金銭消費貸借契約公正証書を債務名義として，貸金元金○○万円など合計○○万円を請求債権とする債権差押えの申立てをし，同月○○日，同裁判所から申立人の給与債権について債権差押命令の発付を受けた。なお，申立人が被申立人に返済した金額を利息制限法の規定に従い弁済充当すれば，元金はほぼ残らないと思われる。

4　申立人には他に財産はなく，債務整理の原資に充てることのできる財産としては上記給与債権だけである。

5　被申立人を除く債権者は，本件調停手続で債務整理を行うことに前向きの姿勢を見せているが，被申立人だけは一方的に調停期日を欠席しており，被申立人の民事執行申立ては，いわば他の債権者を出し抜いて債権回収を図ろうとするものであり，濫用的な申立てであると考えられる。したがって，被申立人の執行手続をこのまま進行させることは，申立人と被申立人との間の調停手続の進行に支障を与えることが明らかである。また，これまで比較的円滑に進められている他の債権者との間の調停手続にも悪影響を及ぼしかねない。したがって，被申立人の執行手続を停止しなければ，少なくとも，特定調停の円滑な手続を妨げるおそれがあると考えられるので，申立てに至った次第である。

　なお，被申立人の執行は，債権執行であって，執行手続が停止されても差押えの効力が継続するものであることから，申立人に担保を立てさせないで民事執行の手続を停止されたい。

添　付　書　類

```
1　金銭消費貸借契約書　　1通
2　領収証　　　　　　　　1通
3　債権差押命令正本　　　1通
4　○○○○　　　　　　　1通
（別紙省略）
```

2　申立て後の手続

　申立て後の手続の流れは概ね次のようになろう。なお、ここでは不動産競売を前提とする。

　まず、提出された申立書および疎明資料に対する審査がされる。執行手続の進行状況によっては、その要件が厳しくなることも考えられよう。この審査とあわせて、効率的な審理を行うために、申立人から直接事情を聴取するために面接をする取扱いもある。その後、相手方に対する審尋が電話等によりされ（特定調停規則3条2項）、発付の要件を満たすと判断された場合には、担保の提供についての判断がされることになり（実務上、無担保により発付される例があまりないと思われる）、担保提供の状況を確認したうえで、発付されることになろう。なお、執行手続を停止する期間は、特定調停が終了するまでの間であること（特定調停法7条1項）、執行手続を停止する裁判に対しては、即時抗告をすることができること（特定調停法7条4項）、抗告期間は1週間であること（特定調停法22条、民調法22条、非訟法81条）にも留意されたい。

```
令和○○年(特ノ)第○○号　特定調停事件
　　　　　　　　　　決　　　　定
　　　　東京都○○区○○1丁目2番3号
　　　　　　　申立人　○　○　○　○
　　　　東京都○○区○○4丁目5番6号
　　　　　　　被申立人　○　○　○　○
　　　　　　　代表者代表取締役　○　○　○　○
　　上記当事者間の民事執行停止決定の申立てについて，当裁判所は，申立
　人の申立てを相当と認め，特定債務等の調整の促進のための特定調停に関
```

する法律第7条に基づき，次のとおり決定する。
主　　　　文

　　○○地方裁判所令和○○年(ル)第○○号債権差押命令申立事件の民事執行手続は，上記当事者間の当庁令和○○年(特ノ)第○○号特定調停事件が終了するまで停止する。

　　　　令和○○年○○月○○日
　　　　○○簡易裁判所
　　　　　裁判官　○　○　○　○　㊞

令和○○年(特ノ)第○○号　特定調停事件
決　　　　定

　　当事者の表示　別紙当事者目録記載のとおり
主　　　　文

1　本件申立てを却下する。
2　申立て費用は，申立人の負担とする。
理　　　　由

第1　申立ての趣旨

　　　被申立人から申立人に対する○○地方裁判所令和○○(ケ)第○○号担保不動産競売事件の競売手続は，申立人を本件の申立人，相手方を本件の被申立人とする○○簡易裁判所令和○○年(特ノ)第○○号特定調停事件が終了するまで停止する。

第2　当裁判所の判断

1　一件記録及び申立人審尋の結果によれば，次の事項が認められる。

　(1)　上記不動産競売事件は，令和○○年○○月○○日担保不動産競売開始決定がされ，次いで，入札期間は令和○○年○○月○○日から令和○○年○○月○○日まで，開札期日は令和○○年○○月○○日と定められた。

　(2)　申立人は，入札期間の直前である令和○○年○○月○○日，上記調停事件の申立てをするとともに，不動産競売手続停止の申立てをした。

2　申立人が，上記不動産競売手続開始決定がされた後，被申立人との間で，上記不動産競売事件に係る被申立人に対する債務（元金残金○○万○○○○円及び利息，損害金）の返済について，誠実な対応をしてきたのか否かについては疎明がない。

　　　　また，申立人提出の弁済計画についての上申書によっては，当事者
　　間に調停が成立する見込みがあるとするには足りない。
　　　　よって，本件申立ては理由がないから，主文のとおり決定する。
　　　　　　令和〇〇年〇〇月〇〇日
　　　　　　〇〇簡易裁判所
　　　　　　裁判官　〇　〇　〇　〇　㊞

第4　関係権利者からの資料の提出

1　関係権利者の提出すべき書類

　関係権利者は、申立てがされてから、相当な期間内に、①申立人に対する
債権または担保権の発生原因および内容、②債権について、弁済、放棄等に
より内容を変更しているときは、その内容変更、③担保関係について内容を
変更しているときは、その変更内容について記載した書面およびその証拠書
類を提出し、また、弁済による債権の内容の変更を記載するときは、その算
出の根拠および過程について明らかにする書類（計算書）を提出する必要が
ある（特定調停規則4条）。なお、これらの書類の提出の促しは、担当書記官
が一定の期間を定めて催告する例が多いと思われる。

【書式37】　債権届出書

令和〇〇年(特ノ)第〇〇号　特定調停事件
申立人　　〇　〇　〇　〇
相手方　　〇　〇　〇　〇
　　　　　　　債　権　届　出　書
　　　　　　　　　　　　　令和〇〇年〇〇月〇〇日
〇〇簡易裁判所　御中
　　　　　　　　〒〇〇〇－〇〇〇〇
　　　　　　　　東京都〇〇区〇〇1丁目2番3号
　　　　　　　　　相手方　　〇　〇　〇　〇　㊞
　　　　　　　　　電話　〇〇－〇〇〇〇－〇〇〇〇

　　頭書の事件について，関係権利者である相手方が申立人に対して有する債権は次のとおりである。

1　債権の表示		2　債権の発生原因及び内容
元　金	金〇〇〇〇円	相手方が，申立人に対し，令和〇〇年〇〇月〇〇日貸渡した金〇万円の残金 弁済期　　令和〇〇年〇〇月から令和〇〇年〇〇月まで毎月末日限り金〇〇円を支払う。ただし，〇回支払を怠ると期限の利益を失い残額を即時に支払う。 利　息　　年〇割　　分 損害金　　年〇割　　分
利　息	金〇〇〇〇円	
遅延損害金	金〇〇〇〇円	
合　計	金〇〇〇〇円	

3　弁済金の充当及び残元金の算出方法

支払日	支払金額 （円）	利　率	期　間	充当方法			残元金 （円）	遅滞額 損害金等 （円）
				利　息 （円）	損害金 （円）	元　本 （円）		
00.00.00	〇〇〇	利息年00%	〇〇日	〇〇〇		〇〇〇	〇〇〇	
00.00.00	〇〇〇	〃	〇〇日	〇〇〇			〇〇〇	
00.00.00	〇〇〇	損害金00%	〇〇日		〇〇〇		〇〇〇	〇〇〇

2　文書等の提出命令

　資料の提出について、関係権利者から任意の協力が得られず、かつ調停委員会が、資料の提出がないと具体的な残債務の額等、特定調停を行うにあたり、重要な事実関係が判明しないと考えるときは、当事者または参加人に対し、事件に関係のある文書または物件（当該債務に関する契約書、帳簿等）の提出を求めることができる（特定調停法12条）。実務上は、関係権利者からの任意の協力が得られない場合は少なく、また仮に当初は協力が得られない場合でも、書記官名あるいは調停委員会名での催告書によって提出される例がほとんどであり、文書提出命令まで発令する例は少ない。求められた当事者等が正当な理由がなく応じない場合には、裁判所は10万円以下の過料に処することができる（特定調停法24条）。

【書式38】　文書提出命令の申立書

　令和〇〇年（特ノ）第〇〇号　特定調停事件

申立人　　○　○　○　○
相手方　　○　○　○　○

文書提出命令の申立書

令和○○年○○月○○日

○○簡易裁判所　御中

申立人　　○　○　○　○　㊞

　頭書の事件について，申立人は次のとおり文書提出命令の申立てをする。

申　立　て　の　内　容

1　証すべき事実
　(1)　借入日，借入金額，弁済日，弁済金額等，相手方との取引の経過
　(2)　残債務額の確定
2　文書の表示及び文書の趣旨
　(1)　申立人と相手方との間の令和○○年○○月○○日からの金銭消費貸借に関して作成された契約書又は貸付限度額契約書，貸付に関する帳簿
　(2)　申立人と相手方との間の令和○○年○○月○○日からの受取りに関する証書
3　文書の所持者
　　相手方

第5　労働組合からの意見聴取

　調停委員会は、労働組合等に対し、意見を求めれば足りるのであり（特調法14条2項）、聴取の結果に拘束されるわけではないが、労働組合等の意見に反する内容の調停案を成立させても、実行性の点で問題が残ると思われる。その意味では、調停案を考えるうえで、重要な資料になるものであり、第1回の調停期日の呼出しをするタイミングで、書面により意見を求めることになるのではないかと思われる。なお、意見聴取を円滑に行うためにも、調停を申し立てる前に、申立人の方で特定調停を申し立てることや申立てをすることになった経緯等を説明しておいた方がよいであろう。

265

第6　調停期日における手続

実務上は、まず、申立人だけが出頭する期日を指定し（「準備期日」とも呼ばれている）、そこで事情を聴取する例が多いと思われる。この期日において、申立書やその添付書類、相手方から提出された資料を基に、調停委員会が、総債務額の確定、弁済にあてられる原資の把握（保証人の有無や不動産等の処分の可能性等を含む）、1カ月当たりの返済可能額等の確定、弁済計画案の策定等が行われる。この準備期日を経た後、双方から意見の聴取と調整を行うための期日を指定し、手続を進めていくことになる。期日は、原則として、同一日に30分あるいは1時間ごとに指定される例が多いが、これは、日にちが異なると、利息損害金の範囲に差が出てしまうことから、債権者間の平等を図るためである。なお、特定調停法6条では、原則として併合することとされているところ、実務では、相手方ごとに意見を調整する必要性や事件の終了の時期や事由が異なること等から、同時に並行して進められる例が一般に採用されていると思われよう。

第7　特定調停事件の終了

特定調停事件の主な終了事由は、次のとおりである。なお、終了事由のうち、調停に代わる決定、申立ての取下げ、申立ての却下は、第1章を参照されたい。

1　特定調停の成立

調停委員会が提示する調停条項案は、特定債務者の経済的再生に資するとの観点から、公正かつ妥当で経済的合理性を有する内容のものでなければならない（特定調停法15条）。公正かつ妥当で経済的合理性を有するか否かの判断は、調停委員会が調停手続の中で得た一切の資料を総合して判断することになる。

2　特定調停の不成立

　調停委員会は、特定債務者の経済的再生に資するとの観点から、公正かつ妥当で経済的合理性を有する内容の合意が成立する見込みがない場合あるいは仮に、当事者間で合意が成立していても、調停手続の中で得た資料から、公正かつ妥当で経済的合理性を有するかどうかの判断ができない場合には、不成立で事件終了とする（特定調停法18条、特定調停規則5条）。

3　特定調停をしない認定

　調停委員会は、①申立人が特定債務者であると認められないとき（提出された資料等によっても、申立人が特定債務者であるかどうかが不明な場合）、②事件が性質上特定調停をするのに適当でないと認められるときには、特定調停をしないものとして、事件を終了させることができる（特定調停法11条、特定調停規則5条）。

4　調停に代わる決定

令和○○年(特ノ)第○○○○号特定調停事件

決　　　　定

　　○○県○○市○○○1-2-23
　　　　　　申　　立　　人　　○　○　○　○
　　○○市○○区○○町二丁目3番4号
　　　　　　相　　手　　方　　○○○○　株式会社
　　　　　　同代表者代表取締役　　○　○　○　○
　当裁判所は、民事調停委員○○○○，同○○○○の意見を聴き、特定債務等の調整の促進のための特定調停に関する法律20条，22条，民事調停法17条により，次のとおり特定調停に代わる決定をする。

主　　　　文

1　申立人は，相手方に対し，申立人が相手方から，令和○○年○月○日から令和○○年○○月○日までの間○○回にわたり借り受けた合計○○万円の残債務として○○万○○○○円（残元金○○万○○○○円，未払利息○○○○円，遅延損害金○万○○○○円）の支払義務があることを

　　認める。

　2　申立人は，相手方に対し，前項の金員を次のとおり分割して，相手方に持参又は株式会社○○銀行○○駅前支店の相手方名義の普通預金口座（口座番号○○○○○○○）に振り込んで支払う。

　　⑴　令和○○年○月から令和○○年○月まで毎月○○日限り○万○○○○円ずつ

　　⑵　令和○○年○月○○日限り○○○○円

　3　申立人が前項の分割金の支払を○回以上怠り，その額が○万円に達したときは期限の利益を失い，申立人は，相手方に対し，直ちに残額及び第1項の残元金の未払額に対する期限の利益を失った日の翌日から支払済みまで年○パーセントの割合による遅延損害金を支払う。

　4　当事者双方は，この決定に定めるほかには何らの債権債務のないことを相互に確認する。

　5　調停費用は各自の負担とする。

　　　令和○○年○○月○○日

　　　　　　○　○　簡易裁判所

　　　　　　　　裁判官

（注意事項）

　当事者は，この決定正本送達の日から2週間以内に異議の申立てをすることができる。適法な異議の申立てがあったときは，この決定はその効力を失う。当事者双方から異議の申立てがなく上記期間を経過したときは，この決定は，裁判上の和解（確定判決）と同一の効力を有することとなる。

（注）　調停に代わる決定の記載事項について

　　　①　事件番号・事件名

　　　　　どの事件について調停に代わる決定をするのか、事件を特定するために事件番号と事件名を記載する。裁判所に申し立てられた特定調停事件は、申立書1通ごとに1件として、独立の番号が付されて、立件される。事件番号は、年度、符号、番号から構成されているので、「平成○○年（特ノ）第○○号」と記載することになる。併合事件の場合には、当該事件をすべて列挙する。

　　　②　標　題

　　　　　標題は、単に「決定」と記載するのが通例である。

　　　③　当事者の表示

　　　ⓐ　原　則

　当事者は、申立人、相手方の順に住所と氏名を記載して特定する。利害関係人がいる場合は、同様にして相手方の後に続けて記載する。代理人がいる場合には、代理人の表記をする。代理人の場合は、その資格と氏名だけを記載し、住所は記載しない。

ⓑ　商号変更がされた場合

　相手方が法人の場合で、申立人と相手方との契約締結後、商号変更がされたような場合には、旧商号も併記する。

ⓒ　相手方である債権者について承継が行われた場合

　特定調停申立て後、相手方について承継が行われた場合には、相手方として「○○株式会社承継人株式会社○○」などと記載する。実務上は、支払保証委託契約に基づく代位弁済により求償権を取得したことを理由として、承継の申立てがされるケースが多い。承継の申立てに際しては、申立書（上申書）に、支払保証委託契約書、代位弁済をした領収証等を添付して行うことになる。なお、申立て前に代位弁済が行われていた場合には、申立ての相手方となるのは、代位弁済者であり、仮に代位弁済を受けた者（金銭消費貸借契約上の債権者）を表示してきたような場合には、申立書の訂正の問題になるのであって、承継の問題は生じない。債権譲渡による承継の場合も、基本的には同様である。なお、申立人である債権者が死亡した場合については、相続人への承継は行われず、特定調停をしない措置がとられることとなろう。というのは、特定調停においては、最終的には申立人と相手方間で債権債務の確定が行われるが、それは申立人が特定債務者という地位にあることが前提にされていると考えられるからである。すなわち、特定債務者は属人的な要素が強く、必ずしも相続人が特定債務者になるとは考えられないことから、相続の対象にはならないと考えられるのである。

④　前　文

　調停に代わる決定は、当該調停委員会を組織する調停委員の意見を聴いたうえで行うこととされているので（民調法17条）、決定の前文として、①調停委員の意見を聴いたことと、②調停に代わる決定を行う根拠条文、③特定調停に代わる決定を行うことを記載することになる。調停委員の氏名については、記載を省略する例も多い。また、調停に代わる決定の根拠条文であるが、残債務があるケースでは、「特定債務等の調整の促進のための特定調停に関する法律20条、22条、民事調停法17条」を根拠とするが、残債務がないケースでは、「特定債務等の調整の促進のための特定調停に関する法律22条、民事調停法17

条」を根拠とし、「20条」を入れないことに留意されたい。

⑤　主文第1項

借受金の残債務を特定するものである。特定の方法としては、借受けの期間・回数・金額で特定するのが原則である。なお、残元金は、調停に代わる決定日までで計算され、将来利息までは認めていないのが通例である。

⑥　主文第2項

第1項で確定した債務全額について、分割払いの定めをするのが原則である。申立人の支払いの確実性を考えると、基本的には定額払いとし、端数は第1回目もしくは最終回にもっていくのが通例である。なお、第1回目の支払いは、当事者双方の異議申立期間を考慮し、異議申立期間経過後に支払期限がくるように設定している。また、当事者双方の便宜から、支払いは銀行振込でされるのが通例である。一括払いの定めは、調停手続中に不動産の任意売却がされたような例外的なケースを除き行っていない。仮に1回で払えるほどの資力があれば、そもそも特定債務者に該当するかどうかが問題となろう。

⑦　主文第3項

どの程度支払いを遅滞した場合に期限の利益を失わせるかについては、いろいろな定め方があるが、ここでは、遅滞の回数と遅滞額を基準として、期限の利益を失うとする例を挙げた。また、期限の利益を失った場合の遅延損害金の利率は、利息制限法に従って定められることになる。

⑧　主文第4項

清算条項については、「本件に関し」と限定するのが相当であるとの考え方もあるが、当事者間における債権債務関係を確定させるという特定調停の性質上、限定しないのが相当であると考えられる。

⑨　主文第5項

調停費用の負担に関する主文で、調停条項における任意条項と同様の趣旨である。

⑩　日付、裁判所名、裁判官名

調停に代わる決定をする日にち、決定をする裁判所名、裁判官名を記載する。

⑪　注意事項

調停に代わる決定については、決定の告知を受けた日から2週間以内に異議の申立てをすることができ、同期間内に異議申立てがあると決定は効力を失うこととされており、通常の決定とは異なる取扱いが

されている。そこで、異議申立てができることと、異議申立期間および異議申立ての効果を決定書に付記するのが、実務上の一般的な取扱いである。

⑫　理　由

　調停に代わる決定も決定である以上は、理由を付すべきであるが、実務上は、決定する根拠が決定書の前文等から明らかであることを理由として、省略している例が多い（梶村太市外「新版和解・調停の実務」474頁参照）。仮に、理由を記載するとしても、「主文」に続けて、「理由」という標題を付したうえで、「申立人は、本件債務の分割払いを希望し、相手方も分割弁済を受け入れる旨表明したので、当裁判所は、特定債務者の経済的再生に資するとの観点から、当事者双方の衡平、その他一切の事情を考慮したうえ、特定債務等の調整の促進のための特定調停に関する法律20条、22条、民事調停法17条を適用して、主文のとおり決定する。」程度の記載で済ませていると思われる。なお、理由を記載した場合には、前文と重なる部分が多いので、前文の方を省略する例も多いであろう。

5　調停条項案の書面による受諾

　これは、遠隔地にいる当事者が出頭できない場合等において、その当事者があらかじめ調停委員会から提示された調停条項案を受諾する旨の書面を提出し、他の当事者が期日に出頭してその案を受諾したときは、当事者間に合意が成立したものとみなす（特定調停法16条）という制度である。手続の流れとしては、①調停員会による（不出頭予定の当事者に対する）条項案の提示、②不出頭予定の当事者からの条項案を受諾する旨の書面の提出、③調停員会による受諾書面を提出した当事者に対する真意の確認、④調停期日に出頭した当事者の条項案の受諾、⑤書記官による調書作成と受諾書面を提出した当事者に合意が成立したものとみなされた旨の通知、といったものになろう。

【書式39】　調停条項案の書面による受諾の申立書

令和○○年(特ノ)第○○号　特定調停事件

申立人　　○　○　○　○

相手方　　○　○　○　○

書面による調停の申立書

　　　　　　　　　　　　　　　　令和〇〇年〇〇月〇〇日

〇〇簡易裁判所　御中

　　　　　　　　　　　相手方　　〇　〇　〇　〇　㊞
　　　　　　　　連絡先　電話　　03－〇〇〇〇－〇〇〇〇
　　　　　　　　　　　ＦＡＸ　03－〇〇〇〇－〇〇〇〇

　頭書の事件について，相手方は遠方のため期日に出頭できないので，特定債務等の調整の促進のための特定調停に関する法律第16条により，書面による調停を成立させていただきたく申し立てます。

6　調停委員会が定める調停条項

　これは、調停委員会は、当事者の共同の申立てがある場合に、事件の解決のために適当な調停条項を定めることができ、その定めが当事者双方に告知されたときは、当事者間に合意が成立したものとみなす（特定調停法17条）という制度である。この手続の流れとしては、①当事者の書面による共同申立て（それぞれの当事者が別々の書面により申し立てることも可能である）、②調停委員会の当事者への意見の聴取、③調停委員会が定めた調停条項の当事者への告知、④書記官による調書作成、といったものになろう。

【書式40】　調停委員会が定める調停条項受諾の申立書

令和〇〇年(特ノ)第〇〇号　特定調停事件
申立人　　〇　〇　〇　〇
相手方　　〇　〇　〇　〇

調停委員会が定める調停条項受諾の申立書

　　　　　　　　　　　　　　　　令和〇〇年〇〇月〇〇日

〇〇簡易裁判所　御中

　　　　　　　　　　　申立人　　〇　〇　〇　〇　㊞
　　　　　　　　　　　相手方　　〇　〇　〇　〇　㊞

　頭書の事件について，申立人と相手方は，特定債務等の調整の促進のための特定調停に関する法律第17条による調停委員会が定める調停条項に服する旨の合意をしましたので，共同により申し立てをします。

民事調停関係手数料（民訴費用法3条・別表第1の抜粋および7条・別表第2）

別　　表	申立の種類	手数料の額
第1の14	民事調停法による調停の申立て	調停を求める事項の価額に応じて、次に定めるところにより算出して得た額 (1)　調停を求める事項の価額が100万円までの部分 　その価額10万円までごとに500円 (2)　調停を求める事項の価額が100万円を超え500万円までの部分 　その価額20万円までごとに500円 (3)　調停を求める事項の価額が500万円を超え1000万円までの部分 　その価額50万円までごとに1000円 (4)　調停を求める事項の価額が1000万円を超え10億円までの部分 　その価額100万円までごとに1200円 (5)　調停を求める事項の価額が10億円を超え50億円までの部分 　その価額500万円までごとに4000円 (6)　調停を求める事項の価額が50億円を超える部分 　その価額1000万円までごとに4000円
第1の17のホ	特定債務等の調整の促進のための特定調停に関する法律第7条第1項若しくは第2項の規定による民事執行の手続の停止若しくは続行を命ずる裁判を求める申立て	500円
第1の17のト	弁護士でない者を代理人に選任することの許可を求める申立て（民訴費用規4条1号） -------- 民事執行の手続の停止又は続行を命ずる裁判を求める申立て（民訴費用規	500円

	4条2号）	
第2の1	記録の閲覧又は謄写（事件の係属中に当事者等が請求するものを除く）	1件につき150円
第2の2	記録の正本、謄本又は抄書の交付	用紙1枚につき150円 （半面記載のものも1枚）
第2の3	事件に関する事項の証明書の交付	1件につき150円
	記録の写しについて原本の記載と相違ない旨の証明書の交付	原本10枚までごとに150円
第2の4	執行文の付与	1通につき300円 （正本の提出がない場合には第2の2の手数料も必要）

調停申立手数料の簡易計算について

	手 数 料 額（円）
X万円≦100万円	50X
100万円＜X万円≦500万円	25X＋2500
500万円＜X万円≦1000万円	20X＋5000
1000万円＜X万円≦10億円	12X＋1万3000
10億円＜X万円≦50億円	8X＋41万3000
50億円＜X万円	4X＋241万3000

民事調停に関する費用の取扱について

(昭和27・2・4会甲第99号高等裁判所長官、)
(地方裁判所長あて経理局長、民事局長通知)

　民事調停法（昭和26年法律第222号）及び民事調停規則（昭和26年最高裁判所規則第8号）による調停事件の費用の負担区分は、別表のとおり解するのが相当と思われますから、念のためお知らせします。

　なお、国庫で負担するものは、費用の種類に応じて裁判費（項）の該当科目から支出して下さい。

民事調停法関係	民事調停規則関係	費用の種類	費用の負担区分
第4条		事件移送のための記録の送付費用	国　庫
		事件移送決定の告知費用	当事者
第7条		調停委員指定の通知費用	国　庫
第8条		調停の補助をさせる旨の通知費用	国　庫
第9条		調停委員及び調停の補助者の旅費、日当及び宿泊料	国　庫
第12条	第16条	現状の変更又は物の処分の禁止等の告知費用	当事者
第13条 第14条	第25条 第33条	当事者、小作官又は小作主事に対する事件終了の通知費用	国　庫
第16条	第33条	小作官又は小作主事に対する事件終了の通知費用	国　庫
第17条		事件解決のための必要な決定の告知費用	当事者
第18条	第21条 第25条 第33条	異議申立却下の裁判の告知費用	当事者
		当事者、小作官又は小作主事に対する民事調停法第18条第2項の規定により決定が効力を失つた旨の通知費用	国　庫
第20条	第28条	1　民事調停法第20条第1項の規定により調停に付した上みずから処理する場合の小作官又は小作主事に対する通知費用 2　同項の規定により事件を受理した場合の小作官又は小作主事に対する通知費用 3　同条第2項の規定による訴の取下があつたものとみなされた場合の受訴裁判所に対する通知費用	国　庫
第21条	第4条 第6条 第21条 第26条	抗告による書類の送付費用	当事者
第28条 第30条		農事調停をしようとするとき及び事件の移送等をする場合における小作官又は小作主事の意見聴取のための費用	国　庫

275

	第6条	強制執行手続等の停止命令の告知費用	当事者
	第7条	事件関係人の呼出費用	当事者
	第8条	代理人又は補佐人の許否をする旨の通知費用	当事者
		第3項の規定による許可取消の通知費用	国　庫
	第12条	1　事実の調査及び証拠調（臨検旅費を除く）の費用 2　他の裁判所へ嘱託のための書類の送付費用	当事者
	第13条	調査嘱託のための書類の送付費用	当事者
	第14条	証人、鑑定人、通事及び調査の嘱託を受けた者に支給する旅費、日当、宿泊料その他の費用	当事者
	第24条	受訴裁判所に対する取下があつたものとみなされた事件の通知費用	国　庫
	第25条	当事者に対する事件終了等の通知費用	国　庫
	第28条	小作官又は小作主事に対する事件受理等の通知費用	国　庫
	第29条	和解の仲介をさせる旨の小作官又は小作主事に対する通知費用	国　庫
	第31条	農業委員会に意見を求めるための書類の送付費用	国　庫
	第33条	小作官又は小作主事に対する事件終了等の通知費用	国　庫

（注）　引用条文は、当時のものであることにも留意されたい。

【著者略歴】

茗荷政信（みょうが　まさのぶ）

昭和50年3月裁判所書記官研修所養成部終了、その後、最高裁民事局第三課執行制度係長、東京簡易裁判所主任書記官、東京地方裁判所民事訟廷副管理官、東京地方裁判所執行官などを歴任

近藤　基（こんどう　もとい）

簡易裁判所判事、「市民と法」（民事法研究会）に「Q&A簡裁民事実務メモ」を連載中（116号から）

書式 和解・民事調停の実務〔全訂八版補訂版〕

令和2年10月19日　第1刷発行
令和5年2月20日　第2刷発行

定価　本体3,200円＋税

著　者　茗荷政信・近藤　基
発　行　株式会社　民事法研究会
印　刷　文唱堂印刷株式会社

発行所　株式会社　民事法研究会
　　〒151-0013　東京都渋谷区恵比寿3-7-16
　　　　〔営業〕TEL 03(5798)7257　FAX 03(5798)7258
　　　　〔編集〕TEL 03(5798)7277　FAX 03(5798)7278
　　　　http://www.minjiho.com/　　info@minjiho.com

落丁・乱丁はおとりかえします。ISBN978-4-86556-396-2　C3332　￥3200E

複雑・難解な手続をわかりやすく解説した唯一の入門書！

債権配当の実務と書式
〔第3版〕

近藤 基 著

A5判・466頁・定価 5,060 円（本体 4,600 円＋税 10%）

▶令和2年4月施行の民法（債権法）・民事執行法等の改正を踏まえ、最新の判例・記載例を収録して改訂！

▶少額訴訟債権執行や最新の法令・実務の動向を収録し、日頃裁判所へ寄せられる質問等を踏まえて、申立者の立場に立って懇切・丁寧に詳解した唯一の書！

▶図表や書式・記載例を豊富に織り込み、手続の流れに沿って立体的・総合的に解説をしているので極めて至便！

▶手続を総合的に理解できるよう、第1部では手続の流れに従って基本的な項目を取り上げ、書式・記載例とともに簡潔な解説を行い、第2部では実務上多く見られる配当事件を題材として物語風の実践的な解説をしているので、即実際に活用できるマニュアル！

▶弁護士、司法書士、金融機関・サービサー等の債権管理担当者や裁判所関係者にとって必携の書！

本書の主要内容

第1部　債権配当手続の実務
- Ⅰ　債権配当と不動産配当の違いについて
- Ⅱ　執行供託―権利供託・義務供託
- Ⅲ　事情届
- Ⅳ　債権配当と滞納処分
- Ⅴ　事情届の受理・不受理
- Ⅵ　第三債務者への照会等
- Ⅶ　配当手続と弁済金交付手続
- Ⅷ　配当期日の呼出し等
- Ⅸ　債権計算書の提出
- Ⅹ　配当原資（配当財団）
- Ⅺ　配当を受けるべき債権者
- Ⅻ　仮差押債権者に対する配当の考え方
- ⅩⅢ　不動産競売・任意売買による所有権の移転と債権配当
- ⅩⅣ　配当の順位
- ⅩⅤ　配当表および弁済金交付計算書の記載事項について
- ⅩⅥ　比較的複雑な配当における配当表の見方について
- ⅩⅦ　配当の実施
- ⅩⅧ　配当異議
- ⅩⅨ　配当異議訴訟終了後の手続
- ⅩⅩ　配当が留保された仮差押債権者に対する配当
- ⅩⅪ　合意配当

- ⅩⅫ　債権配当と破産
- ⅩⅩⅢ　債権配当と転付命令
- ⅩⅩⅣ　追加配当
- ⅩⅩⅤ　混合供託
- ⅩⅩⅥ　供託金額が少ない配当事件（いわゆる少額供託事件）について
- ⅩⅩⅦ　差押命令の申立て取下げと債権配当
- ⅩⅩⅧ　債権配当事件記録の閲覧・謄写
- ⅩⅩⅨ　少額訴訟債権執行と弁済金交付手続

第2部　事例で見る債権配当手続
- ●物語のはじめに●
  - 主な登場人物
- ●事件の始まり●
  - 第1　供託
  - 第2　差押えの競合
  - 第3　呼出し
  - 第4　配当表原案の作成
  - 第5　配当期日

HPの商品紹介は
こちらから→

発行　民事法研究会

〒150-0013　東京都渋谷区恵比寿 3-7-16
（営業）TEL. 03-5798-7257　FAX. 03-5798-7258
http://www.minjiho.com/　info@minjiho.com